本书由陕西省优势学科：西北政法大学法律史学科经费资助出版

两汉法官文化价值分析

律璞——著

从儒、法、道三家思想在汉代"**春秋决狱**"个案中的实现出发，探讨了两汉司法官员的价值追求。

从董仲舒和一般司法官员之理念出发，探讨了两汉司法官员的**女性悲悯情怀**。

从审理民事案件的法律维度、情感与**经验维度**出发，探讨了两汉司法官员的审判技术。

知识产权出版社

全国百佳图书出版单位

—北京—

图书在版编目（CIP）数据

两汉法官文化价值分析／律璞著 . —北京：知识产权出版社，2019.12
ISBN 978 - 7 - 5130 - 6689 - 1

Ⅰ.①两… Ⅱ.①律… Ⅲ.①司法制度—法制史—研究—中国—汉代 Ⅳ.①D929.34

中国版本图书馆 CIP 数据核字（2020）第 000803 号

责任编辑：李学军　　　　　　　　　　责任校对：谷　洋
封面设计：刘　伟　　　　　　　　　　责任印制：卢运霞

两汉法官文化价值分析

律　璞　著

出版发行：**知识产权出版社** 有限责任公司　　　网　　址：http：//www.ipph.cn
社　　址：北京市海淀区气象路 50 号院　　　　　邮　　编：100081
责编电话：010 - 82000860 转 8176　　　　　　　责编邮箱：752606025@ qq.com
发行电话：010 - 82000860 转 8101/8102　　　　　发行传真：010 - 82000893/82005070/82000270
印　　刷：北京九州迅驰传媒文化有限公司　　　经　　销：各大网上书店、新华书店及相关专业书店
开　　本：720mm×1000mm　1/16　　　　　　　印　　张：11.75
版　　次：2019 年 12 月第 1 版　　　　　　　　　印　　次：2019 年 12 月第 1 次印刷
字　　数：196 千字　　　　　　　　　　　　　　定　　价：58.00 元
ISBN 978 - 7 - 5130 - 6689 - 1

目录 Contents

第一章 绪 论

第一节 两汉法官文化价值研究的
价值与研究现状

一、研究价值

何谓文化？《辞海》对文化的定义是："从广义上来说，指人类社会历史实践过程中所创造的物质财富和精神财富的总和。从狭义上来说，指社会的意识形态，以及与之相适应的制度和组织机构。"①《辞海》同时指出："文化是一种历史现象，每一个社会都有与其相适应的文化，并随着社会物质生产的发展而发展。"②

何谓法律文化？武树臣认为："法律文化是支配人类法律实践活动的价值基础，和这个价值基础被社会化的运行状态。人类的法律实践活动主要包括立法、司法和对法这一社会现象的思维活动。支配这些活动的价值基础，是人类一般性价值观念在法律活动领域中的具体表现。"③武树臣同时指出："'法律文化'作为一种主观的观念形态，是与宏观、综合、系统的研究方法紧密联系的。其主要特点是，把人类的法律实践活动——立法、司法、思维，视为统一的整体或过程来把握和分析，其目的在于探讨人类法律实践活动的状态，本质特征和发展规律。"④他将"法律文化"划分为法律思想、法律规

---

① 辞海编辑委员会编：《辞海》（缩印本），上海辞书出版社 1980 年版，第 1533 页。
② 辞海编辑委员会编：《辞海》（缩印本），上海辞书出版社 1980 年版，第 1533 页。
③ 武树臣等：《中国传统法律文化》，北京大学出版社 1994 年版，第 32 页。
④ 武树臣等：《中国传统法律文化》，北京大学出版社 1994 年版，第 34 页。

范、法律设施、法律艺术（技术）几个方面①。

何谓法官？《辞海》对法官的定义是："旧时对司法官吏的通称。"② 法官一词，秦、汉时期已经广泛使用。据《秦会要》记载："天子置三法官，殿中置一法官，御史置一法官及吏，丞相置一法官……并所谓吏民知法令者，皆问法官。故天下之吏民，无不知法者。吏明知民知法令也，故吏不敢以非法遇民，民不敢犯法以干法官也。遇民不修法，则问法官，法官即以法之罪告之民，即以法官之言，正告之吏，吏知其如此，故吏不敢以非法遇民，民又不敢犯法。"③ 从《秦会要》的记载可知：秦朝，皇帝在殿中、御史、丞相组织内部设有法官。在秦朝，法官是了解法律知识的官员。法官有义务对百姓，当然主要是对官吏进行普法教育。官吏掌握了法律知识，就不能够在使用法律时违反相关法律规定。百姓掌握了法律知识，就不会随意解读法律规定了。可见，在秦朝，法官具有法律教育的职能。

何谓法官文化？郎松庆指出："法官文化是法官群体在司法实践中创造的具有法官职业特色的社会生活方式和精神价值体系。是法官在履行法定职责过程中所反映出来的一种群体行为取向，也是法官对自身社会角色所持有的道德价值共识。"④ 郎松庆同时指出："法官文化是法官群体所特有的带有强烈职业色彩的先进文化，蕴含了法官群体的司法意识、司法理念、司法水平、知识修养、道德操守、精神追求、行为方式等一系列的职业涵养、职业气质和职业氛围。"⑤ 郎佩娟指出："法官文化主要由法官心理、法官意识、法官价值等要素构成。"⑥

笔者认为，法官文化主要包含法官群体的价值追求和司法行为两个方面。在价值追求方面，表现为法官的职业理念和职业气质；在司法行为层面，主

---

① 武树臣等：《中国传统法律文化》，北京大学出版社 1994 年版，第 34 页。

② 辞海编辑委员会编：《辞海》（缩印本），上海辞书出版社 1980 年版，第 906 页。

③ （清）孙楷撰，徐复订补：《秦会要订补》卷二二《刑法》下，中华书局 1959 年版，第 352 页。

④ 郎松庆：《浅谈法官文化》，载《人民法治》2017 年第 11 期，第 126 页。

⑤ 郎松庆：《浅谈法官文化》，载《人民法治》2017 年第 11 期，第 126 页。

⑥ 郎佩娟：《司法改革中的法官队伍与法官文化建设》，载《中国行政管理》2009 年第 6 期，第 11 页。

要表现为司法官员的执法水平、执法能力。除此之外，还包含法官职业的角色设计。在两汉社会，主要表现为法官角色的多元化现象。从《秦会要》的记载可以看出，秦朝社会，司法官员与律学家角色具有合一的现象。两汉社会，司法官员与律学家角色合一，极大地推动了两汉律学的发展。而司法官员除了存在与律学家角色合一现象外，还存在与儒者、监察官员角色合一的现象。

笔者在两汉法官文化领域叙述了两汉司法官员的行为方式：立法功能和司法功能的实现；同时叙述两汉司法官员的角色设计：两汉司法官员的角色合一现象；叙述两汉司法官员的价值追求：以儒家、法家、道家思想向春秋决狱个案的渗透为视角；叙述两汉司法官员的审判心理：以对女性的悲悯心理为视角；叙述两汉司法官员的审判技术：以对民事案件审理过程中的法律、情感、经验纬度为视角。

法官文化涵括传统单一司法制度（包括法官制度）所不能涵括的内容。主要体现为法官角色设计、法官心理诉求、价值理念、法官执法能力及水平。法官立法功能等方面不是传统的司法制度或法官制度研究所能包纳，必须置于法官文化的大环境中叙述方能阐述清楚。因此，本书以两汉法官文化为出发点和视角，将传统研究不能包纳的诸如法官角色设计、心理诉求、价值理念等内容置于其中。同时对两汉法官文化价值进行分析，为我国今天的司法制度改革、法官文化建设提供借鉴。

法官文化是法律文化的一个重要方面，两汉法官文化是我国传统法官文化的集中代表。两汉法官文化高度发达，不仅推动了当时法官制度的发展，也为我国今天的法官职业化建设提供了丰富的历史经验。深入研究两汉法官文化及其价值，能够推动我国现在正在进行的法官职业化建设，为我国的法官职业化建设提供理论支撑，最终推动国民经济与社会发展。法官文化是法律史学研究的薄弱环节，就两汉法官文化而言，几乎没有研究成果。深入研究两汉法官文化及其价值，必然能够填补该领域的研究空白，拓宽研究领域，为我国今天的法官职业化建设提供借鉴，应用前景广阔。

20世纪以来，伴随着出土文献资料、特别是简牍资料的增多，秦汉史研究领域引发了研究者的极大兴趣，掀起了一个又一个研究热潮。特别是伴随着睡虎地秦墓竹简及张家山汉简《二年律令》的出土，秦、汉法律的研究出现了方兴未艾之势，研究性论著层出不穷，给秦汉史与秦汉法律史的研究带来了勃勃生机。然而由于睡虎地秦墓竹简主要是秦朝的法律，包括《秦律十八篇》《秦律杂抄》《法律答问》《廷行事》等内容。张家山汉简《二年律令》则主要是汉初的法律规范，即律与令，因此，从秦汉史研究的总体趋势看，学术界在秦汉立法领域，主要是律、令领域着力较多，研究成果较为丰富。而在秦汉司法领域，研究成果相对较少，对秦汉法官文化的研究则为薄弱环节。

一般性的研究成果多从制度层面对汉代的司法体制进行研究，研究的侧重点大多为司法机构包括中央司法审判机构与地方司法审判机构的设置，诉讼制度包括起诉与上诉制度的研究，以及监狱制度方面的研究，对汉代法官文化缺乏研究。

汉代，司法官员不仅具有司法审判权，而且具有创制法律的立法权力，这是在过去的研究中没有注意到但又十分重要的内容。今天的学术研究成果一般认为，中华法系的法官都没有创制法律，也即立法的权力，只有英美法系的法官能够创制法律，也即具有立法权，一般称之为法官造法。那么，在中国法律发展史上有没有法官造法现象呢？笔者认为，这种现象是存在的。两汉时期，司法官员拥有立法权，不仅能够创制成文法体系，还能够创制判例体系。两汉时期，司法官员立法权力的实现，使立法领域出现了成文法与判例并行的局面。两汉司法官员立法权的运用，对汉代法律体系多元化格局的形成奠定了基础，具有十分重要的意义。汉代司法官员立法权力的实施，为我国今天法律的发展提供了借鉴。汉代司法官员创制的判例具有补充成文法不足的重要功能，非常值得我们学习和借鉴。

我们在过去的研究中认为，中国古代司法机关与行政机关具有合二为一的特征。司法官员与行政官员也具有角色合一的特征。古代中国，各级行政官员同时具有司法审判职能。这一点已在学术界达成共识。那么，司法官员除了与行政官员角色合一之外，还有没有与其他角色合一的现象呢？笔者认为，两汉司法官员除了与行政官员角色合一外，还具有与律学家角色合一、与儒者角色合一、与监察官员角色合一的现象。两汉司法官员与律学家角色合一，使司法官员拥有法律解释权，极大地推动了两汉律学的发展。而两汉律学的发展又是以"家"为核心发展起来的。以司法官员为依托的两汉律学在发展过程中形成了律学家集团与律学流派，而律学家集团的出现与律学流派的形成又反过来推动了两汉律学的发展，从而形成多元化的律学研究方法。这些都是过去我们在研究中没有注意到的然而又十分重要的内容。两汉司法官员与儒者角色合一，对于儒家思想在司法领域中的渗透发挥了重要作用，特别是司法官员通过"春秋决狱"，使儒家宽刑思想得以实现。两汉司法官员与监察官员角色合一，促进了司法监察制度的推行，使监察官员获得了一项十分重要的权力：审判权。监察官员审判权的拥有使两汉对官员的监察、纠劾得以实现，最终使犯罪官员得到国家法律的惩处。两汉司法官员角色多元化现象，对于汉代法律学的蓬勃发展，对于司法官员构建现实司法环境中的情理场发挥了积极作用。

一般研究性著述都认为司法官员依据法律进行裁量。笔者认为，两汉司法官员具有法律外裁量的严重倾向，从而使文本法与活的法律，也即现实中的法律出现差距。两汉司法官员的法律外裁量行为，为我们了解法典法也即文本法在司法实践中的落实提供了新的视角，为我们了解两汉司法活动中法律的具体运用情况提供了实际的证据，对我们研究两汉法律的司法运行情况具有十分重要的价值与意义。

过去，我们在两汉司法制度研究过程中，忽略了对两汉法官价值追求的研究，两汉司法官员的审判心理与价值追求，直接影响到案件的审判结果。笔者认为，两汉司法官员在春秋决狱过程中，综合运用儒、法、道三家思想，体现了以儒、法、道三家思想为核心的价值追求。对于实现汉代司法审判活动中的情理场，具有十分重要的价值和意义。

我们过去在研究中国古代司法制度，特别是研究两汉司法制度时，着力从制度特别是司法机构的设置层面考察，对两汉司法官员的审判方式缺乏研究。笔者认为，两汉司法官员在民事案件审判过程中具有情感与经验双重维度。情感与经验方法的运用，加快了汉代民事案件审结的步伐。两汉时期，司法官员审理民事案件过程中，情感与经验因素的存在，对于我们了解两汉司法官员审理民事案件的方式具有十分重要的价值和意义。

总之，以往从制度层面对两汉司法制度的研究，特别是法官制度的研究，只能在一定程度上还原两汉司法制度的真实存在，无法深入发掘其存在价值和意义。本书侧重于从法律文化角度，分析两汉司法官员的立法功能、司法官员的角色多元化现象、司法官员的价值追求、司法官员的审判心理与审判方式，以期能够将两汉司法制度，特别是两汉法官制度的研究推向深入。

本书采用动态、比较的研究范式，努力实现两汉法官文化研究的理论创新。本书大胆质疑、深入研究、立论准确，论据翔实，努力发挥学科优势，力求在前人已有研究成果的基础上，立足三秦本土文化，以理论创新为基点，为我国法官职业化建设理论研究的进一步深入尽一个法律人的绵薄之力。

二、研究现状

（一）通史类法制史著作

涉及两汉法官制度的通史类法制史著作，主要有徐世虹主编的《中国法制通史》（战国秦汉卷）。该专著是研究汉代司法制度方面最为重要的一部法制通史类著作。该专著第十六章"两汉时期的司法组织"，第十七章"两汉时期的管辖制度"，第十八章"两汉时期的诉讼程序"，第十九章"两汉时期的监狱制度"四章对两汉的司法制度进行了详细论述。《中国法制通史》（战国秦汉卷）的最大特点是史料运用充分，研究方法细致入微。在写作过程中，作者多方面搜求史料特别是广泛地运用出土文献资料，论著涉及多种简牍类文献资料，包括睡虎地秦墓竹简、居延新简、尹湾汉墓简牍等多种出土文献资料。出土文献资料的广泛运用极大地提升了专著的写作水平。该专著第二个特点是研究方式细致入微。在"两汉时期的司法组织"一章，作者对汉代的中央司法审判机构：廷尉、皇帝、九卿的审判职能进行考察，指出："两汉的司法组织，由中央和地方具有司法职能的各个机构构成。"① 作者对地方郡、县一级司法审判机构：郡守、县令长的职责进行考察，指出汉代"行政组织与司法组织交叉不分……行政与司法界限的混淆，自然会引起行

---

① 徐世虹主编：《中国法制通史》（战国秦汉卷），法律出版社 1999 年版，第 512 页。

政组织与司法组织职能的重合交叉，形成国家的组织机构同时具有行政职能和司法职能的现象"①。作者认为，汉代中央和地方司法审判机关具有行政与司法合一的性质。这个判断是非常准确的。在汉代，司法审判机关与行政机关合而不分，行政机关同时又是司法审判机关。该书在"两汉时期的管辖制度"中从地区管辖、专门管辖、特别管辖几个方面，对汉代的案件管辖制度进行详细论述。并且指出，我国古代尽管没有使用"管辖"这一术语，但至少在秦汉时期这样的制度已经日益详备，成为秦汉法律制度的重要内容，并对秦汉以后的司法实践产生了深远的影响②。作者在第十八章"两汉时期的诉讼程序"中，对汉代司法官员抓捕人犯的逮捕程序进行了论述。并且对汉代具有逮捕权力的司法审判机构：执金吾、司隶校尉、廷尉监、侍御史，地方司法机构中的刺史、郡守、贼捕掾、县令、县都尉逮捕人犯的权力进行了叙述。内容新颖，论述准确。作者指出执行机关实施逮捕权力时，应当持有有关部门出具的逮捕凭证。从诏捕、逐捕、名捕几个方面论述了汉代逮捕人犯的活动。作者还从杂治、即讯、拷问、证据、上具狱与读鞫、乞鞫几个方面对汉代司法官员的审判活动进行论述，并且指出："汉代的鞫狱制度系统完整，充分反映了中国古代法律制度的发展水平。"③ 这些论述都旁征博引，见解独到。专著在第十九章"两汉时期的监狱制度"中，对汉代的监狱制度进行论述，谈到中央和地方两个监狱系统。作者从廷尉狱、别火狱、郡邸狱、都司空狱、内官狱、导官狱等方面对汉代中央监狱系统进行论述，从郡狱和县狱两方面对地方监狱系统进行论述。特别指出，东汉在狱政管理方面，特点是重视感化教育，注重"人道"，抵制滥杀④。作者在"汉代的监狱制度"一章还对汉代的刑徒制度进行论述，认为："五徒，是汉代刑徒中最主要的部分。"⑤ 在"两汉时期的监狱制度"一章中，作者还对汉代的录囚制度进行了论述，认为录囚的主体是皇帝、郡守、刺史，指出："汉代的录囚制度，

---

① 徐世虹主编：《中国法制通史》（战国秦汉卷），法律出版社 1999 年版，第 528—529 页。
② 徐世虹主编：《中国法制通史》（战国秦汉卷），法律出版社 1999 年版，第 534 页。
③ 徐世虹主编：《中国法制通史》（战国秦汉卷），法律出版社 1999 年版，第 610 页。
④ 徐世虹主编：《中国法制通史》（战国秦汉卷），法律出版社 1999 年版，第 642—643 页。
⑤ 徐世虹主编：《中国法制通史》（战国秦汉卷），法律出版社 1999 年版，第 645 页。

是一项美制善政，具有积极的影响。"① 作者在"两汉时期的监狱制度"一章，对汉代的赦宥制度进行考察，认为汉代的赦宥分为有事赦宥、无事赦宥，指出："赦宥活动之所以能够在汉代成为典制，并构成当时国家司法制度中的一个部分，应与汉代崇尚儒家，强调详刑慎罚具有密切的关系。"②

《中国法制通史》（战国秦汉卷）出版较早，但是由于作者治学态度严谨、认真，运用史料充分，特别是能够大胆使用出土文献资料，在写作过程中注重发掘两汉司法制度的价值，侧重于对其积极意义进行阐述。因此，时至今日，依然是阐述两汉司法制度同类著作中的杰出之作，对我们研究两汉司法制度具有十分重要的参考价值。然而该专著在对两汉司法制度进行论述时侧重从制度层面进行论述，再加上该专著还包含有战国、秦朝版块。因此，作者无法对两汉司法制度进行深入细致的研究，当然也没有从文化和心理层面对汉代法官制度进行论述。尽管如此，该专著仍是研究两汉司法制度的重要参考资料，其价值不容置疑。

（二）专门史研究

在诉讼制度研究方面，有一部专著值得注意，即程政举著的《汉代诉讼制度研究》，全书分十二章综合阐述了汉代的司法机构、诉讼原则、基本诉讼制度、汉代司法官吏的管理、诉讼观念、主管、管辖和诉讼制度、汉代告诉制度和拘捕制度、汉代诉讼程序、汉代诉讼文书、汉代证据制度、汉代执行制度。从多个方面、多个角度对汉代诉讼制度进行阐述。在专著中，作者首先对汉代中央司法审判机关及地方司法审判机关进行论述，主要涉及中央和地方司法审判机关的组成，也对其职责权限进行剖析。例如，程政举指出："廷尉，作为一级司法审判机关，有时亲自审理案件。"③ 从皇帝、丞相、御史大夫、廷尉、尚书、三公六曹几个方面对中央司法审判机构的构成进行研究。从州司法机构及县司法机构的构成对地方司法机构进行研究。从州、郡、县、乡的角度进行研究，为我们了解汉代地方司法机构的构成提供了方便。

---

① 徐世虹主编：《中国法制通史》（战国秦汉卷），法律出版社 1999 年版，第 654 页。
② 徐世虹主编：《中国法制通史》（战国秦汉卷），法律出版社 1999 年版，第 658 页。
③ 程政举：《汉代诉讼制度研究》，法律出版社 2010 年版，第 22 页。

　　程政举从因时诉讼、等级特权原则、恤刑原则、循实情断案原则、经义决狱原则等数方面对汉代的诉讼原则进行阐述。他指出："西汉的中后期基本上确立了春季理冤狱、秋冬审案的诉讼时令原则。"① 在恤刑原则方面，程政举指出："汉律有关于老年人的特殊保护以及对残疾人及其他社会弱者的特殊保护规定。这些规定，体现了法律对社会弱势群体的保护，是恤刑原则的体现。"② 程政举的观点是非常正确的，但他只是从立法领域而未从司法领域出发对社会弱势群体的保护进行研究。作者用了一节的内容，对汉代经义决狱的原则、内容、经义对汉代司法的影响、经义决狱产生的原因几个方面对汉代的经义决狱制度进行了详尽的解析。程政举指出："经义决狱现象的产生是随儒学发展产生的。"③ 程政举关于汉代经义决狱现象的定位和论述是准确的。在"汉代基本诉讼制度"一章中，程政举谈到汉代的录囚制度，对录囚制度的产生及其形成原因、录囚制度的内容进行阐述，并且指出："录囚，主要是指封建国家的最高统治者和上级负有监管职责的司法官吏定期或不定期巡视监狱、讯察狱囚，以便平冤纠错、决遣淹滞、酌予原宥，以维护公正司法的一种诉讼制度。"④ 专著对汉代杂治、廷议、覆讯、判例、谳狱进行论述，有助于我们了解汉代具体的司法活动程序。

　　程政举在"汉代司法官吏的管理"一章中对汉代司法官吏的考核制度及法官罪责的规定进行考察，在一定程度上涉及汉代的法官制度。程政举指出："对司法官吏的考核是汉代官吏考核的重要内容之一，统治者非常重视。"⑤ 他还在该书中对汉代的案件管辖制度进行阐述，对案件的级别管辖和地域管辖进行阐述，有一定的创见。书中还论述了汉代的拘捕制度，对司法官员追捕和拘留罪犯的具体规定进行详细描述，有助于我们了解汉代司法活动过程中，司法官员对罪犯的拘捕程序。还谈到汉代证据制度，对汉代诉讼证据的基本原则、证据的种类进行阐述，特别是谈到汉代司法活动过程中的刑讯逼

---

① 程政举：《汉代诉讼制度研究》，法律出版社 2010 年版，第 37 页。
② 程政举：《汉代诉讼制度研究》，法律出版社 2010 年版，第 53 页。
③ 程政举：《汉代诉讼制度研究》，法律出版社 2010 年版，第 63 页。
④ 程政举：《汉代诉讼制度研究》，法律出版社 2010 年版，第 88 页。
⑤ 程政举：《汉代诉讼制度研究》，法律出版社 2010 年版，第 131 页。

供制度，指出："刑讯制度的存在与古代刑事侦查技术的落后有一定关系，同时也与古人的诉讼观念密切相关。"①《汉代诉讼制度研究》一书，较全面地勾勒出了汉代诉讼活动的全过程，还有部分内容涉及汉代法官制度。但是专著本身的出发点和侧重点不在汉代法官制度，而是对汉代诉讼制度包括诉讼机构、诉讼原则、诉讼程序等司法机构和司法活动过程进行论述。尽管如此，书中涉及法官制度的部分内容对本书的写作仍有一定的参考和借鉴价值。

在汉代诉讼制度研究领域，还有一部著作值得关注，该专著为日本学者籾山明著、李力译的《中国古代诉讼制度研究》。该书从简牍文献资料出发，共分五章对秦汉时期的诉讼制度进行论述。该书第二章"秦汉时代的刑事诉讼"，从程序的复原、讯问的原理、乞鞫和失刑几个方面叙述了秦汉时代的刑事诉讼制度。籾山明在文中区分了告诉与告发，自告、自出与自诣，告不审与诬告，州告与投书的区别，为读者区分不同的诉讼种类指明了方向。作者在逮捕、拘禁、讯问内容的叙述中涉及审判程序问题。对司法官员不直与纵囚犯罪进行了区分。籾山明指出：所谓"不直"就意味着意图适用的刑罚与罪状有失均衡，而没有正当的理由就认定为无罪，则称之为"纵囚"②。专著该部分内容涉及汉代的法官制度，但主要叙述的是当事人的起诉和自首过程，且采用史料多来自睡虎地秦墓竹简，虽然涉及汉代法官制度，但笔墨不多。在第三章"居延出土的册书与汉代的听讼"中，作者从两份册书——《候粟君所责寇恩事》册书及《驹罢诱病死》册书出发，分析了汉代的诉讼制度，特别是对汉代基层县、乡一级审理民事案件的程序进行阐述。作者指出，这两起案件均为民事案件。关于轻微的争讼，可看到汉代法官的解决方法是：或者请求有识者裁决，或者谋求乡官以"喻解"与"训告"的方式解决③。籾山明认为，虽然汉代轻微争讼是通过"喻解"与"训告"的简单方式由基层司法官员自行解决，但民事案件当事人提供虚假证词时，要承担刑事责任，因此民事诉讼与刑事诉讼在程序上具有吻合之处。籾山明指出：

① 程政举：《汉代诉讼制度研究》，法律出版社2010年版，第256页。
② ［日］籾山明：《中国古代诉讼制度研究》，李力译，上海古籍出版社2009年版，第70页。
③ ［日］籾山明：《中国古代诉讼制度研究》，李力译，上海古籍出版社2009年版，第142页。

《急就篇》"欺诬诘状还返真"的文字，即使就"争财"诉讼而言当然也是十分妥当的①。作者从《汉书·张汤传》"张汤审鼠"的逸闻出发，指出汉代得、劾、讯、鞫的司法审判程序。"得"意味着逮捕，"劾"意味着举劾（根据职权告发），"讯"意味着讯问，"鞫"意味着确定罪状，"论、报"则意味着适用刑罚。② 籾山明认为，汉代审理案件要经过逮捕嫌疑人，由国家公诉机关提起公诉，司法机关讯问当事人获得证据，然后在证据齐全的情况下定罪量刑的几个程序。籾山明对汉代刑事案件起诉、审判的程序和阶段的阐述是可信的。籾山明《中国古代诉讼制度研究》一书，以秦、汉时代为着眼点，以史料，特别是出土文献作为论述的出发点，对于研究秦汉时代的诉讼制度具有十分重要的意义。正如著者所言："本书的主要目的是，以出土文字史料为基础，尽可能地重新构建诉讼制度。"该书是近年来研究秦、汉诉讼制度的一部力作，然而该书着力于对诉讼制度进行论述，对法官制度虽有涉及但未深入论述。

第二节 两汉法官文化价值研究的创新与不足

一、研究方法上的创新

1. 史学与法学相结合的研究方法

在汉代法律史研究领域，对汉代法律的研究方法大致有两种：史学的方法与法学的方法。目前，从国内学者的分布情况看，以史学研究视角研究汉代法律者居多。特别著名的有日本学者大庭侑先生，国内著名学者徐世虹教授等。史学研究视角对还原两汉法律，特别是两汉司法制度功不可没。这种研究方法能够挖掘更多史料，特别是出土文献资料，让两汉法律的研究有血有肉。然而对两汉司法制度，法官制度单一的史学研究，也有一定缺陷。主要表现是容易忽略法律学意义上的司法制度及法官文化本身。另外，无法深

①　[日]籾山明：《中国古代诉讼制度研究》，李力译，上海古籍出版社2009年版，第144页。
②　[日]籾山明：《中国古代诉讼制度研究》，李力译，上海古籍出版社2009年版，第146页。

入挖掘两汉法官文化的价值。当然，也就无法和现实的司法活动——法官文化对接。无法观照现实的司法活动，当然也就无法对我国今天的法制改革，特别是司法改革提供源头活水，提供可资借鉴的营养。

在两汉法律史研究领域，还有一种研究方法是法学的研究方法，只是单一的法学研究方法，容易忽视对基础史料的剖析与研读，从而使可供利用的史料较为单薄，同时容易主观臆断，无法得出正确的结论。

本书采用史学与法学相结合的方法，既注重基础史料的整理与研究，又注重挖掘两汉法官文化的价值与意义，同时关照现实的司法环境，为我国目前进行的司法制度改革提供可资借鉴的历史经验。笔者认为，我们的学术研究，特别是两汉法律史、两汉法官文化的研究，不能仅仅以还原历史真相为目的，而应当深入挖掘两汉法官文化的价值和意义。法学研究的根本目的是为今天的司法改革提供历史的经验。本书正是以此为目的，挖掘两汉法官文化的价值与意义，为完善我国目前的司法机制尽一个法律人的绵薄之力。

2. 以法律文化这一较为宽广的范畴作为研究的基础和落脚点

过去我们在研究中国法律史，特别是两汉司法制度时，研究者的研究思路大致是：首先研究司法机构（主要包括中央司法审判机构与地方司法审判机构），其次研究诉讼制度（通常是研究诉讼级别、诉讼管辖等），最后是审判制度。这种惯用的研究方法，无法涉及除审判机构、诉讼制度及审判制度以外的内容，有较多局限性。只有放眼于法律文化这样的大环境，才能使许多制度规定以外的内容得以真实再现。比如法官造法与两汉法制文明、司法官员角色的多元化现象、司法官员与两汉律学的发展、司法官员的法律外裁量行为以及两汉司法官员的悲悯情怀。两汉司法官员审理民事案件的法律、情感与经验纬度，都不是传统的司法制度研究所能包括的，只有放在法律文化的大环境中，方能使研究领域得以拓展。只有如此，才能使学术研究走出固有的研究范畴，使学术思维在更加宽广的范围内自由驰骋。

以两汉法官文化为研究视角，近些年来，随着学术研究的蓬勃发展，加上研究者队伍的扩大，越来越多的学者专注于某一领域的研究，这种专而深的研究已经成为目前学术研究的一种方向，所谓术业有专攻。目前，从汉代法律制度整体的研究情况看，秦汉史者的研究较多集中于对出土文献，比如

《二年律令》的研究，主要是从立法领域出发。由于法律史研究队伍中多法律学背景的人，史学功底相对薄弱，因此治明、清以后法律史者居多。笔者自 2004 年第一个课题，也即校级青年人才基金项目"法官造法与两汉法制文明"始，便踏上了一条漫长而艰辛的研究道路，至今已有整整 15 个年头。隔行如隔山，作为法律学背景出身的学者，从事秦汉史研究比史学背景的学者更艰辛，更坎坷。然而在如今各个学术研究领域百花齐放、新的研究成果不断涌现的情况下，只有不畏艰辛，奋勇前行。值得欣慰的是，目前学界的注意力尚未集中于两汉法官文化研究领域，笔者辛勤耕耘，收获也并非尽如人意，但也有些自己独到的感受。本书即汇集了笔者十余年间的点滴感悟。

3. 尝试采用哲学、心理学的研究方法

今天，伴随着学术研究的多元化，中国法律史，特别是两汉司法制度研究领域，有很多内容是采用单一的史学研究或者法学研究无法解决的。比如，在汉代"春秋决狱"过程中，儒家、道家、法家思想均对两汉司法官员的审判活动产生了影响。这种现象，只能从哲学角度出发，方能解释清楚。另外，两汉司法官员拥有对女性的悲悯情怀。恐怕还得探寻两汉司法官员的心理活动，特别是两汉司法官员在民事案件审理活动中，除了依法律进行审判外，还有依情感和经验审理案件的现象，方能得出合理的结论。

二、内容上的创新

1. 本书首次提出两汉司法官员不仅拥有司法审判权，还拥有立法权

这种立法权在西方社会通常称之为法官造法。过去，我们在研究法律史时，一般认为英美法系国家法官具有造法功能。正因为如此，英美法系国家法律体系是以判例为核心的。而中华法系国家法官通常不能创制法律，因此中华法系国家法律体系是以成文法为核心的。事实上中国古代，特别是两汉时期，司法官员不仅拥有司法审判权，而且拥有立法权，也就是法律创制权。两汉时期，司法官员在创制法律时，与英美国家法官造法之路径不同。英美法系法官只能创制判例不能创制成文法律，两汉时期，司法官员不仅能够创制判例，而且能够创制成文法律。两汉司法官员创制判例和成文法律的立法活动，不仅营造了两汉时期成文法与判例并行的法律体系，而且强化了成文

法与判例在司法实践中的可操作性。这是我们过去在学术研究活动中没有注意到，却十分重要的内容。

2. 本书首次提出两汉司法官员在司法活动中特别是在刑事司法活动中，具有在法律外自由裁量的权力

两汉司法官员的自由裁量权表现为司法官员的裁量行为超越了法律的基本规定。这种裁量行为表现在两个方面：一方面是法律外重刑，另一方面是法律外纵囚。两汉司法官员的法律外裁量行为，受到其一己好恶的影响。喜欢一个人或者一件事，就会在处罚时从轻。厌恶一个人或者一件事，就会在处罚时加重。两汉司法官员的法律外裁量行为，是汉代司法审判领域中一个十分显著的现象，但是未引起学者的充分关注。此外，汉代司法官员队伍构成中包含了儒生和文吏两个部分。所谓儒生，就是研习儒家经典的学者，而文吏就是研习法律的官员。儒生和文吏作为汉代司法官员队伍中的两支有生力量，互相学习，取长补短，对两汉的司法审判活动产生了持久而深远的影响，这一现象以往被学者忽略，理应引起学术界的重视。

3. 本书首次提出两汉司法官员具有角色多元化现象

过去我们在研究过程中已经认识到两汉司法官员与行政官员具有角色合一的现象，这种现象源于两汉司法机关与行政机关合二为一的体制。那么，两汉司法官员除了与行政官员角色合一之外，有没有与其他角色合一的现象呢？笔者认为，两汉时期，司法官员除了与行政官员角色合一外，还有与律学家角色合一、与儒者角色合一、与监察官员角色合一的现象。两汉司法官员与律学家角色合一推动了两汉法律学向纵深方向发展；司法官员与儒者角色合一，推动了两汉司法审判活动的轻刑化趋势；司法官员与监察官员角色合一，使两汉监察官员集监察权力与司法审判权于一身，推动了监察制度的发展，使两汉的监察制度真正落于实处，有力地打击了官吏犯罪行为。

4. 本书首次提出两汉司法官员与律学家角色合一现象有力地推动了以司法官员为依托的两汉法律学研究活动

在法律学研究活动中形成了律学家集团与律学流派。在汉代，不论是律学家集团还是律学流派都是以家为核心展开的，且具有世代相传的特征。以司法官员为依托的律学家集团和律学流派的形成，极大地推动了两汉律学研

究活动的开展，为两汉法律学的繁荣和发展奠定了基础。两汉时期少学律令的社会风气及司法官员拥有的法律解释权，也即司法官员的学说和观点具有法律效力。这种情况极大地推动了两汉法律学的发展。

5. 本书以汉代"春秋决狱"现象为出发点，首次提出儒家、法家、道家三家思想均对汉代的春秋决狱活动产生了影响

"春秋决狱"，是两汉司法官员依据儒家经典《春秋》审理案件的司法活动。过去在学术研究活动中，学者多将注意力集中于"春秋决狱"现象原因的分析，以及对"春秋决狱"现实价值的评价。没有注意"春秋决狱"过程中儒家、法家、道家思想的实现情况。

6. 本书首次对两汉司法官员对女性的悲悯情怀进行分析

在这一版块，本书分两部分内容予以介绍：第一部分探讨作为司法官员的董仲舒对女性的悲悯情怀；第二部分探讨一般司法官员对女性的悲悯情怀。两汉学术研究领域，对女性的地位和权利已多有论述。许多学者从《二年律令》出发，在立法领域探讨汉代女性的权利和地位。已有许多学者讨论汉代女性的家庭地位，在生产劳动中的地位等。然而目前的学术研究，尚未从司法领域出发，探讨女性的地位。本书以司法官员对女性的悲悯情怀为出发点，以期对这一领域的研究有所推动。

7. 本书首次提出，两汉司法官员在审理民事案件时，除了依法律作出裁判的维度外，还具有依情感与经验进行裁判的重要趋势

两汉司法官员通过罪己的方式，通过以情动人的方式进行民事案件的审判工作。此外，两汉司法官员还具有通过经验也即通过客观规律、常识及心理探测方式审理民事案件的重要趋势。这些都是我们在过去的学术研究中没有注意到，然而又是十分重要的内容。

三、不足之处

（1）两汉时期法官文化的研究必然涉及出土文献资料的研究，而以简帛为核心的出土文献，内容零碎且涉及史学、文献学、文字学等多个学科。也让笔者这个法学背景出身的人望而生畏，由于笔者文献学、古文字学基础薄弱，在很大程度上限制了研究工作的深入开展。

（2）本书尝试用哲学、心理学的方法对两汉法官文化进行解读。虽然笔者已有数年从事哲学史研究，也有四年半攻读中国哲学博士学位的经历，然而毕竟属于跨专业学习，在学科研究方面也面临着基础知识薄弱、难以准确驾驭哲学概念体系的问题，对心理学基础知识的运用也同样存在这样的问题。

尽管如此，笔者还是尽自己所能，在专业研究方面做了一些尝试。笔者想，在学术研究领域，有些研究成果和研究思路也许并不成熟，但只要是自己的心得体会就是好的，在学术研究的汪洋大海中，哪怕自己的学术研究成果只是一滴水，只要在汪洋大海中掀起一丝波澜，对学术研究有些微的推动，也是值得称道的。

第三节　主要内容及可行性分析

一、主要内容

（1）探讨两汉司法官员立法功能的实现情况，从两汉司法官员创制成文法与判例及其因此带来的儒家思想法律化现象进行分析。

（2）探讨两汉司法官员司法功能的实现情况，主要对儒生、文吏对两汉司法活动的影响，两汉司法官员自由裁量权的运用及其成因进行分析。

（3）探讨两汉司法官员的角色多元化现象。主要分析两汉司法官员与律学家角色合一、与儒者角色合一、与监察官员角色合一现象。

（4）探讨两汉司法官员与两汉律学发展情况，主要分析两汉社会以司法官员为依托的律学研究情况，主要从律学家集团的出现、律学流派的形成、律学家律学研究活动几个方面进行研究。

（5）以"春秋决狱"现象为视角，探讨两汉司法官员的价值追求，探讨儒、法、道三家思想在汉代"春秋决狱"过程中的实现。

（6）探讨两汉司法官员对女性的悲悯情怀。对一般司法官员对女性的悲悯情怀和董仲舒对女性的悲悯情怀进行分析。

（7）探讨两汉司法官员审理民事案件的法律、情感和经验维度。主要对两汉司法官员在审理民事案件过程中依据法律进行判决，从情感角度出发通过自责及以情动人方式化解民事纠纷及对民事案件通过常识与心理探测方式进行审理的审判方式进行分析。

二、可行性分析

在两汉法制研究领域，研究者多以出土文献为视角，侧重于从立法领域进行研究。两汉司法制度研究领域成果较少，且多侧重于从司法机关设置、诉讼制度方面进行研究，两汉法官文化研究成果寥寥，两汉法官文化研究相对薄弱。

汉代大量案例散落于史籍中，收集相对便利，能够作为论据，有力地支持论点。使文章的写作有血有肉，有根有据，不落于空谈。另外，该课题资料来源丰富，除史籍及相关研究成果外，还有张家山汉简及居延汉简等第一手简牍资料。

笔者从事两汉法官文化研究十余年，对基础文献及简牍文献资料有一定的释读能力。加上法学专业本科教育经历，法律史专业硕士教育经历，中国哲学博士教育经历。使笔者能够将法律学和哲学的研究方法综合运用于两汉法官文化研究中，能够将两汉法官文化与我国今天的法官文化建设作纵向的对比，并且与我国目前的法官职业化建设相结合，努力突破割裂立法与司法的传统研究方法，将两汉法官文化置于立法与司法相结合的大背景下作纵深研究，以拓宽研究路径。笔者从事哲学史研究也有数年，在研究两汉法官文化时，能够综合运用哲学史的研究方法，从哲学思想角度挖掘两汉法官文化的成因，能够提升研究的理论深度，提升写作的质量，为写作打开一扇窗，使研究站得更高、看得更远。综合运用法律学、史学、哲学基础知识研究法律文化，是笔者的一种尝试。因为在当今研究者群体人数众多，研究性著述层出不穷，研究视野日新月异的情况下，要想使自己的研究成果在现有研究领域实现突破，只有努力发挥自己的学科优势，并且努力运用多学科知识进行学术研究，方有可能实现学术研究领域的创新与突破。当然板凳要坐十年冷，求真、求实的学术研究精神，都是学术创新的基础。

第二章　两汉司法官员^①立法功能探析

通常认为，司法官员只具有司法功能。正如美国学者约翰·亨利·梅利曼所言："在大陆法系国家，法官俨似一个机器操作工。他只能谨慎地活动于立法者所设定的框框之内，而不能越雷池一步。"^② 不仅在大陆法系国家，在今天的中国，法官也只有司法审判权，而无立法权，也即创制法律的权力。在汉代社会，司法官员除了司法审判权外，能否享有立法权，也即法律的创制权呢？笔者认为，两汉司法官员除了拥有司法审判权外，还拥有立法权，也即法律的创制权。那么，两汉司法官员能在多大程度上创制法律，除了创制成文法律之外，是否能够创制判例呢？笔者认为，两汉司法官员的立法功能表现在两个方面：一方面，能够创制成文法律；另一方面，能够创制判例。现分而述之。

第一节　两汉成文法体系创建过程中的
法官造法因素及其价值分析

两汉是中国封建社会大转折时期。司法官员积极参与立法，制定成文法律，且其立法活动频繁，造法职能较好地发挥，为创建成文法体系做出了积极的贡献。司法官员能否创制法律，能在多大程度上创制法律，除判例^③外

---

① 对司法官员概念的界定对于本书之命题十分重要。准确地说，中国古代没有司法官员这样的称谓。人们通常将具有司法审判职权的人称为刑官。据《法学辞源》解释："刑官是指执掌刑法的官吏。"参见李伟民主编：《法学辞源》，黑龙江人民出版社2002年版，第1042页。中国古代由于司法行政合二为一的缘故，包括丞相在内的中央及地方行政官员兼有司法审判权，具备司法官员的职能。这一点与我们今天从司法独立于行政的角度出发理解司法官员的概念有所不同。当然两汉时期审判权相对独立的中央最高司法审判官员廷尉拥有十分明确的立法职能也是不争的事实。

② ［美］约翰·亨利·梅利曼：《大陆法系》，法律出版社2004年版，第5页。

③ 两汉司法官员能够参与立法创制判例，这一点已经得到学界认可。何家弘指出："汉朝时，判例已经相当广泛地在司法实践中运用。"参见何家弘：《法官造法》，载《法学家》2003年第5期。

能否创制成文法律，以往学界在探讨两汉司法官员立法功能时常耽于对其创制判例功能的论述却忽视了司法官员另一个十分重要的立法功能：创制成文法律。笔者在学者已有研究基础上尝试做一些深入探讨，以期引起学界的重视，也为我们今天的立法活动提供参照。

西汉初期，由于创建法律体系的需要，加之西汉中期儒家思想法律化进程的加快，司法官员不仅通过引经决狱及一般司法审判活动创制判例，而且通过解释法律、制定法律及提出立法建议等多种途径创制成文法律。司法官员参与立法对两汉成文法体系创建意义重大。

一、直接参与立法，创制成文法律

1. 制定法律

（1）定律。汉初司法官员参与立法，在立法活动中制定了一系列法律规范，奠定了"汉律六十篇"① 的基础，使律成为两汉法律体系中最重要的法律载体。汉初丞相②萧何制定《九章律》，史料载"萧何，沛人也。以文毋害为沛主吏掾"③。从史料的记载可以看出，萧何，是沛人。以能文毋害选拔进入官吏队伍。"相国萧何捃摭秦法，取其宜于时者，作律九章。"④ 从史料的记载可以看出，汉初丞相萧何，在搜集、研习秦律，将适合汉王朝统治的条款保留下来，在秦律的基础上制定了汉初法律——《九章律》。《九章律》是在《法经》六律基础上增加《厩律》《户律》《兴律》三篇而成。

张汤定律史料也有记载，张汤，杜陵人，少时治鼠狱，补侍御史后，因审理陈皇后案与淮南衡山王谋反案得到武帝赏识，升任最高司法官员廷尉，并受武帝之命制定《越宫律》。汉武帝"招进张汤、赵禹之属，条定律令"⑤。沈家本认为，西汉中期，汉武帝任用了张汤、赵禹等人制定法律且各有分工。

---

① 汉律六十篇，是两汉法律体系的核心。具体指萧何所作《九章律》九篇，张汤所作《越宫律》二十七篇，叔孙通所作《旁章律》十八篇及赵禹所作《朝律》六篇，合为汉律"六十篇"。

② 丞相，秦汉时中央三公之一，是仅次于皇帝的中央行政官员，兼有司法审判权。据《汉书·百官公卿表》记载："丞相，秦官，金印紫绶，掌丞天子助理万机……掌佐丞相举不法。"

③ （汉）班固：《汉书》卷三九《萧何曹参传》第九，中华书局1962年版，第2004页。

④ （汉）班固：《汉书》卷二三《刑法志》第三，中华书局1962年版，第1095页。

⑤ （汉）班固：《汉书》卷二三《刑法志》第三，中华书局1962年版，第1101页。

"张汤制《越宫律》,赵禹作《朝会正见律》。"① 《越宫律》二十七篇是涉及警卫宫禁的法律规定,对维护国家安全意义重大。

中央司法官员参与制定法律奠定了汉律"六十篇"的基础。史料载:"后汉二百年间,律章无大增减。"② 从《魏书》的记载可以看出,汉律"六十篇"体系确定后,就成为法律体系的核心,东汉二百年间,法律没有太多变更。

(2)定令。令是汉代仅次于律的重要法律载体,皇权的至高无上赋予它独立的法律品格,使之成为两汉重要的法律渊源。令在两汉时期指皇帝敕令,由于皇帝拥有最高立法权,因此常常亲自定令,汉律中常使用"为令""著令"之语。在特定情况下,皇帝可责成中央司法官员行使立法权。诏书中常使用"具为令""议著为令"等语。史料载:汉文帝十三年(前167年),实行废除肉刑的重大改律措施,文帝由缇萦上书产生废除肉刑之意,要求丞相、御史大夫"有以易之"并"具为令"。丞相张苍、御史大夫冯敬奏言:"诸当完者,完为城旦舂;当黥者,髡钳为城旦舂;当劓者,笞三百;当斩左止者,笞五百;当斩右止,及杀人先自告,及吏坐受赇枉法,守县官财物而即盗之,以论命复有笞罪者,皆弃市……其亡逃及有罪耐以上,不用此令……制曰'可'。"③ 从史料的记载可以看出,文帝采纳张苍、冯敬的肉刑改革建议并批准定令。所定之令的具体内容是:那些被判处不残损肢体刑罚的,不再实施肉刑,而是更为城旦舂刑。也即男子修筑长城,女子舂米的刑罚。应当处以刺字涂墨刑的,改为髡钳城旦舂刑,也即在颈部戴铁环,修筑长城或者舂米的刑罚。应当割掉鼻子的,不再割鼻子,更为笞刑三百下。应当砍掉左脚的,不再砍左脚,改为笞刑五百下。应当砍掉右脚的,以及杀人犯罪自首的,官吏贪污犯罪,看守县一级官府财物的官员监守自盗的,以及死刑犯罪减轻处罚又犯有笞罪的,都处以弃市刑,也即刑以朝市的死刑。从丞相张汤、御史大人冯敬所定之令可以看出,汉文帝时期的刑制改革,废除了包括完刑、黥刑、劓刑、斩左趾、斩右趾在内的绝大部分肉刑,是一个巨大的历史进步。

---

① (清)沈家本:《历代刑法考》《汉律撷遗卷一》,中华书局1985年版,第1377页。

② (北齐)魏收:《魏书》卷一〇一一《刑罚志》第七十六,中华书局1974年版,第2872页。

③ (汉)班固:《汉书》卷二三《刑法志》第三,中华书局1962年版,第1099页。

另外，景帝元年汉景帝下诏："吏受所监临，以饮食免，重；受财物，贱买贵卖，论轻。廷尉与丞相更议著令。"① 汉景帝年间针对官员接受下属吃请，处罚重。而接受下属财物，贱买贵卖处罚轻的情况要求廷尉与丞相商议后重新定令。廷尉和丞相商议后重新定令，内容是："吏及诸有秩受其官属所监、所治、所行、所将，其与饮食计偿费，勿论。它物，若买故贱，卖故贵，皆坐臧为盗，没入臧县官。吏迁徙免罢，受其故官属所将监治送财物，夺爵为士伍，免之。无爵，罚金二斤，令没入所受。有能捕告，畀其所受臧。"② 从《汉书》的记载可以看出，汉景帝年间，丞相定令规定，凡是吏和有秩接受其下属官员所监管、治理、使用、支配下财物的，如果换算成费用抵偿，不承担刑事责任。其他情况下，接受下属的物品，便宜时买进，昂贵时卖出，都按照赃款多少，以盗治罪。将赃物没入官府，犯罪官吏处以迁徙刑，官职罢免，不再任用。如果官员接受过去的老部下赠送的财物，剥夺爵位，免为庶民。没有爵位的，处以罚金二斤的刑罚，没收赃物。如果有人揭发犯罪官员罪行的，将赃物赠送给揭发者。丞相、廷尉商议著令，被景帝采纳颁行天下。汉代司法官员受皇帝之命参与令的制定，所定诸令由皇帝下诏许可后颁行天下，具有法律效力。"具为令"或"议著为令"是司法官员拥有立法权的表现。司法官员参与立法，使令成为律的补充，对完善两汉法律制度意义重大。

（3）制定单行法规。两汉时期法律载体除律、令之外还有大量的单行法规以补充律、令之不足。司法官员除参与制定律、令外，还参与制定单行法规，对丰富两汉法律体系内容意义重大。汉初丞相萧何制定《尉律》，内容涉及对官吏的学识要求。史料载："汉兴，萧何草律，亦著其法，曰：'太史试学童，能讽书九千字以上，乃得为史。又以六体试之，课最者以为尚书御史史书令史。吏民上书，字或不正，辄举劾。"③ 从《汉书》的记载可以看出：汉初，丞相萧何制定法律。规定，太史机构在测试学童的时候，能够对九千字以上的内容做出评论，才能任为史官。还要用六体来测试，最优等的，

---

① （汉）班固：《汉书》卷五《景帝纪》第五，中华书局1962年版，第140页。
② （汉）班固：《汉书》卷五《景帝纪》第五，中华书局1962年版，第140页。
③ （汉）班固：《汉书》卷三〇《艺文志》第十，中华书局1962年版，第1721页。

可以选拔进入尚书及御史机构做史书、令史。从性质上看，萧何所定此律，应当是汉初选拔少年人才的单行法规。汉武帝时令张汤、赵禹制定强化官吏责任的单行法规"见知故纵、监临部主之法"，史料载："于是招进张汤、赵禹之属，条定法令，作见知故纵、监临部主之法，缓深故之罪，急纵出之诛。其后奸猾巧法，转相比况，禁罔寖密。"① 颜师古注曰："见知人犯法不举告为故纵，而所监临部主有罪并连坐也。"② 从《汉书》的记载可以看出，西汉武帝时期，任用张汤、赵禹等人，制定了单行法规"见知故纵、监临部主之法"，减轻了一些接受部下财物罪行的处罚，加重了对官吏故意从轻判决、放纵罪犯罪行的处罚。这个单行法规在司法实践中运行的结果是：司法官吏想方设法增加法律的残酷性，大家互相攀比，导致刑网日益严密，处罚日益加重。汉代，司法官员还参与单行法规科的制定。汉朝科是针对某一具体问题制定的单行法规，是律令以外重要的法律载体，是律令的重要补充。科的本义为：规定、法则。"科，程也。从科，斗者，量也。"③ 科是律令规定的具体化。两汉司法官员参与制定单行法规科的立法活动，史料多有记载。汉高祖时期，"萧何创制，大臣有宁告之科"④。从史料的记载可以看出，汉初萧何，制定了父母去世，子女如何奔丧、休假的宁告之科。汉武帝时期御史中丞⑤咸宣作沈命法，沈命法是惩治藏匿与怂恿盗贼的单行法规。史料载："咸宣于是作'沈命法'，曰群盗起不发觉，发觉而捕弗满品者，二千石以下至小吏主者皆死。"⑥ 从《史记》记载可以看出，汉武帝时期的御史中丞咸宣制定"沈命法"，规定：如果群盗行为发生，官吏没有发现。或者发现了，但是没有把所有罪犯抓捕归案的。二千石以下的官员及官府小吏皆处以死刑。

---

① （汉）班固：《汉书》卷二三《刑法志》第三，中华书局1962年版，第1101页。
② （汉）班固：《汉书》卷二三《刑法志》第三，中华书局1962年版，第1101页。
③ （汉）许慎：《说文解字》七上《禾部》，中华书局1963年版，第146页。
④ （南朝宋）范晔：《后汉书》卷四六《郭陈列传》第三十六，中华书局1965年版，第1561页。
⑤ 御史中丞是两汉中央最高监察官员御史大夫的辅佐，纠弹百官兼有司法审判权。据《汉书·百官公卿表》记载：御史中丞"在殿中兰台，掌图籍秘书，外督部刺史，内领侍御史员十五人，受公卿奏事，举劾按章"。据《后汉书·百官志》记载：御史中丞"御史大夫之丞也。旧别监御史在殿中，密举非法"。
⑥ （汉）司马迁：《史记》卷一二二《酷吏列传》第六十二，中华书局1982年版，第3151页。

2. 厘定修改法律

两汉时期，司法官员不仅通过立法程序直接制定律、令，还能够依职权修改厘定律、令，使两汉律令制度能够适应多变的社会生活。汉景帝时期，晁错迁为御史大夫，"请诸侯之罪过，削其地，收其枝郡。奏上，上令公卿列侯宗室集议，莫敢难……错所更令三十章，诸侯皆喧哗疾晁错"[①]。从史料记载可以看出，汉景帝时期，御史大夫晁错请求根据诸侯的犯罪行为，削减其封地，没收其多占的土地，景帝让中央百官集体讨论此事，大家都表示同意。于是晁错修改令文三十章，最终削减诸侯封地，收其枝郡。史料载："于定国为廷尉，集诸法律，凡九百六十卷，大辟四百九十条，千八百八十二事。"[②] 从史料的记载可以看出，西汉宣帝时期的廷尉于定国，在汇集各种法律的基础上，厘定法律九百六十卷。东汉章帝时期，太山太守[③]应劭再一次大规模修定律令，史料载：应劭"又删定律令为汉仪。建安元年乃奏之"[④]。"凡朝廷制度，百官典式，多劭所立"[⑤]。从史料的记载可以看出，应劭将当时的律令删改后作为汉仪，在建安元年上奏给皇帝。当时朝廷的各项制度，各种官制，大多由应劭制定完成。汉和帝永元六年，尚书[⑥]陈宠又一次修订律令。史料载：陈宠"钩校律令条法，溢于甫刑者除之"[⑦]。从史料的记载可以看出，尚书陈宠修改校对律、令和各种单行法规，凡是在甫刑以外都予以删除。

---

① （汉）司马迁：《史记》卷一一〇《袁盎晁错列传》第四十一，中华书局1982年版，第2747页。

② （北齐）魏收：《魏书》卷一一一《刑罚志》七第十六，中华书局1974年版，第2872页。

③ 太守秦称郡守，是郡一级行政官员，因为中国古代司法行政合一的缘故，郡守兼有司法审判权。景帝中元二年更名为太守。据《汉书·百官公卿表》记载："郡守，秦官，掌治其郡，秩二千石。"《后汉书·百官志》记载："凡郡国皆掌治民，进贤劝功，决讼检奸。"

④ （南朝宋）范晔：《后汉书》卷四八《杨李翟应霍爰徐列传》第三十八，中华书局1965年版，第1612页。

⑤ （南朝宋）范晔：《后汉书》卷四八《杨李翟应霍爰徐列传》第三十八，中华书局1965年版，第1614页。

⑥ 尚书，初设于西汉武帝时期，据《汉官仪》记载，西汉成帝时设四曹尚书。尚书设立之初丞相权力削弱，东汉尚书权力扩张，架空了中央三公。据《后汉书·仲长统传》记载："虽置三公，事归台阁。自此以来，三公之职，备员而已。"据《后汉书·陈忠传》记载："今之三公，虽当其名，而无其实，选举诛赏，一由尚书。尚书见任，重于三公。"东汉时期尚书拥有司法审判权。

⑦ （南朝宋）范晔：《后汉书》卷四六《郭陈列传》第三十六，中华书局1965年版，第1554页。

二、间接参与立法，创制成文法律

两汉司法官员不仅通过解释法律、制定法律、修改法律直接参与立法。还通过提出立法建议①间接参与立法，通过实施该权力使许多立法建议最终被皇帝采纳，制定成为法律。提出立法建议是两汉司法官员一项十分重要的权力，对两汉成文法体系创建意义深远。

汉景帝时期，丞相刘舍、御史大夫卫绾请："笞者，箠长五尺，其本大一寸，其竹也，末薄半寸，皆平其节。当笞者笞臀。毋得更人，毕一罪乃更人。"②景帝采纳刘舍、卫绾建议定箠令。内容是：笞刑的刑具，长度是五尺，厚一寸，竹板制作，末端薄为半寸。打击的部位是受刑者的臀部。如淳曰："然则先时笞背也。"③原来打击的部位是受刑者的背部。在行刑途中不能换人，师古曰："谓行笞者不更易人也。"④西汉武帝时期刑罚尚重，张汤、赵禹法律尚有重刑倾向，随着儒家伦理的深化，到东汉光武帝统治时期，刑罚出现从轻趋势。陈宠、陈忠父子是东汉时期儒家慎刑理论的实践者，章、和、安之际，出身法律世家且通晓律令的陈宠、陈忠父子先后奏疏厘改律令。章帝初，司法官吏承袭永平旧制，崇尚严切，尚书决事也近苛重，时初任尚书的陈宠上书章帝，指出"断狱者急于箠格酷烈之痛，执宪者烦于诋欺放滥之文"的司法时弊，请求"荡涤烦苛之法"⑤。"帝敬纳宠言，每事务于宽厚"⑥。汉章帝采纳尚书陈宠轻刑建议，陈宠之子陈忠在安帝时以明习法律擢为尚书，位居三公曹⑦，随后按照父亲的意图厘定律令。史料载："忠自以世

---

① 两汉司法官员拥有的立法建议权相当于现代意义上的法律提案权，与此不同的是两汉时期的立法权是由司法官员个人拥有的而现代意义上的法律提案权则由司法机关行使。现代有些国家司法机关享有立法提案权，"例如，俄罗斯宪法规定，最高法院，总检察长有向国家杜马提出立法提案的权力。巴拿马最高法院对民法典、刑法典的修改有立法提案权"。参见管仁林、程虎：《发达国家立法制度》，时事出版社2001年版，第76页。根据我国《立法法》第24条、第25条之规定。最高人民法院，最高人民检察院有权向全国人民代表大会提出立法建议，拥有立法提案权。

② （汉）班固：《汉书》卷二三《刑法志》第三，中华书局1962年版，第1100页。

③ （汉）班固：《汉书》卷二三《刑法志》第三，中华书局1962年版，第1101页。

④ （汉）班固：《汉书》卷二三《刑法志》第三。中华书局1962年版，第1101页。

⑤ （南朝宋）范晔：《后汉书》卷四六《郭陈列传》第三十六，中华书局1965年版，第1549页。

⑥ （南朝宋）范晔：《后汉书》卷四六《郭陈列传》第三十六，中华书局1965年版，第1549页。

⑦ 三公曹，初设于西汉成帝四年。据《汉官仪》记载：三公曹"主断狱事"。

典刑法，用心务在宽详。初，父宠在廷尉，上除汉法溢于甫刑者，未施行，及宠免后遂寝。而苛法稍繁，人不堪之。……母子兄弟相代死，听，赦所代者。事皆施行。"① 从史料的记载可以看出，陈忠的父亲陈宠虽然提出减轻刑罚，但没有在司法实践中落实。法律依然繁苛，百姓苦不堪言。陈忠在法律上的主要建树有：允许母子兄弟之间代受死刑并赦免被代者本人。陈忠的几项建议均获准施行并制定为法律。另据史料载，忠上疏曰："故亡逃之科，宪令所急，至于通行饮食，罪之大辟……盖失之末流，求之本源。宜纠增旧科，以防来事。"② 陈忠认为，对逃亡行为加以重处，是国家法律的需要。但是对逃亡者提供饮食帮助的犯罪行为人处以死刑，则失之过重。陈忠认为，凡事应当追本溯源。应当纠正原有法律不正确的条款，增加缺漏的条款。陈忠上奏制定亡逃之科的建议被安帝采纳。

三、司法官员参与创制成文法律之价值分析

1. 有助于法律多元化体系的形成

著名法学家本杰明·卡多佐认为司法官员参与立法能够使法律体系更加完善。他说："每个法官都在他的能力限度内进行立法……他只是在空白处立法，他填补着法律的空缺地带。"③ 两汉司法官员积极参与立法创制成文法律，形成了以"汉律六十篇"为核心，多种单行法规并行的法律多元化体系。使两汉法律走上了一条源于秦又不同于秦的独特发展道路，两汉法律在秦朝法律基础上删削酷刑，创建了自己的法律体系。史料载："汉兴之初，反秦之敝，与民休息，凡事简易，禁网疏阔。"④ 从史料的记载可以看出，汉朝政权建立之初，总结秦朝灭亡的教训。采用与民休息的政策，处理任何事情都简单化，法律相对宽松。司法官员参与立法创制成文法律有助于推动法律儒家化进程，使法律具有浓厚的儒家色彩，以体现儒家慎刑思想及仁者爱人的精神。

---

① （南朝宋）范晔：《后汉书》卷四六《郭陈列传》第三十六，中华书局1965年版，第1555—1556页。

② （南朝宋）范晔：《后汉书》卷四六《郭陈列传》第三十六，中华书局1965年版，第1559页。

③ ［美］本杰明·卡多佐：《司法过程的性质》，苏力译，商务印书馆2005年版，第70页。

④ （汉）班固：《汉书》卷八九《循吏传》第五十九，中华书局1962年版，第3623页。

2. 有助于实现成文法律的调整功能

作为立法主体，两汉司法官员的立法活动十分频繁，通过多种途径全方位、多角度参与立法创制成文法律，使两汉法律制度异彩纷呈。司法官员参与立法，能够使成文法律反映司法实践的特殊需求，使立法与司法实践紧密相合，以增强成文法律的适用性，使法律具有针对性、可调整性。有利于司法行为与立法行为的沟通与融合。防止成文法因脱离司法实践而成为无源之水、无本之木。司法官员参与立法是两汉法律长期稳定的基石。西汉中期由于司法因素对立法的影响，以"汉律六十篇"为核心的法律体系因能够反映司法实践的需要而长期稳定，东汉时期，"汉律六十篇"得以继续沿用。

3. 为我们今天的立法活动提供了借鉴

按照近代以来三权分立的精神。司法机关通常是指以审判和法律监督为职能的国家机关，司法机关原则上不享有立法权，不能参与立法活动创制法律，特别是不能参与成文法律的制定。实际上，近代以来，司法机关在行使司法职能外，还能够参与立法创制成文法律。"因而司法机关也是现代国家机关中的立法主体之一"①。司法机关参与立法创制成文法律已经成为一种十分重要的现象。司法官员常常通过解释法律、提出立法建议、接受立法机关委托创制成文法律。他们的活动对立法有着持久而广泛的影响，对于一国法律的完善十分重要。司法机关的立法功能凸显开始受到人们的广泛关注。两汉时期司法机关频繁参与国家法律的制定，创制成文法律，对完善我国今天的立法制度有着举足轻重的意义。按照目前我国《立法法》第 24 条、第 25 条之规定，最高人民法院、最高人民检察院除立法提案权外不拥有其他立法功能。我国在《立法法》产生之前，最高人民法院、最高人民检察院可以分别就法院工作中和检察院工作中法律的具体运用进行解释。《立法法》施行后情况发生了变化。该法第 42 条明确规定："法律解释权属于全国人民代表大会常务委员会。"最高人民法院、最高人民检察院可向全国人民代表大会常务委员会提出法律解释要求。该规定实际上减弱了我国最高司法机关独立的法律解释权。导致我国司法机关立法者主体地位的实际削弱。"要么给予

---

① 周旺生：《立法学》，法律出版社 2004 年版，第 115 页。

司法机关较大的法律解释权，要么使司法机关几乎完全失去法律解释权。这种近乎趋于两个极端的做法，都是有损于中国立法和司法的"①。司法机关立法者主体地位的削弱使成文法律不能很好地反映现实生活的需要，从而在很大程度上影响了成文法律的稳定性、可调整性。不利于立法与司法的沟通与融合，不利于法的实施。为实现法治国家的目标，构建社会主义和谐社会，建议重视立法环节中法官造法因素的存在，"法官造的法律必然拥有着立法者的律令未必拥有的某些特定属性，而且也只有当立法者以法官造的法律为其效仿的模式的时候，他所发布的律令才可能拥有这些属性"②。两汉时期司法官员创制成文法律的实践为我们今天司法官员立法功能的实现提供了借鉴。

第二节　引经决狱与两汉法官造法之价值分析

汉朝伴随着儒家思想法律化进程的加快，司法官员常常通过引经决狱制作判例，在法律外做出判决，在司法领域创制法律，该活动对两汉判例体系创建、司法官员自由裁量权的实现，以及儒家轻刑主张的具体实施意义重大。也为我们今天法官造法功能的实现提供了借鉴。

法官造法又称司法立法，是指司法官员通过自己的立法行为创制法律的立法活动，在普通法系国家这是一种十分普遍的现象。西汉中期伴随着儒家思想法律化进程的加快，司法官员通过引经决狱创制判例，在法律之外进行判决成为一种经常性的活动。引经决狱是司法官员创制判例的一种方法，是两汉时期审理案件的一种原则和制度。主要运用以《春秋》为核心的儒家经典著作的经义内容审理案件制作判例，又称"春秋决狱"。《春秋》是孔子所删定的鲁国史书，它集中体现了儒家明王道、重人事、褒贬善恶、维护周礼等思想倾向。《春秋》记事十分简略，便于穿凿附会，司法官员引用《春秋》经义决狱，以适应封建统治的需要。

---

① 〔英〕弗里德利希·冯·哈耶克：《法律、立法与自由》，邓正来译，中国大百科全书出版社2000年版，第117页。

② 〔英〕弗里德利希·冯·哈耶克：《法律、立法与自由》，邓正来译，中国大百科全书出版社2000年版，第94页。

一、引经决狱与两汉判例体系创建

两汉法律体系包括成文法与判例。判例被称为决事比，师古注"比"曰："比，以例相比况也。"① 按照唐人颜师古的说法，所谓比，就是审理案件时，比照以前的判决结果进行判决。"其无条取比类以决之，故云决事比也。"② 所谓决事比，就是指在法律没有明确规定时，比照最相类似的案件审理结果来审理。决事比包括死罪决事比与春秋决事比。司法官员引经决狱审理案件创制的判例对以后类似案件具有法律约束力称为春秋决事比。引经决狱是两汉判例产生的主要途径，对两汉判例体系创建意义重大。著名法学家程树德所著《九朝律考·汉律考》专辟"春秋决狱考"一节。集成两汉司法官员以《春秋》经义决狱的判例。

1. 中央司法官员引经决狱创制判例

据史料记载，汉武帝时期廷尉③张汤"以宽为奏谳掾，以古法义决疑狱，甚重之"④。从史料的记载可以看出，汉武帝时期的廷尉张汤举荐宽为奏谳掾，宽比照过去的案例审结疑狱，深受赏识。汉宣帝时廷尉于定国，"迎师学《春秋》，身执经……其决疑平法，务在哀鳏寡，罪疑从轻，加审慎之心"⑤。从史料的记载可以看出，汉宣帝时期的廷尉于定国，因为学习了儒家经典《春秋》经义，因此在审理疑难案件、选择运用法律时，都将同情鳏寡老人作为自己的任务，凡是疑罪，都从轻判决。东汉和帝时，廷尉陈宠"数议疑狱，常亲自为奏。每附经典，务从宽恕，帝辄从之"⑥。从史料的记载可以看出，东汉和帝年间的廷尉陈宠多次审理疑难案件，常常亲自上奏皇帝。审理每一个案件都要依据儒家经典的经义精神，以宽恕作为审理案件的基本原则，上奏皇帝的案件通常都能得到批准。

---

① （汉）班固：《汉书》卷二三《刑法志》第三，中华书局 1965 年版，第 1101 页。

② （清）沈家本：《历代刑法考·汉律摭遗》卷二十二《决事类》，中华书局 1985 年版，第 1767 页。

③ 廷尉，秦汉时中央九卿之一，是中央最高的司法审判官员。据《汉书·百官公卿表》记载："廷尉，秦官，掌刑辟。"

④ （汉）班固：《汉书》卷五八《公孙弘卜式儿宽传》第二十八，中华书局 1962 年版，第 2629 页。

⑤ （汉）班固：《汉书》卷七一《隽疏于薛平彭传》第四十一，中华书局 1962 年版，第 3042 页。

⑥ （南朝宋）范晔：《后汉书》卷四六《郭陈列传》第三十六，中华书局 1965 年版，第 1554 页。

据《后汉书·张敏传》记载："建初中，有人侮辱人父者，而其子杀之，肃宗贳其死刑而降宥之，自后因以为比。"①从《后汉书·张敏传》的记载可知，汉章帝建初年间，有人侮辱自己的父亲。儿子即将侮辱自己父亲的人杀死，汉章帝减免了他的死刑，从而形成判例，即决事比，为各级司法审判机关所遵循。从《后汉书·张敏传》的记载可以看出，汉代作为最高司法审判官员的皇帝，可以创制判例——决事比。而此案在创制判例时，引用了《春秋》经义"子不复仇，非子也"②进行判决，可以看作中央司法官员引用《春秋》经义创制判例的一个实例③。

<hr/>

① （南朝宋）范晔：《后汉书》卷四四《邓张徐张胡列传》第三十四，中华书局1965年版，第1502—1503页。

② （清）阮元校刻：《十三经注疏》（清嘉庆刊本）七《春秋左传正义》卷第九，中华书局2009年版，第3842页。

③ 需要注意的是，在汉代，中央司法官员不仅通过春秋决狱创制判例，还可以通过一般司法活动创制判例。这是我们过去没有注意到，然而非常重要的一个内容，应引起学术界的充分关注。首先，廷尉审理案件时因一案衍生出一个新的罪名，上升为一个新的判例或法规，成为可以参照的规范或者准则。西汉武帝时期，廷尉张汤通过特定案件的审理创制"腹非"罪名就是一个例证。汉武帝元狩六年（前117年），发生大司农颜异"腹非"案。据《汉书·食货志》记载："上与汤既造白鹿皮币，问异。异曰：'今王侯朝贺以仓璧，直数千，而其皮荐反四十万，本末不相称。'天子不悦。汤又与异有隙，及人有告异以它议，事下汤治。异与客语，客语初令下有不便者，异不应，微反唇。汤奏当异九卿见令不便，不入言而腹非，论死。自是后有腹非之法比。"参见（汉）班固：《汉书》卷二四下《食货志》第四下，中华书局1962年版，第1168页。从《汉书·食货志》的记载可知，皇帝因为造白鹿皮币的事情问颜异。颜异认为地方王侯朝贺时的物品价值数千，而朝廷回馈的物品价值四十万，属于本末倒置。皇帝很不高兴，刚好张汤和颜异有矛盾，有人以其他事情告发颜异。皇帝把这件事情交给张汤处理，张汤认为颜异虽然没有明确表态，但是有九卿不执行皇帝诏令的想法。并且以"腹非"罪对颜异处以死刑。从此以后，凡是遇有此种情况的都按照"腹非"罪定罪量刑。另外，从江陵张家山汉简《奏谳书》所载判例也可看出两汉中央司法官员通过一般司法活动创制判例的情况。现择几例如下：汉中守谳，公大夫昌苔（答）奴相如，以辜死，先自告。相如故民，当免作少府，昌与相如约，弗免，已狱治不当为，昌错告不孝，疑罪。廷尉报：错告，当治。蜀守（谳）大夫犬乘私马一匹，毋传，谋令大夫武窬舍上造熊马传，箸（著）其马职（识）物，弗身更疑罪。廷报：犬与武共为伪书也。北地守谳：奴宜亡，越塞道，戍卒官大夫有署出，弗得，疑罪。廷报：有当赎耐。罚守谳：佐启，主徒令史冰私使成旦摽为家作，告启，启诈（诈）簿日治官府，疑罪。廷报：启为伪书也。参见张家山汉墓竹简整理小组：《张家山汉墓竹简》（奏谳书），文物出版社2001年版，第216页、第218页、第217页。以上四个判例都是廷尉独立审理案件做出的。第一个判例，公大夫昌苔杀奴相如致死，误以不孝罪相告，廷尉判决错告，应当承担刑事责任。第二个判例，廷尉判决大夫犬与武的犯罪行为构成制作伪书罪。第三个判例，奴宣逃亡，卒官大夫追捕未获，疑罪，廷尉判决卒官大夫应当承担赎耐的刑事责任。第四个判例，佐启、主徒令史冰私自役使被判城旦刑的摽，被告发。佐启伪造其身份文书，疑罪，廷尉判决佐、冰的行为是制作伪书的犯罪行为。汉代，当地方司法官员审理疑难案件无法做出判决时，须将疑难案件上报中央，由中央最高司法审判官员廷尉审理而后做出明确判决，然后返还郡县。廷尉的判决成为日后审理同类案件的法律依据，可以指导下一级司法机关的审判活动。

2. 地方司法官员引经决狱创制判例

地方司法官员引经决狱的事例史料多有记载：汝南太守①何敞在职期间常以《春秋》经义审理案件做出判决，并以宽和为政。"及举冤狱，以春秋义断之，是以郡中无怨声，百姓化其恩礼。"② 从史料的记载可以看出，汝南太守何敞在审理冤假错案时，常常引用《春秋》经义。因为审理案件公平、公正，所以郡中百姓没有怨言，还被他的政策感化。在汉代，地方司法官员常常引用《春秋》经义创制判例。著名司法官员董仲舒在武帝年间曾任江都、胶西两王相。董仲舒审理的案件，多已散失。徐世虹认为："因此《春秋决狱》绝不仅仅是一部经学著作，它既然是一部以经义代替法律的判例集，便具有指导法律实务的功能。"③ 笔者认为，董仲舒撰《春秋决狱》具有判例集与律学著作的双重性。《春秋决狱》一书因在司法实践中通行而具有法律效力。

从清人马国翰著《玉函山房辑佚书》所辑董仲舒春秋决狱的事例，可以看出其创制判例的活动。现举一例予以说明：《玉函山房辑佚书》载：甲为武库卒，盗强弩弦，一时与弩异处，当何罪？论曰：兵所居比司马，阑入者髡（古者加罪以髡其须谓之耐罪）④，重武备，责精兵也。弩蘖机，郭弦轴异处，盗之不至。盗武库兵，陈论曰：大车无辕，小车无轨，何以行之？甲盗武库兵，当弃市乎？曰：虽与弩异处，不得弦，不可谓弩。矢射不中与无矢同，不入与无镞同。律曰："此边鄙所赃直百钱者，当坐弃市。"⑤ 从《玉函山房辑佚书》所载董仲舒此春秋决狱案件可知，甲是管理存放武器仓库的兵士，偷盗仓库中的一张弩，该弩只有弦，没有弩。应当如何定罪呢？一种意见认为，存放兵器的地方如同司马，擅自进入就要处以较重的髡刑，为的

---

① 太守原称郡守，是郡一级行政官员，因为中国古代司法行政合一的缘故，郡守兼有司法审判权，景帝中二年更名为太守。据《汉书·百官公卿表》记载："郡守，秦官，掌治其郡，秩二千石。"《后汉书·百官志》记载："凡郡国皆掌治民，进贤劝功，决讼检奸。"

② （南朝宋）范晔：《后汉书》卷四三《朱乐何列传》第三十三，中华书局 1965 年版，第1487页。

③ 徐世虹主编：《中国法制通史》（战国秦汉卷），法律出版社 1999 年版，第216页。

④ （清）阮元校刻：《十三经注疏》（清嘉庆刊本）六《礼记正义》卷二二，中华书局 2009 年版，第3080页。

⑤ （清）马国翰辑：《玉函山房辑佚书》，台湾文海出版社 1967 年版，第1181页。

是达到兵器仓库管理的目的，培养兵士的责任心。将弦和轴放在不同的地方，目的就是让盗窃的人无法成功。对于盗窃仓库中的兵器有一些持陈旧观点的人认为，大车没有辕，小车没有轨，如何行走呢？那么甲盗窃仓库中的兵器是否应当处以弃市刑呢？董仲舒认为：弦虽然和弩不在一起，没有偷得弦，不能说偷弩不成功。射不中和没有箭相同，射不中和没有镞相同。律曰：此边鄙所赃直百钱者，当坐弃市。从此案可以看出，董仲舒在审理盗武库兵器一案时，因为法律没有明确规定盗窃弓没有弩的情况如何处罚。因此董仲舒综合两种意见，最后以当时的法律规定：以边境地区盗窃赃直百钱为依据，处以甲弃市刑，并且创制判例。此案中具体人物名称用甲、乙、丙替代，符合判例的基本特征。

3. 司法官员引经决狱创制判例集

两汉司法官员不仅引经决狱创制判例，还可以创制判例集。史料载："董仲舒老病致仕，朝廷每有政议，数遣廷尉张汤亲至陋巷，问其得失。于是作春秋折狱二百三十二事。"[1] 从史料的记载可以看出，董仲舒年老多病退休，朝廷有重要事件，多次派廷尉张汤亲自到董仲舒居住的陋巷，向其寻问政策得失。董仲舒于是创作了判例集：《春秋决狱》，内收集有二百三十二个案件。董仲舒所撰《春秋决狱》作为判例集，对当时司法实践有着普遍的指导作用。《春秋决狱》今已亡佚，仅存数篇散见于《通典》《太平御览》《艺文类聚》中。董仲舒所编判例，用甲、乙、丙代替案中人，使其成为一种抽象的判例集，便于儒家学说对法律特别是司法活动的渗透。

两汉司法官员引经决狱，为成文法外判例制度的生成、成文法与判例并行不悖的法律二元化体系的创立奠定了基础。"春秋决狱"初步奠定了"判例法"与"成文法"相结合之"混合法"的雏形。[2] 使成文法与判例互为表里，极大地补充了成文法的不足，有利于确保法律灵活性与稳定性的结合，强化法律对各种社会关系的调整，使法律适应多变的社会生活。

两大法系国家均承认判例的效力。英美法系国家以判例法为核心，19 世

---

① （唐）房玄龄等：《晋书》卷三〇《志》第二十，中华书局 1974 年版，第 920 页。
② 武树臣等：《中国传统法律文化》，北京大学出版社 1994 年版，第 416 页。

纪以来，制定法比重上升。大陆法系国家以制定法为核心，19 世纪以来，判例法地位上升。中国古代，为实现社会统治，成文法外始终有判例作为补充。秦朝廷行事，汉朝决事比都是成文法外必要的补充。两汉司法官员引经决狱的活动十分频繁，为后来判例体系的创建，判例与成文法并行不悖的法律二元化体系的形成奠定了基础。

二、引经决狱中司法官员自由裁量权的运用与儒家慎刑思想的法律化

法官自由裁量权是指："在法律没有规定或规定有缺陷时，法官根据法律授予的职权，在有限范围内按照公正原则处理案件的权力。"① "法官行使这一权力，目的是使法官能够对各种特殊的案件灵活处理，法官若失去这项权力，法律就会更经常地受到苛刻、不公正的指责"②。两汉司法官员引经决狱时拥有以《春秋》经义决狱之自由裁量权，常在法律外做出判决。有助于实现人情与国法的结合，实现两汉法律宽刑化。

1. 人情与国法相合

儒家强调国家法律在运用过程中与人情相结合，以体现传统儒家的德治主张。"何为人情？喜、怒、哀、惧、爱、恶、欲，七者弗学而能"③。凡是符合人类自然萌发的七种情感就是人情。儒家所谓人情是以深厚的血缘关系伦理亲情为基础和出发点的。由于人情所反映的亲情义务与法律所反映的国家义务之间存在冲突，为解决法与情的冲突，两汉司法官员在司法实践中自觉地将两者结合起来。"执法者们解决法律与道德冲突的办法都是屈法律而全道德"。④ 据《后汉书·西羌传》记载："时烧何豪有妇人比铜钳者，年百余岁，多智算，为种人所信向，皆从取计策。时为卢水胡所击，比铜钳乃将其众来依郡县。种人颇有犯法者，临羌长收系比铜钳，而诛杀其种六七百人。显宗怜之，乃下诏曰：'昔桓公伐戎而无仁惠，故《春秋》贬曰："齐人"。

① 陈兴良主编：《刑事司法研究》，中国方正出版社 2000 年版，第 443 页。
② 柴发邦主编：《诉讼法学大词典》，四川人民出版社 1989 年版，第 326 页。
③ （清）阮元校刻：《十三经注疏》（清嘉庆刊本）八《春秋公羊传注疏》卷第二四，中华书局 2009 年版，第 5066 页。
④ 范忠信：《中国传统法律的基本精神》，山东人民出版社 2001 年版，第 156 页。

今国家无德，恩不及远，羸弱何辜，而当并命！……比铟钳尚生者，所在致医药养视，令招其种人，著欲归故地者，厚遣送之。其小种若束手自诣，欲效功者，皆除其罪。若有逆谋为吏所捕，而狱状未断，悉以赐有功者。'"①

从《后汉书·西羌传》的记载可以看出，烧何豪这个地方有个女子叫比铟钳，比铟钳一百多岁，多智多勇，为族人所信仰，大家都愿意听从她的指挥。当时因为遭到卢水胡的袭击，比铟钳就率领族人归属汉代的郡、县。当时族人有很多触犯法律的人。临羌长逮捕了比铟钳，诛杀其族人六七百人。汉明帝十分同情比铟钳及其族人，于是下发诏令说："过去齐桓公讨伐西面的少数民族，不讲仁义和恩惠，所以《春秋》贬低他叫作'齐人'。现在司法官员没有仁德之心，对远方的少数民族没有施加恩惠，老弱病残都是无辜的，却要丢掉自己的性命……比铟钳如果还活着，一定要给予医药养护探视，让她召集自己的族人，愿意回到旧居的，以丰厚的待遇将他们遣送回家。有一部分愿意留下为朝廷效力的，都免除他们的罪行，如果有谋反、谋大逆的行为，被官吏抓捕，只要案件还未审理终结的，要赏赐在审理案件中有功的司法官员。"从《汉书·西羌传》的记载可以看出，比铟钳应当是少数民族部落首领，率领族人投奔汉代辖区内郡县，由于少数民族不了解中原法律，所以触犯法律的人很多。当时的临羌长抓捕了比铟钳，又处死了她的族人六七百人。汉明帝以《春秋》经义，齐桓公讨伐戎狄，不讲恩惠被称为"齐人"为例，对比铟钳及其族人法外开恩，只对反、逆重罪依法律处罚。既考虑法律的规定，又结合实际情况（人情），对比铟钳本人及其族中老弱病残和犯罪情节轻微的人一律不予处罚，体现了国法与人情相结合的《春秋》精神。

司法官员在引经决狱中注重人情与国法相合，有利于实现法律稳定性与灵活性的结合。法官"通过对法律原则的不断重述并赋予它们不间断的、新的内容来使它们与道德习俗保持同步，这就是司法性的立法，并且……正是这种立法的必要性和义务才赋予了司法职务以最高的荣誉"②。

---

① （南朝宋）范晔：《后汉书》卷八七《西羌传》第七十七，中华书局1965年版，第2880页。
② ［美］本杰明·卡多佐：《司法过程的性质》，苏力译，商务印书馆2005年版，第84页。

2. 以德化民与两汉法律轻刑化

儒家强调以德化民，反对不教而杀，孔子说："导之以政，齐之以刑，民免而无耻；导之以德，齐之以礼，有耻且格。"① "善政，民畏之；善教，民爱之……善教得民心。"② 先秦儒家强调以德化民，注重对百姓的感化教育。西汉董仲舒在先秦儒家重德教的基础上进一步提出"德主刑辅"的理论。董仲舒指出："王者承天意以从事，故任德教而不任刑。刑者不可任以治世。"③ 他指出："多其爱而少其严，厚其德而简其刑，以此配天。"④ 强调注重德教少用刑罚。司法官员在引经决狱过程通过自由裁量权的运用将该理论贯彻于司法实践，有助于实现儒家宽刑、慎刑主张。据史料载："广汉太守扈商者，大司马车骑将军王晋姊子，软弱不任职。宝到部，亲入山谷，谕告群盗，非本造意。渠率皆得悔过自出，遣归田里。自劾矫制，奏商为乱首，春秋之义，诛首恶而已。"⑤ 从史料记载可以看出，广汉太守扈商，是大司马车骑将军王晋姐姐的儿子，软弱无能，在打击山林盗贼方面不称职。孙宝接任他的职务，亲自进入山谷，向群盗发布告示，只要不是主犯，都可以悔过自新，凡是悔过自新者，均遣送回故乡。在这则判例中，孙宝从《春秋》之义"诛首恶而已"出发，亲临山谷，奉劝群盗悔过自出，只对首要分子定罪量刑，其他非首恶者得以宽免。

司法官员在引经决狱过程中通过自由裁量权的运用，将儒家伦理贯穿于司法实践，为受刑者开辟了轻刑的道路，使两汉法律轻刑化。他们常常在《春秋》中寻找理论依据，以案例分析为手段，改造与经义相抵触的法律，对于法律中不能否定的苛刻条文则从经义和事实两方面寻找轻刑或平反冤狱的依据，救活了不少人命。在治狱方针上，法家主张循名责实，只看结果不重动机，只重现象不重实质，以名定罪，这样造成了大量冤假错案。"春秋

① 金良年：《论语·为政第二》，载《论语译著》，上海古籍出版社 2004 年版，第 10 页。
② 金良年：《孟子·尽心上》，载《孟子译著》，上海古籍出版社 2004 年版，第 277 页。
③ （汉）班固：《汉书》卷五六《董仲舒传》第二十六，中华书局 1962 年版，第 2502 页。
④ （汉）董仲舒：《春秋繁露》（诸子百家影印本）第五十三《基义》，上海古籍出版社 1989 年版，第 74 页。
⑤ （汉）班固：《汉书》卷七七《盖诸葛刘郑孙毋将何传》第四十七，中华书局 1962 年版，第 3258 页。

决狱"强调主观与客观相结合。是对秦朝法律原有的过于绝对、缺乏弹性的"客观归罪"精神的否定。"春秋决狱"贯彻"恶恶止其身，善善及子孙"的基本原则，反对株连无辜，提倡罪及本人。在秦朝法律"连坐"规定外，为减轻苛罚，拯救无辜，做出了有益的尝试。"社会学的方法所要求的一切就是，法官将在这一狭窄的选择范围内来寻求社会正义"[1]。

法官造法功能在两汉引经决狱过程中的实现，加快了儒家思想法律化进程，方便了儒家思想向司法领域的渗透，为三国两晋南北朝时期儒家思想向立法领域渗透奠定了基础，对唐朝"一准乎礼"精神指导下的法律全面儒家化做出了积极贡献。当然，引经决狱也有其消极一面，主要表现为司法官员在引经决狱过程中不能突破儒家伦理等级身份的限制，从而导致儒家"三纲五常"思想的扩张，不利于司法公正。但是通过引经决狱创制法律，极大地发挥了司法官员的主观能动性，有助于其自由裁量权的实现，对两汉判例体系创建意义重大。将儒家伦理导入司法环节有助于为受刑者开辟轻刑的道路，使法律进一步宽松化，有助于实现儒家"德治"主张。值得我们学习和借鉴。

第三节　法官造法与汉代儒家思想法律化

两汉司法官员通过自己的立法活动，通过引经注律创制成文法律，通过春秋决狱创制判例的立法活动，推动了汉代儒家思想法律化的进程，汉代儒家思想法律化尚有其他途径，汉代儒家思想法律化在程度上是有限的。

近些年来，关于汉代儒家思想法律化的论述很多。许多学者认为在汉代，儒家思想已经全面法律化了。笔者认为这种论述是有欠妥当的。我们谈儒家思想法律化，首先要弄清儒家思想法律化的含义是什么。只有清楚了儒家思想法律化的确切所指，我们才能够就这一问题进行切合实际的深入探讨。否则，一切理论都将成为空中楼阁。儒家思想在汉代法律化的程度及途径是什么？都是我们需要审视的问题。笔者认为，伴随儒家思想登上历史舞台，

---

[1]　［美］本杰明·卡多佐：《司法过程的性质》，苏力译，商务印书馆2005年版，第85页。

儒家思想法律化在汉代已经开始，但尚未完全实现。在中国法律发展史上，儒家思想法律化是一个漫长的、渐进的历史进程。历经两汉，魏晋南北朝，一直到唐代。伴随着条件的逐步成熟，儒家思想才实现了完全意义上的法律化。

一、问题的提出

1. 法与律之古义

首先，我们来看法律一词的含义。在中国古代，法与律已经有了一些基本的定义。法与律通常是分开使用的，法与律的含义不同。按照《说文解字》对法（灋）的定义："法，刑也，平之如水，从水。廌所以触不直者去之，从去。"① 从这个意义上讲，古老的"法"字具有公平、正义的意思。同时，法还有"刑"的意思。《盐铁论》曰："法者刑罚也，所以禁强暴也。"②《大戴礼记》曰："杀戮禁诛谓之法。"③ 可见，古代中国法与刑不分，法具有惩治邪恶、诛杀的功能。这种含义是从立法层面出发加以阐释的。按照《说文解字》的定义，律指"均布也"④。均布，自身有和谐的含义。《管子》曰："律者，所以定分止争也。"⑤《礼记正义》曰："律，法也。"⑥ 在古代中国，化也有自己特定的含义。《管子·七法》曰：化还指"渐也，顺也，靡也，久也，服也，习也，谓之化"⑦。可见，化就是逐渐演变的过程。由此可见，在古代中国，"法"与"刑"不分，一方面具有公平的含义，另一方面具有刑罚的含义。律有定分止争的含义，是指禁止邪恶、纷争发生的有约束力的规范。

---

① （汉）许慎：《说文解字》十上《廌部》，中华书局1963年版，第202页。
② 王利器校注：《盐铁论校注》卷第十《诏圣》第五十八，中华书局1992年版，第595页。
③ （清）王聘珍：《大戴礼记解诂》卷二《礼察》第四十六，中华书局1983年版，第22页。
④ （汉）许慎：《说文解字》二下《彳部》，中华书局1963年版，第43页。
⑤ 黎翔凤撰，梁运华整理：《管子校注》卷第十七《七臣七主》第五十二，中华书局2004年版，第998页。
⑥ （清）阮元校刻：《十三经注疏》（清嘉庆刊本）六《礼记正义》卷第十一，中华书局2009年版，第2931页。
⑦ 黎翔凤撰，梁运华整理：《管子校注》卷第二《七法》第六，中华书局2004年版，第106页。

2. 法律之今义

从今天的意义上看，法、律二字合在一起使用。按照《法学大词典》的解释，法律有广义和狭义之分。"广义的法律一般用法表示，既可包括古今中外一切法律现象，又可专指一国的法律制度的整体，在中国包括宪法、基本法律、基本法律以外的法律、行政法规和地方性法规。狭义的法律一般专指拥有立法权的国家机关依照立法程序制定和颁布的规范性文件"①。按照《法学大辞典》的解释，法律一词是在立法层面使用的，是国家立法机关制定的各种规范性文件。依《辞海》的解释：法律是指"体现统治阶级意志，由国家行使立法权的机关依照立法程序制定，由国家强制力保证执行的行为规则，一般具有一定文字形式，如宪法、刑法、民法，等等"②。

3. 结论

从法律的古义与今义可以看出，法律是指国家立法机关在立法过程中制定的种种规范性文件。"法律"一词是在立法层面上使用的，与司法无涉。法律与司法是两个概念。儒家思想法律化应当指儒家思想具有法律效力，要么变成具有法律效力的条款，也即法律条文，要么直接上升为具有约束力的法律。唯其如此，我们才能说儒家思想法律化了。我们谈到汉代儒家思想法律化时，应当是指儒家思想在立法层面加以实现的过程。具体而言，就是指儒家思想逐渐变成有约束力的法律规范、法律条文的过程。有许多学者认为，只要是儒家思想对立法、司法活动产生影响就叫作儒家思想法律化。这种结论是缺乏依据，不正确的。当儒家思想对立法、司法活动产生影响时，我们只能说，儒家思想向立法、司法领域渗透，而不能说儒家思想法律化了。在这里还要注意"法律化"的含义，所谓"法律化"是指儒家思想变成法律条文或者有约束力的法律规范的渐进性。如果是汉代法律中原有的儒家思想的条款和内容则不属于法律化的范畴。只有当新的儒家思想演变成法律条文和法律条款时，我们才能说它们法律化了。

---

① 邹瑜主编：《法学大词典》，中国政法大学出版社 1991 年版，第 1022 页。
② 辞海编辑委员会编：《辞海》（缩印本），上海辞书出版社 1980 年版，第 906 页。

二、关于引经注律与春秋决狱

1. 引经注律

引经注律，是两汉司法官员一项十分重要的立法活动。所谓引经注律，是指司法官员用儒家经典的经义内容注释法律的立法活动。之所以将引经注律视为司法官员的立法活动，是因为引用儒家经典经义内容对法律条文所作的解释，附在法律条文后与法律条文一同生效。这一活动，伴随着儒家思想登上历史舞台就已经开始了。早在汉武帝时期，著名的司法官员杜周与杜延年父子就已奉汉武帝与汉宣帝之命，用儒家思想解释法律。东汉中后期，伴随儒家思想的兴盛，越来越多的人用儒家思想解释法律。这一时期的解释活动具有家族集团的意味。东汉时期，用儒家思想对法律的解释活动盛况空前。笔者认为，如果仅仅是引用儒家经典注释法律，这种活动只能说是对立法产生了影响，不能认为是儒家思想的法律化。只有当引经注律活动产生的书籍具有约束力，也即具有法律效力，成为法律时，我们才能认为儒家思想法律化了。这种情况，在汉代是否存在呢？笔者认为，这种情况在汉代是存在的。东汉时期，伴随儒家伦理的渗透，研究儒家思想之家学蓬勃发展。清朝学者皮锡瑞认为："前汉重师法，后汉重家法。"① 此说法，很有见地。西汉，在儒学发展过程中，师徒式教育模式盛行。到了东汉，家学兴盛，出现了许多大的经学研究家族团体，比如吴雄家族、郭躬家族、陈宠家族等。东汉中后期，儒学昌盛，研习者众多。家学勃兴，律章句学发达，很多学者用儒家思想附会汉法。据《晋书·刑法志》记载，当时，研究儒家思想的家族团体有十几个，每一家都有十几万言的著作。可见，东汉时期用儒家著作解释法律的活动方兴未艾。这说明东汉晚期，引经注律不仅是一种用儒家思想解释法律的活动，已经具有了法律化的意义。

2. 春秋决狱

春秋决狱，顾名思义，是用儒家经典《春秋》经义审理案件的司法活动过程。需要注意的是，如果仅仅是使用儒家经典著作审理案件，这种司法审

---

① （清）皮锡瑞著，周予同注释：《经学历史》，中华书局 2012 年版，第 91 页。

判活动只能被认为是儒家思想对司法活动产生了影响，而不能认为是儒家思想的法律化。只有当通过春秋决狱活动创制对司法活动具有普遍影响的判例时，我们才能认为儒家思想法律化了。

通过春秋决狱创制判例的立法活动在汉代是否存在呢？笔者认为，这种立法活动在汉代是存在的。通过春秋决狱创制的判例，在历史上称之为"春秋决事比"，"春秋决事比"的原貌不得而知。据《汉书·艺文志》记载："公羊董仲舒治狱十六篇。"[1] 董仲舒春秋决狱的内容直到北宋还未散失，宋《崇文总目》载"春秋决事比十卷，……今颇残逸，止有七十八事"[2]。说明该书宋初尚存，但是已经残损、散佚，二百三十二事只剩下了七十八事。王应麟《困学纪闻》云："董仲舒《春秋决狱》，其书今不存。"[3] 说明，南宋时期，董仲舒所作《春秋决狱》已经散失。董仲舒决狱的案例散落于《太平御览》《通典》《艺文类聚》《白氏六帖事类集》等著作中。清人马国翰《玉函山房辑佚书》辑有董仲舒所撰《春秋决狱》一卷，收录有春秋决狱案例八个[4]。著名法学家程树德辑董仲舒《春秋决狱》六例[5]。从内容上看，春秋决狱个案中的人名，也即受害人与加害人全部以甲、乙、丙代之，符合判例的成文格式。马国翰、程树德所辑春秋决狱个案虽少，然可窥见汉代判例——春秋决事比的一般情况。

三、汉代儒家思想法律化的其他途径

笔者认为，汉代，除了通过引经注律活动创制法律，通过春秋决狱活动创制判例，实现儒家思想的法律化之外，儒家思想法律化，尚有如下途径，以往为学界所忽视。

1. 单行法规的制定

汉代，符合儒家伦理之单行法规的制定，是儒家思想法律化的途径之一。

---

① （汉）班固：《汉书》卷三〇《艺文志》第十，中华书局1962年版，第1714页。

② （宋）王尧臣等编次，（清）钱东垣等辑释：《崇文总目》，台湾商务印书馆1968年版，第23页。

③ （宋）王应麟：《困学纪闻》，辽宁教育出版社1998年版，第130页。

④ （清）马国翰辑：《玉函山房辑佚书》，台湾文海出版社1967年版，第1180—1181页。

⑤ 程树德：《九朝律考》，中华书局2003年版，第161页。

东汉，建初年间，有人侮辱他人父亲而被其子杀死，章帝非常同情为父亲复仇杀死侮辱者的儿子，并且赦免了他的死罪。据《后汉书·张敏传》记载："自后因以为比，遂定其议以为轻侮法。"① 可以看出，在汉章帝年间，儿子因父亲受他人侮辱而将侵犯者杀死，成为合法行为，这种行为开始时以"比"这种判例形式合法化，后来又根据这种判例的精神，制定了单行法规《轻侮法》。《轻侮法》的制定使儒家经典《春秋·公羊传》中父亲受到他人侵害，儿子必须为父亲复仇，"子不复仇，非子也"② 的经义精神法律化。时为尚书的张敏认为《轻侮法》制定后，开了相杀之路，官吏也因以为奸。建议废除《轻侮法》。

2. 皇帝颁布诏令

两汉时期，皇帝作为最高的司法官员，常常通过颁布诏令的方式，推动儒家思想法律化进程。

（1）皇帝单独下诏。

两汉，在很多情况下，皇帝会单独下诏，在诏书中贯彻儒家伦理。因为皇帝的诏书具有法律效力，因此，儒家思想也通过这种方式上升为法律，从而法律化了。汉代，例如，汉宣帝年间，汉宣帝多次下诏，将儒家思想法律化。其中地节四年下诏说考虑到老年人头发和牙齿都脱落了，已经没有暴虐之心。如果因为触犯法律被关进监狱，从而不能尽享天年，非常值得同情。所以，在诏令中规定，八十岁以上的老年人，只要不是非常严重的犯罪行为：诬告或者故意杀人、故意伤害，其他一般犯罪均不需要承担刑事责任，"他皆勿坐"③。因为是皇帝自上而下制诏，因此，具有法律效力。可见，汉宣帝诏，主要体现了儒家传统的矜老思想。孟子曰："老吾老，以及人之老。"④

---

① （南朝宋）范晔：《后汉书》卷四四《邓张徐张胡列传》第三十四，中华书局1965年版，第1502页。

② （清）阮元校刻：《十三经注疏》（清嘉庆刊本）七《春秋左传正义》卷第九，中华书局2009年版，第3842页。

③ （汉）班固：《汉书》卷八《宣帝纪》第八，中华书局1962年版，第258页。

④ （清）阮元校刻：《十三经注疏》（清嘉庆刊本）十三《孟子注疏》卷第一下，中华书局2009年版，第5808页。

汉赵歧对这句话有注曰："敬我之老，亦敬人之老。"① 汉宣帝年间还曾下诏就父母子女之间相互隐瞒罪行之事做出规定。使儒家父子相隐的基本主张法律化。据《汉书·宣帝纪》载："自今子首匿父母，妻匿夫，孙匿大父母，皆勿坐。"② 诏中规定，子女为父母隐瞒罪行，妻子为丈夫隐瞒罪行，孙子女为祖父母隐瞒罪行，都不需要承担刑事责任。同时规定："其父母匿子，夫匿妻，大父母匿孙，罪殊死，皆上请廷尉以闻。"③ 反过来讲，如果父母为子女隐瞒罪行，丈夫为妻子隐瞒罪行，祖父母为孙子女隐瞒罪行，原则上是需要承担刑事责任的，由于被隐瞒者地位低于隐瞒者的缘故，对隐瞒罪行者可以从轻处罚。为对方隐瞒罪行，犯罪应当处死的"皆上请廷尉以闻"，即通过廷尉上奏皇帝减轻处罚。该诏体现了儒家经典《春秋》父子相隐的经义。

（2）接受大臣建议定著为令。

汉代，国家官员提出立法建议被皇帝采纳，则会因皇帝的批准上升为具有法律效力的令。这种情况具有自下而上的特征。纵观两汉社会，因为皇帝同意而"著为令"或"具为令"的均在刑事法律领域，绝大部分是官吏提出的轻刑建议，因为得到皇帝批准而上升为法律。

据《后汉书·陈宠传》记载：汉章帝隶宗年间，陈宠是尚书，当时承袭前朝的习惯做法，官吏都崇尚重刑。尚书审理案件，用刑也比较残酷，陈宠认为章帝刚刚继位，应当改变前朝重刑之风，被章帝采纳。随后召集官员，将残损肢体的单行法规"科"废除。废除了巫蛊、妖孽方面的法律规定。奏上五十多件事，经皇帝批准"定著于令"。

四、汉代儒家思想法律化程度分析

1. 成文法与判例并存，成文法居主要地位

汉代的律令体系自汉初开创，至汉武帝时形成规模。《汉律》的制定表现为汉初丞相萧何制定《九章律》，惠帝时叔孙通制定《傍章律》十八篇。

---

① （清）阮元校刻：《十三经注疏》（清嘉庆刊本）十三《孟子注疏》卷第一下，中华书局2009年版，第5808页。

② （汉）班固：《汉书》卷八《宣帝纪》第八，中华书局1962年版，第251页。

③ （汉）班固：《汉书》卷八《宣帝纪》第八，中华书局1962年版，第251页。

《傍章律》主要规定朝觐、宗庙、婚丧等方面的礼仪制度及法律规定。汉武帝年间，廷尉张汤、太中大夫赵禹共同制定法律，张汤制定《越宫律》二十七篇，赵禹制定《朝律》六篇。《越宫律》涉及宫廷警卫，《朝律》又称为《朝贺律》，主要规定外国使节来汉朝贺时应遵循的基本规定。"汉律六十篇"体系由此创设完成。

汉代的法律自开国时初定，"至武帝时则进入大发展时期"[①]。汉初法律特别是律的体系到汉武帝年间有了长足的发展，这与汉武帝自身喜好刑名法术，重视法家思想是分不开的。"汉律六十篇"的体系确立后，后世相沿不改。

有汉一代，在以法家精神为指导的"汉律六十篇"体系基础上，附之以儒家的判例——春秋决事比，形成成文法与判例并行不悖的法律运行机制。纵观两汉法律体系，虽然通过引经注律的方式，将儒家经典注释过的内容上升为法律，通过春秋决狱，创制判例体系，但法律体系中的核心内容，仍旧是以"汉律六十篇"为主体的成文法体系。

2. 重刑与轻刑并存，以重刑为导向

汉承秦制，"西汉的法律继承了秦代的法律"[②]。汉朝法律继承了秦朝法律的重刑倾向。从两汉刑罚制度的发展情况看，刑罚的残酷程度呈波浪式发展。汉初承秦制，刑罚严苛。后在黄老思想影响下，采取系列措施，刑罚逐步宽缓。吕后二年除挟书律、妖言令。汉文帝、汉景帝通过刑罚改革废除了除宫刑以外的其他肉刑，使刑罚宽缓化，这在中国刑罚制度发展史上具有重要的意义。这种情况到汉武帝年间发生了变化，汉武帝年间，地方势力扩张，甚而爆发淮南王刘安的谋反案件。为了打击犯罪，维护中央集权，这一时期刑罚逐渐残酷。清朝著名学者严可均批评汉武帝时期的政局为："四海穷兵。"[③]据《汉书·刑法志》记载，"律令凡三百五十九章，大辟四百九条，千八百八十二事，死罪决事比万三千四百七十二事"[④]。这一时期，仅死刑条

---

① 徐世虹主编：《中国法制通史》（战国秦汉卷），法律出版社 1999 年版，第 250 页。

② 于豪亮：《于豪亮学术文存》，中华书局 1985 年版，第 146 页。

③ （清）严可均：《铁桥漫稿》（光绪年间心矩斋校本），台湾世界书局 1984 年版，第 312 页。

④ （汉）班固：《汉书》卷二三《刑法志》第三，中华书局 1962 年版，第 1101 页。

文就有 409 条，适用于 1882 种犯罪情形，关于死刑的判例多达 13472 个。据史料载："至周为廷尉，诏狱亦益多矣。二千石系者新故相因，不减百余人。郡吏大府举之廷尉，一岁至千余章。章大者连逮证案数百，小者数十人；远者数千，近者数百里。会狱，吏因责如章告劾，不服，以笞掠定之。于是闻有逮皆亡匿。狱久者至更数赦十有余岁，而相告言，大抵尽诋以不道以上。廷尉及中都官诏狱逮至六七万人，吏所增加十余万人。"① 从史料的记载可以看出，汉武帝年间，杜周为廷尉，诏狱日益增加，郡守以上的二千石官员，旧的刚被释放，新的又被送进来，不下百余人。地方的大案要案上报给廷尉的，一年有一千余起。重大案件牵连逮捕的证人达数百人，小的案件也有数十人。证人远的来自数千里的地方，近的也有数百里。由于证人远近不一，严重影响了百姓的正常生活。等到案件开始审理的时候，司法官员按照法律规定对当事人提起诉讼。不肯认罪的，就采用刑讯逼供的方法，强行定案。于是有人听到要抓捕自己时，都会尽快逃跑、隐匿。监狱中久系不决的罪犯和经数次赦免出狱的情况持续了十多年。这些人中绝大部分都是犯有不道罪行以上的重刑犯，重刑犯尚有十余万人，估计轻刑者不计其数。当时廷尉及中都官诏狱逮捕的涉及皇帝交办重大案件的官员有六七万人之多，监狱中关押的囚犯增加了十余万人。可以看出，汉武帝时，司法官员尽管参与了成文法和判例的创制，但司法实践中刑罚依旧严酷。据《汉书·京房传》记载，汉元帝年间，著名儒生京房借灾异弹劾宦官，京房批评当时的社会为春天下霜，冬天打雷；春天万物凋零，秋天万物繁荣；经常落下陨石，霜雪也多；水灾旱灾及虫灾都很严重；老百姓生活在饥饿和疫病中；"盗贼不禁，刑人满市"②。据《汉书·谷永传》记载，至汉成帝年间，刑罚残酷的情况仍然没有改变。谷永对策时认为，建始三年冬，日食、地震同日俱发。原因是"刑罚深酷，吏行残贼也"③。据《后汉书·桓谭传》记载，至东汉，光武年间，桓谭指出，当时的情况是：同罪异罚，奸吏互相勾结"所欲活则出生议，所

---

① （汉）司马迁：《史记》卷一二二《酷吏列传》第六十二，中华书局 1982 年版，第 3153 页。

② （汉）班固：《汉书》卷七五《眭两夏侯京翼李传》第四十五，中华书局 1962 年版，第 3162 页。

③ （汉）班固：《汉书》卷八五《谷永杜邺传》第五十五，中华书局 1962 年版，第 420 页。

欲陷则与死比"①。据《后汉书·陈宠传》记载，肃宗时，著名司法官员陈宠指出当时司法官员运用刑罚，审理案件，还是过于残酷，"断狱者急于耶格酷烈之痛，执宪者烦于诋欺放滥之文，或因公行私，逞纵威福"②。东汉章和年间，刑罚虽然严酷，但汉章帝、汉和帝常常会采纳司法官员或儒生的轻刑建议。据《后汉书·襄楷传》记载，至东汉晚期，襄楷借灾异上书，批评桓帝时宦官专权，刑罚酷滥的社会现实。他指出当时宦官专权，"政刑暴滥"③。总体上看，有汉一代，刑罚较酷滥。虽然汉代皇帝通过多种途径，将儒家的轻刑思想上升为法律，但两汉的重刑导向没有改变。张建国先生认为，从西汉后期到东汉，"法家学说形成的法律受到儒家学说的外来影响，走上礼刑结合、德主刑辅的法制发展的轨道，但法律仍比较繁苛"④。

3. 结论

（1）汉代儒家思想法律化趋势明显。

西汉中期汉武帝时，随着儒生董仲舒"罢黜百家，独尊儒术"建议的提出，儒家思想开始登上历史舞台。儒家思想迫切需要向法律渗透。然而，汉承秦制，秦朝法律在法家思想指导下完成，法律体系确立后，往往很难撼动，要想推翻继秦而来的法律，重新制定以儒家思想为核心的法律是艰难的，也是不可能实现的。于是儒家思想只能通过其他途径，向法律渗透。汉文帝时，设立以《诗》为核心的一经博士。汉武帝时期，以《诗》《书》《礼》《易》《春秋》为核心的五经博士的设立，加快了儒家思想统治地位确立的步伐。汉武帝年间的儒生董仲舒，既引用儒家经典《春秋》经义决狱，又创制判例——春秋决事比，拉开了儒家思想法律化的序幕。董仲舒审理的案件传递着儒家"父子至亲"、"恶恶止其身"、"论心定罪"、夫死无男女子有"更嫁之道"等基本主张，并将其法律化。汉元帝、汉成帝以后，儒家思想受重视的程度加强。后汉设立十四经博士，儒家伦理深入人心。仅从春秋三传立于学

① （南朝宋）范晔：《后汉书》卷二八上《桓谭冯衍列传》第十八上，中华书局 1965 年版，第959 页。

② （南朝宋）范晔：《后汉书》卷四六《郭陈列传》第三十六，中华书局 1965 年版，第 1549 页。

③ （南朝宋）范晔：《后汉书》卷三○下《郎青襄楷列传》第二十下，中华书局 1965 年版，第1076 页。

④ 张建国：《中华法系的形成与发达》，北京大学出版社 1997 年版，第 23—24 页。

官的情况，可见儒学兴盛之一斑。汉武帝时，公羊春秋立于学官，到了汉宣帝时，谷梁春秋立于学官。汉平帝时，左氏春秋也立于学官。东汉立有十四经博士，公羊春秋有严彭祖、颜安乐两家。伴随着儒学向纵深发展，儒家思想法律化的步伐明显加快。东汉时期，除了引经注律、春秋决狱创制法律和判例，实现儒家思想法律化外，还通过制定单行法规和颁布诏令的方式实现儒家思想的法律化。两汉，特别是东汉，伴随儒学的长足发展，儒家思想法律化的趋势显著。

（2）汉代儒家思想法律化进程尚未完成。

从两汉具体情况看，法律体系的主体是以法家思想为指导确立的以"汉律六十篇"为核心的成文法体系，通过春秋决狱创立的判例体系，包括以皇帝敕令方式确立的单行法规体系，虽然补充着成文法的不足，但不是汉代法律的主体。两汉社会，虽然出现了以儒家思想为内容的轻刑趋势，但重刑依然是导向。因此，我们可以得出结论，汉代儒家思想法律化进程加快，但是儒家思想还远远没有实现法律化。因此，任何关于汉代儒家思想已经法律化的结论，都是值得斟酌的。

伴随立法条件的具备，到了三国两晋南北朝时期，儒家的纲常伦理开始法律条文化。标志儒家"人有差等"的"八议"原则在三国时期曹魏政权下率先法律化。随后，"五服"入律。到了唐朝，伴随条件的具备，儒家思想全面法律条文化。"一准乎礼"是唐代立法的准则。儒家的纲常伦理到了唐代实现了向法律体系的全面渗透。反映儒家道德主张的"礼"和唐代的法律规范"律"，实现了有机的结合。至此，儒家思想法律化进程结束。

第三章 两汉司法官员的司法功能

第一节 儒生、文吏对汉代司法活动的影响

儒生与文吏对汉代司法活动产生了深远影响：影响到司法官员队伍的构成；决定着汉代司法领域中的宽猛相济；文吏与儒生提出司法建议，推动了汉代的司法改革运动。

影响汉代司法活动的因素很多，而文吏与儒生在司法活动中展现的不同风格，深刻地影响着汉代的司法行为。文吏与儒生对汉代司法活动的影响在过去的学术研究中未得到足够的重视。马宗霍先生云："文吏盖谓文法之吏，亦即刀笔之吏也。"① 一般而言，文吏是指明习法律的官员，即所谓刀笔之吏。儒生则是指通晓、研习儒家经典的学者。文吏与儒生互相配合，同舟共济。对汉代的司法改革活动做出了积极的贡献。

一、对司法官员队伍构成的影响

1. 以明习法律者为司法官员

汉代，在秦朝"以吏为师"思想影响下，司法官员队伍中，明习法律者，人数众多。两汉，特别是西汉，汉武帝以至汉宣帝皆好刑名，任用刑名法吏也成为经常的事情。这种情况与汉代的官吏选拔制度关系很大。汉代，御史、廷尉正、监、平，例用明法科出身的官员。汉武帝时，以四科取士，其中第三科是："明晓法令，足以决疑，能按章覆问。"② 即明习法律，有能力审理疑难案件，同时能够按照法律规定审理案件，要选拔这样的官员从事

---

① 马宗霍：《论衡校读笺识》，中华书局 2010 年版，第 160 页。
② （清）孙星衍等辑，周天游点校：《汉旧仪二卷补遗一卷》，载《汉官六种》，中华书局 1990 年版，第 37 页。

司法审判工作。"刺史举民有茂材，移名丞相，丞相考召，取明经一科，明律令一科，能治剧一科，各一人……选廷尉正、监、平，案章取明律令"①。也就是说，刺史推举有才华的百姓，将名单移交丞相。丞相通过考试的方式招录，选拔明经一科，明律令一科，能治剧一科各一人。同时根据规定，选拔明习法律令的司法官员廷尉正、廷尉监、廷尉平。可见，在汉代，最高司法官员廷尉正、廷尉监、廷尉平，都需要选用明习法律者。由于汉代要求以明习法律者担任司法官员。由此，许多明习法律者走向司法岗位，最后位及廷尉、御史大夫乃至丞相。

西汉中期以后，一般地方官员通常也要求明习律令。"延城甲渠候官，第三十燧长，上造范尊，中劳十月，十乘，日能二书，会计治官民，颇知律令文，年三十二岁。"（E. P. T59：104）②一般官员都需明习法律，更何况执法人员。汉初，军事人员多充任地方官员，由于司法、行政合一的缘故，地方司法官员也常由军事人员充任。汉武帝时，四科取士制度确立，这种情况有了很大变化。因汉武帝好刑名法术，西汉一直到武、宣时期，依然表现出对明习法律者的倚重。南宋洪迈云："汉宣帝不好儒。"③汉武帝时期，主爵都尉汲黯位列九卿时，公孙弘、张汤都只是一般官员。但是，因为明习律令，公孙弘很快迁为丞相，张汤迁为廷尉，与汲黯平起平坐。以至于汲黯不无感慨地认为，汉武帝重视的不是儒生，而是像张汤一样明习法律的刀笔之吏。他说张汤："天下谓刀笔吏不可以（为）公卿，果然。必汤也，令天下重足而立，侧（仄）目而视矣。"④据《史记·酷吏列传》记载，汉武帝时，著名的酷吏王温舒："以治狱至廷史。"⑤据《汉书·于定国传》记载，汉宣帝年间廷尉于定国："少学法于父，父死，后定国亦为狱史，郡决曹，补廷

①（清）孙星衍等辑，周天游点校：《汉旧仪二卷补遗一卷》，载《汉官六种》，中华书局1990年版，第37页。

② 甘肃省文物考古研究所、甘肃省博物馆、文化部古文献研究室、中国社会科学院历史研究所：《居延新简：甲渠候官与第四燧》，文物出版社1990年版，第366页。

③（宋）洪迈撰，孔凡礼点校：《容斋随笔》，中华书局2005年版，第439页。

④（宋）倪思：《班马异同》卷二九，载《景印文渊阁四库全书》第231册，台湾商务印书馆1983年版，第669页。

⑤（汉）司马迁：《史记》卷一二二《酷吏列传》第六十二，中华书局1962年版，第3147页。

尉史。"① 于定国也是因为明习法律的原因迁为廷尉，后迁为御史大夫。汉成帝年间的薛宣："少为廷尉书佐，都船狱史……以明习文法诏补御史中丞。"②

2. 以儒者补充司法官员队伍

汉武帝以后，伴随着儒家思想向法律的渗透。尽管明习法律者依旧是司法队伍的骨干，但是一些明习儒家经典著作的人士，也通过各种途径补充到司法官员队伍中来，与文吏共同参与司法审判活动，司法活动体现了儒、法合流的典型特征。据《史记·酷吏列传》记载，汉武帝时期，廷尉张汤："汤决大狱，欲傅古义，乃请博士弟子治《尚书》《春秋》补廷尉史。"③ 张汤在审理案件时，为了将儒家经义贯彻到法律中去，特别聘请一些谙习儒家经典《尚书》《春秋》的人补充到廷尉组织内部。开始，张汤"以宽为奏谳掾，以古法义决疑狱，甚重之"④。张汤因为儿宽用儒家经典经义内容决狱，非常器重他，让他做了奏谳掾。后来等到张汤迁为御史大夫，就让儿宽做了御史大夫这一司法监察机构的属官"以宽为掾，举侍御史"⑤。儿宽后位及丞相。从汉碑记录东汉时期基层司法官员构成的情况看，东汉时期，基层郡、县组织的司法官员很多是由明习经学者充任的。现举几例加以说明，据司隶校尉鲁峻碑记载，汉灵帝时期著名的儒生鲁峻"治鲁诗，兼通颜氏春秋，博览群书"。因为明习儒家经典著作《鲁诗》及《颜氏春秋》历任侍御史、东郡顿近令，后迁为九江太守。鲁峻任九江太守期间"□残酷之刑⑥，行循吏道……延熹七年二月丁卯，拜司隶校尉"⑦。据《泰山都尉孔宙碑》记载，孔子十九世之孙孔宙："少习家训，治严氏春秋……迁元城令。"⑧ 据《史记·儒林传》著名儒生董仲舒"明于春秋，其传公羊氏也"⑨。董仲舒因通晓公羊

---

① （汉）班固：《汉书》卷七一《隽疏于薛平彭传》第四十一，中华书局 1962 年版，第 3042 页。
② （汉）班固：《汉书》卷八三《薛宣朱博传》第五十三，中华书局 1962 年版，第 3385 页。
③ （汉）司马迁：《史记》卷一二二《酷吏列传》第六十二，中华书局 1982 年版，第 3139 页。
④ （汉）班固：《汉书》卷五八《公孙弘卜式儿宽传》第二十八，中华书局 1962 年版，第 2629 页。
⑤ （汉）班固：《汉书》卷五八《公孙弘卜式儿宽传》第二十八，中华书局 1962 年版，第 2629 页。
⑥ "残酷之刑"前一字磨损，应为"除"或"去"。
⑦ （宋）洪适：《隶释·隶续》，中华书局 1986 年版，第 100—101 页。
⑧ （宋）洪适：《隶释·隶续》，中华书局 1986 年版，第 81 页。
⑨ （汉）司马迁：《史记》卷一二一《儒林列传》第六十一，中华书局 1982 年版，第 3182 页。

春秋大义，在汉武帝年间，历任江都、胶西两王相，并以春秋经义决狱，成为著名的司法官员。据《汉书·隽不疑传》记载，汉武帝年间的隽不疑"治春秋，为郡文学""征诣公车，拜为青州刺史"①。隽不疑因为通晓《春秋》大义，先为郡文学，后拜为青州刺史。后汉，据谢承《后汉书》记载，华松家里十分贫穷，十五岁时"师事丁子然，学《春秋》"②，后迁为司隶校尉。

3. 文吏与儒生互相学习

汉代，文吏与儒生有一个长期对立且日趋融合的过程。汉武帝年间，儒家思想刚刚登上历史舞台，为适应这种情况，明习法律者也常常会向儒生学习儒家经典思想，以便在审理案件的过程中贯彻儒家的微言大义。据《后汉书·应劭传》载："故胶（东）［西］相董仲舒老病致仕，朝廷每有政议，数遣廷尉张汤亲至陋巷，问其得失。"③ 可见，每当朝廷遇到重大案件，难以处理时，廷尉张汤就会到董仲舒所在陋巷，向其学习询问，如何用儒家经典处理之。张汤询问董仲舒的具体内容，史料无载。然董仲舒所著《春秋繁露》中则详细记载了张汤向董仲舒询问有关郊事事宜的片段，虽然不是决狱内容，也可大致看出文吏向儒生学习的一般情况。"臣汤问仲舒：'天子祭天，诸侯祭土，鲁何缘以祭郊?'臣仲舒对曰：'周公传成王，成王遂及圣，功莫大于此。'周公，圣人也，有祭天之道。"④ 伴随着儒家思想统治地位的确立，明习法律者也需要向儒生学习经学义理，以适应社会发展的需要。《汉书·丙吉传》记载："吉本起狱法小吏，后学诗、礼，皆通大义。及居相位，上宽大，好礼让。"⑤ 丙吉以明习法律任官，后学习儒家经典。据《汉书·于定国传》记载，汉宣帝时期的廷尉于定国，少学法律，但"迎师学春秋，身执经，北面备弟子礼，为人谦恭，尤重经术士，虽卑贱徒步往过，定国皆与

① （汉）班固：《汉书》卷七一《隽疏于薛平彭传》第四十一，中华书局 1962 年版，第 3035—3036 页。

② （清）汪文台辑，周天游校：《七家后汉书》，河北人民出版社 1987 年版，第 130 页。

③ （南朝宋）范晔：《后汉书》卷四八《杨李翟应霍爰徐列传》第三十八，中华书局 1965 年版，第 1612 页。

④ （清）苏舆撰，钟哲点校：《春秋繁露义证》，中华书局 1992 年版，第 417 页。

⑤ （汉）班固：《汉书》卷七四《魏相丙吉传》第四十四，中华书局 1962 年版，第 3145 页。

钧礼"①。

当然，在明习法律者学习儒家经典的同时，明经者，即儒生也努力地学习法律，以便在审理案件时准确运用法律，适应"外儒内法"的大环境的需要。据《后汉书·酷吏列传》记载，黄昌"数见诸生修痒序之礼，因好之，遂就经学。又晓习文法，仕郡为决曹"②。后拜宛令，又迁蜀都太守，既明习经学义理又学习律令知识。郭禧，"少明习家业，兼好儒学，有名誉，延熹中亦为廷尉"③。汉和帝年间的著名司法官员陈宠，"虽传法律，而兼通经书"④。历任太山太守、广汉太守等职，永元六年，为廷尉。汉和帝年间的著名儒生王涣，"敦儒学，习尚书，读律令，略举大义"⑤。历任温令，永元十五年迁为洛阳令。王涣对于很长时间不能解决的诉讼案件，适用法律不公平的案件，"莫不曲尽情诈，压塞群疑"⑥。都是通过以情动人的方式，解决百姓的疑问，从而处理疑难案件。东汉著名儒生陈球"少涉儒学，善律令"⑦（《后汉书·陈球传》）。阳嘉中，通过举孝廉的方式，迁为繁阳令，后迁为廷尉。

从司法官员队伍的结构看，汉代，由于四科举士中，明法一科是选拔司法官员的专门科目，此科目历经两汉而不改。从总体上看，由于汉代在司法领域中对明习法律者的重视，因此，中央最高司法机构廷尉组织中的最高官员廷尉，常常由明习法律者充任。例如，郭躬家族世传《小杜律》，共产生七位廷尉。汉武帝以后，伴随着儒家思想登上历史舞台，明经者的地位日益提升。但是，有汉一代"外儒内法"的实际情况，致使明习儒家经典著作的儒生，无法从根本上动摇明习律令者的地位。这种情况一直到儒学兴盛的东汉时期，仍然无法改变。生活在汉章帝年间的王充，对儒生与文吏在司法领域中的冲突与融合，已有深刻的认识。王充在《论衡·程材篇》中对当时儒

---

① （汉）班固：《汉书》卷七一《隽疏于薛平彭传》第四十一，中华书局1962年版，第3042—3043页。

② （南朝宋）范晔：《后汉书》卷七七《酷吏列传》第六十七，中华书局1965年版，第2496页。

③ （南朝宋）范晔：《后汉书》卷四六《郭陈列传》第三十六，中华书局1965年版，第1545页。

④ （南朝宋）范晔：《后汉书》卷四六《郭陈列传》第三十六，中华书局1965年版，第1555页。

⑤ （南朝宋）范晔：《后汉书》卷七六《循吏列传》第六十六，中华书局1965年版，第2468页。

⑥ （南朝宋）范晔：《后汉书》卷七六《循吏列传》第六十六，中华书局1965年版，第2469页。

⑦ （南朝宋）范晔：《后汉书》卷五六《张王种陈列传》第四十六，中华书局1965年版，第1831页。

生急于改变"寂于空室"处境的现象进行批评。并指出当时的社会风气："是以世俗学问者，不肯竟明经学，深知古今，急欲成一家章句。义理略具，同超（趋）学史书，读律讽令。"① 对儒生义理略具，不加深究，就转而研习法律知识的现象进行批评。王充说，当时的社会现实是"论者多谓儒生不及彼文吏"②。王充生活的时代，在世俗的眼里，明经者的法律地位，比不上明习法律的刀笔之吏。在王充看来，主要的原因是"儒生栗栗，不能当剧"③。儒生处事小心翼翼，不能承担繁重、困难的任务，缺乏勇毅和果敢，因此常常得不到重用。为了有一个美好的未来，就必须努力学习法律知识。同时，伴随着儒家思想统治地位的确立，明习法律者也需要向儒生学习儒家经典经义内容。从这个意义上说，就司法官员队伍的结构而言，两汉以明习法律者为主，并补以明习经学者。双方互相学习，相互融合，体现了儒法合流的基本特征。

二、司法领域中的宽猛相济

（一）文吏④用刑严酷

1. 用刑深刻

文吏在法律适用过程中，要么从严解读法律。要么弃法律规定于不顾，风厉杀人。总体上看，文吏在两汉历史舞台上以打击豪强，风厉杀人著称。对维护地方治安，维护国家稳定做出了积极贡献。从两汉历史发展的情况看，酷吏大多来自明习法律者。例如，《史记·酷吏列传》中所载杜周、张汤皆出身狱吏，通晓法律。汉代文吏对法家思想推崇备至，崇尚法家"以刑杀为威"的理念。汉武帝年间，杜周为廷尉，诏狱日益增加，郡守以上的二千石

---

① 黄晖：《论衡校释》卷第一二《程材篇》，中华书局1990年版，第538页。
② 黄晖：《论衡校释》卷第一二《程材篇》，中华书局1990年版，第533页。
③ 黄晖：《论衡校释》卷第一二《程材篇》，中华书局1990年版，第534页。
④ 需要注意的是，文吏和酷吏不是同一个概念，不能画等号。汉代酷吏多文吏出身。因此，文吏从整体上看，有奉行法家"重刑轻罪""法不阿贵"精神的倾向。总体上用刑深刻且打击豪强绝不手软。但是，也有一些文吏坚持宽缓为治的原则。例如，汉宣帝年间文吏出身的廷尉于定国即坚持宽缓为治的原则。因为治狱宽缓传为佳话："于定国为廷尉，民自以不冤"（《汉书·于定国传》）。从这里可以看出，酷吏虽多文吏出身，但文吏并非全是酷吏，这一点值得引起特别注意。

官员，旧的刚被释放，新的又被送进来，不下百余人。当时"廷尉及中都官诏狱逮至六七万人，吏所增加十万余人"①。据《后汉书·酷吏列传》记载，汉光武帝年间的樊晔，在做天水太守期间："政严猛，好申韩法，善恶立断，人有犯其禁者，率不生出狱。"②樊晔喜欢申不害、韩非子的学说，治狱威猛严酷，人们只要被关进监狱，就很难活着出来。建初年间的周纡好韩非之术，据《后汉书·酷吏列传》记载，周纡在做博平县令时，"收考奸臧，无出狱者"③。建初年间，迁为勃海太守，"每赦令到郡，辄隐闭不出，先遣使属县尽快刑罪，乃出诏书"④。周纡每遇赦令到达，皇帝大赦天下时，常常闭门不出，让属县尽快行刑，行刑完毕，才宣布皇帝的诏书。据《后汉书·酷吏列传》记载，阳球也好"申韩之学"，在他做九江太守时，九江地区山中盗贼出没，连续很多个月无法解决，阳球到达后"设方略，凶贼珍破，收郡守奸吏尽杀之"⑤。据载：阳球做司隶校尉时，中常寺王甫、曹节等奸虐弄权。阳球非常生气，于是行纠劾之权，将王甫等人收捕洛阳狱。致王甫父子悉死杖下。阳球乃"僵磔甫尸于夏城门"⑥。将王甫处以磔尸刑。

2. 重在打击豪强

明悉律令的文吏，面对横行乡里的地方豪强势力严厉打击，毫不手软。对削弱地方邪恶势力，维护地方社会治安，维护国家稳定做出了积极贡献。

据史料载，汉宣帝年间的严延年，东海下邳人，少学法律于丞相府，后被推举为侍御史。当时，一些豪强大姓如西高氏、东高氏，横行一时，郡吏以下都因为畏惧而避开他们，不敢违背他们的意志。严延年则"更遣吏分考两高，穷竟其奸，诛杀各数十人。郡中震恐，道不拾遗"⑦。可以看出，严延年穷究两高，风厉杀人，收到了道不拾遗的显著成效。

史料载，王温舒，阳陵人也，以治狱至廷尉史。王温舒在广平居住时，

---

① （汉）班固：《史记》卷一二二《酷吏列传》第六十二，中华书局1982年版，第3153页。

② （南朝宋）范晔：《后汉书》卷七七《酷吏列传》第六十七，中华书局1965年版，第2491页。

③ （南朝宋）范晔：《后汉书》卷七七《酷吏列传》第六十七，中华书局1965年版，第2493页。

④ （南朝宋）范晔：《后汉书》卷七七《酷吏列传》第六十七，中华书局1965年版，第2494页。

⑤ （南朝宋）范晔：《后汉书》卷七七《酷吏列传》第六十七，中华书局1965年版，第2498页。

⑥ （南朝宋）范晔：《后汉书》卷七七《酷吏列传》第六十七，中华书局1965年版，第2500页。

⑦ （汉）班固：《汉书》卷九〇《酷吏传》第六十，中华书局1962年版，第3668页。

广平地区的人都知道豪奸之家在河内横行。九月到来，王温舒命令郡准备私马五十匹，从河内到长安设立驿站。官吏采用在广平时采用的方法，收捕郡中奸猾豪强，相互连坐者达千余家。他上书奏请罪行严重的处以族刑，罪行轻微的处普通死刑。得到皇帝许可后即按判决书执行，杀人甚多，以致流血十余里。河内人都认为王温舒惩治豪猾速度很快，"尽十二月，郡中无犬吠之盗"①。

据《后汉书·酷吏列传》记载，东汉著名文吏黄昌，遇到豪强大姓犯罪，"悉收其家，一时杀戮，大姓战惧，皆称神明"②。汉初分封诸侯王，地方势力日趋强大，汉景帝年间，终于酿成七国之乱，汉武帝年间又有淮南王刘安谋反事件发生。因此，削弱和打击地方势力一直是汉廷的重要任务，喜好法家思想的文吏则顺应时代需要，严格刑罚，打击豪强势力毫不手软。

（二）儒生③用刑宽缓

汉代，在刑罚严酷的大背景下，因为儒家思想日趋占据统治地位，司法领域中也有宽缓刑罚的趋势和做法，体现了儒、法合流的显著特征。汉代循吏多为明经出身，在审理案件时，与酷吏不同，多通过教化的方式而非严酷的刑罚。儒生受到儒家思想的长期熏染，在司法活动中，奉行儒家"仁者爱人"的理论，体现了宽大、轻刑的悲悯情怀。司法领域中刑罚的宽缓化是通过以下几种途径实现的。

1. 在司法实践中通过人性化措施减轻刑罚

汉代，虽然刑罚严酷，但司法官员通常会采取一些人性化措施，从而使刑罚的执行具有温情脉脉的人性化特征。据《后汉书·曹褒传》记载：曹褒"博雅疏通，尤好礼事……初举孝廉，再迁圉令，以礼理人，以德化俗"④。

---

① （汉）班固：《汉书》卷九〇《酷吏传》第六十，中华书局1962年版，第3656页。
② （南朝宋）范晔：《后汉书》卷七七《酷吏列传》第六十七，中华书局1965年版，第2496页。
③ 需要注意的是，儒生与循吏也不是同一个概念，不能画等号。汉代循吏多明经出身，也即循吏多儒生。汉代儒生从儒家"仁者爱人"的理念出发，有轻刑、宽和的总体倾向。但是也有个别儒生奉行法家重轻刑罪、法不阿贵的精神。例如，东汉著名儒生王吉，"少好诵读书传，喜名声，而性残忍……若有生子不养，即斩其父母，合土棘理之。凡杀人皆磔尸车上"（《后汉书·酷吏列传》）。可见王吉虽为儒生却生性残忍，因此，并非所有的儒生都是循吏。
④ （南朝宋）范晔：《后汉书》卷三五《张曹郑列传》第二十五，中华书局1965年版，第1201—1202页。

当时有盗贼五人，从其他郡进入圉县境内，被司法官员捕获。陈留太守马严听到这个消息，疾恶如仇，要求圉县将这五人杀死。曹褒对前来敦促的官员说："夫绝人命者，天亦绝之。皋陶不为盗制死刑，管仲遇盗而升诸公。今承旨而杀之，是逆天心，顺府意也，其罚重矣。如得全此人命而身坐之，吾所愿也。"① 即 "如果有人随便剥夺他人生命，上天也会让他灭亡。皋陶时代对于盗贼不用死刑，管仲遇到盗贼加以重用。如果我今天按照郡守的指令，将这五人杀死。是用违背天意的方式，遵从太守的旨意，处罚就太重了。如果能够让我受罚而保全这五个人的性命，我也心甘情愿"。最终未将五人处死。体现了儒生作为司法官员对囚犯的悲悯情怀，并在一定程度上使刑罚的执行更具人性化特征。

2. 以宽和为治

据《后汉书·循吏列传》记载，秦彭于建初元年迁山阳太守，"以礼训人，不任刑罚，崇好儒雅，敦明庠序"②。据《后汉书·何敞传》记载，"何敞字文高，扶风平陵人也……学《尚书》于晁错"③。何敞精通经传，后迁汝南太守。"敞疾文俗吏以苛刻求当时名誉，故在职以宽和为政。立春日，常召督邮还府，分遣儒术大吏案行属县，显孝悌有义行者。及举冤狱，以《春秋》义断之。是以郡中无冤声，百姓化其恩礼。"④《后汉书·牟融传》记载："牟融，少博学，以大夏侯《尚书》教授，门徒数百人。"⑤ 司马彪《续汉书》曰："牟融举茂才，为丰令。视事三年，政化流行，县无狱讼，吏畏而爱之，治有异绩，为州郡最。"⑥ 牟融，作为治大夏侯《尚书》的儒生，在做丰县县令三年期间，县里没有争讼发生，成为当时州郡中治理最好的，实现了传统儒家的无讼理想，这在今天也有十分重要的借鉴价值。

汉代司法官员，特别是其中的儒生在审理民事案件时，常常贯彻儒家的

---

① （南朝宋）范晔：《后汉书》卷三五《张曹郑列传》第二十五，中华书局 1965 年版，第 1202 页。
② （南朝宋）范晔：《后汉书》卷七六《循吏列传》第六十六，中华书局 1965 年版，第 2467 页。
③ （南朝宋）范晔：《后汉书》卷四三《朱乐何列传》第三十三，中华书局 1965 年版，第 1480 页。
④ （南朝宋）范晔：《后汉书》卷四三《朱乐何列传》第三十三，中华书局 1965 年版，第 1487 页。
⑤ （南朝宋）范晔：《后汉书》卷二六《伏侯宋蔡冯赵牟韦列传》第十六，中华书局 1965 年版，第 915 页。
⑥ 周天游辑注：《八家后汉书辑注》，上海古籍出版社 1986 年版，第 367 页。

"无讼"主张，以说服教育的方式审理案件。让争讼双方即原告与被告，能够通过反省自己的行为而放弃争讼，言归于好。通过这种方式，既化解了纠纷，又提高了审理案件的效率，节约了诉讼成本。据《后汉书·刘宽传》注载："谢承书曰：宽少学欧阳《尚书》、京氏《易》，尤明《韩诗外传》。"[①]"《续汉书》曰：刘宽为南阳太守，温仁多恕，遇民如子，口不出詈言，吏人有过，但用蒲鞭罚之，示辱而已。"[②] 可见，儒生刘宽在做南阳太守时，宽厚爱民，少用刑罚，官吏有过错也仅采用鞭刑，以示警诫。

两汉儒生审理刑事案件时，也能贯彻宽大原则。

据《风俗通义》记载：汝南张妙会杜士，士家娶妇，酒后相戏，张妙缚杜士，捶二十下，又悬足指，士遂致死。鲍昱[③]决事云："酒后相戏，原其本心，无贼害之意，宜减死。"[④] 从《风俗通义》的记载可知，汝南有一个叫张妙的人到杜士家中做客，正好遇到杜士家中娶妻。两人酒后戏闹，张妙捆绑了杜士，并击打了二十下，又将其手、脚悬空，致使杜士死亡。鲍昱制作决事比说：两人酒后打闹，从其主观恶性看，没有故意杀人及伤害的意图，应当免予死刑处罚。

文吏和儒生通过审理案件的不同风格，使汉代宽猛相济的刑事法律原则得以维系。如果只有文吏的严苛或者只有儒生的宽缓，都无法实现社会的有效治理。一般而言，文吏通过严厉打击豪强，奉行"法不阿贵"的法治精神，从法律层面维护着汉代社会的良性运行。而儒生则更多的是从"人情"角度，而不是法律层面出发，维护着以儒家伦理为核心、以人情为基础的乡村社会的治理。正如美国学者 E. 博登海默所言：法官"在履行其职责时，还将依赖专门的法律渊源、法律制度的一般精神，社会与经济制度中的某些

---

① （南朝宋）范晔：《后汉书》卷二五《卓鲁魏刘列传》第十五，中华书局1965年版，886页。

② （宋）李昉等：《太平御览》三（影印本），上海古籍出版社2008年版，第446页。

③ 据《后汉书》记载，鲍昱是著名儒生鲍永之子。据《后汉书·鲍永传》记载：鲍永"少有志操，习欧阳《尚书》。"参见（南朝宋）范晔：《后汉书》卷二九《申屠刚鲍永郅恽列传》第十九，中华书局1965年版，第1017页。据《后汉书·鲍昱传》记载，鲍昱"字文泉，少传父业。"参见（南朝宋）范晔：《后汉书》卷二九《申屠刚鲍永郅恽列传》第十九，中华书局1965年版，第1021页。可以看出，鲍昱少传父业，也是著名儒生。

④ 王利器校注：《风俗通义校注》，中华书局2010年版，第589页。

基本前提或显而易见的趋势，公认的正义理想以及他置身于其中的社会的某些道德观念"①。

三、提出司法建议，推动汉代司法改革运动

汉代，儒生与文史一方面参与司法审判活动，另一方面研习法律和儒家经典著作。此外，从爱民的使命出发，常常针砭时弊，提出司法改革建议。他们提出的司法改革建议，很多被采纳，这对两汉的司法活动产生了深刻影响，推动了以轻刑化为核心的司法改革运动。没有文史和儒生的努力，汉代的司法严苛化局面将难以改变。

1. 借《春秋》经义提出司法建议

汉代司法活动中，很多时候司法官员参加案件的讨论，并不直接审理案件。在案件讨论过程中，提出司法建议，被皇帝采纳，从而对案件审判结果产生影响。在汉代，重大案件发生时，特别是中央官员或皇帝的近亲属有违法犯罪行为时，皇帝通常要把案子交给官员讨论，官员在案件讨论过程中，常常从《春秋》经义出发，提出自己关于某一案件的审理意见。一旦被采用，就会对司法活动产生影响。官员在参与案件讨论时，会依据《春秋》经义，提出宽刑建议。

据《后汉书·杨终传》记载：杨终字子山，蜀郡成都人也。后在京师学习《春秋》经典。建初元年，大旱谷贵，终以为广陵、楚、淮阳、济南之狱，徙者万数，又远屯绝域，吏民怨旷，乃上疏曰："臣闻'善善及子孙、恶恶止其身'，百王常典，不易之道也。……今伊吾之役，楼兰之屯，久而未还，非天意也。"帝从之，听还徙者，悉罢边屯②。汉章帝建初元年，天下大旱，粮食价钱很高。杨终以广陵、楚、淮阳、济南之狱，徙者数以万计，又要在人迹罕至的边远地带屯田，于是上书汉章帝说："我听说好的事情要惠及子孙，邪恶的事情由自己担当。这是多少年实施的政策，由各朝皇帝坚

---

① ［美］E. 博登海博：《法理学、法律哲学与法律方法》，邓正来译，中国政法大学出版社1999年版，第503页。

② （南朝宋）范晔：《后汉书》卷四八《杨李翟应霍爰徐列传》第三十八，中华书局1965年版，第1597—1598页。

持。现在参加伊吾之战、楼兰屯田的将士，很久没有返回。这不是上天的旨意。"章帝采纳了杨终的建议，让远徙的人返还故里，撤销边屯。在这里，杨终以"善善及子孙、恶恶止其身"的《春秋》经义内容提出司法建议，认为不能连坐无罪的亲属远徙屯种或戍边。汉章帝最终采纳了杨终的建议，将远徙之人放还，停止在边远地方屯种。

由此可见，汉代，儒生、文吏借《春秋》经义提出的司法建议，往往会被皇帝采纳，从而对司法活动产生深刻影响。

2. 提出司法时令建议

古代中国，对于死刑的执行有时令上的严格要求。一般而言，春天万物复苏，世间万物一片欣欣向荣，因此不适合刑杀。按照五德终始学说的观念，春天为木德，适合举荐人才。夏季万物兴盛，属于火德，宜行教化。夏、秋之间，不冷不热，属于水德，适合练兵。秋季，天气凉爽，万物凋零，属于金德，适合刑杀。冬季，万物沉睡，属于土德，适合修整农具。汉代，儒生与文吏在死刑执行的时间问题上，常常会提出合理化建议，从而符合自然界的季节变化和五德终始的需求。

据《后汉书·陈宠传》记载，东汉章和年间，出身于法律世家的著名司法官员文吏陈宠，提出司法建议："明大刑毕在立冬也。"[1] 认为应当在立冬之前将死刑囚犯执行完毕。反对过去死刑执行尽三冬之月直到立春之前的做法。他的理由是：冬至节气以后，"阳气始萌"，阳气上通，不符合阳主生，阴主杀的理论。阳气上通，万物有复苏的迹象，这个时候执行死刑，显然不符合时令的要求，违背自然规律。陈宠还认为："[仲]冬之月，身欲宁，事欲静。"[2] 冬至以后的仲冬之月，万物沉睡，这个季节，应当安心养身，所有的活动都应停止。以便积蓄能量，等待春天的来临。陈宠还认为，元和以前，死刑执行常尽三冬之月，直至立春，这会导致自然灾害频发，"而水旱之异，往往为患"[3]。正因为如此，陈宠提出司法建议：应在立冬之前将死刑囚犯执

---

① （南朝宋）范晔：《后汉书》卷四六《郭陈列传》第三十六，中华书局1965年版，第1551页。
② （南朝宋）范晔：《后汉书》卷四六《郭陈列传》第三十六，中华书局1965年版，第1551页。
③ （唐）杜佑撰，王文锦点校：《通典》卷一六六《刑法》四，中华书局1988年版，第4293页。

行完毕。陈宠的建议最终被章帝采纳，"帝纳之，遂不复改"①。

3. 提出一般司法建议

据《后汉书·郭躬传》记载：郭躬跟随父亲郭弘学习《小杜律》，明习法律令。

关于大赦天下囚徒，郭躬有自己的看法。他认为，大赦囚徒时应及亡命之徒。他说："圣恩所以减死罪使戍边者，重人命也。"②（《后汉书·郭躬传》）他认为，皇帝将天下死罪囚徒免于死刑使他们戍守边疆，目的有两个，一是充实边疆，二是挽救囚徒的性命，是重视人命的表现。现在的情况是："今已牢狱者蒙更生之恩也，而始被执录者独受大辟之刑，示不均也。"③针对在押已判决死刑囚犯，因皇帝大赦天下囚徒的赦令重获新生。而大赦令颁布后新判决的囚犯，无法享受减免死罪的待遇。指出，《书》曰："王道荡荡，无偏无党。（宜）均大恩以令民。"④"臣以为赦前犯死罪而系在赦后者，可皆勿笞诣金城，以全人命，有益于边。肃宗善之，即下诏赦焉。"⑤认为在押死罪囚徒和赦令颁布前犯死罪赦令颁布后判决的死罪囚徒应当享受一样的减免死罪的待遇。郭躬的这个司法建议，主要是针对皇帝大赦天下囚徒的诏令而言的。皇帝颁布诏令时，常常只针对在押已判决死刑囚徒。对于已经逮捕，在诏令颁布后判处死刑的囚犯，往往没有法律效力。郭躬认为这种做法是不公平的，大赦天下囚徒的赦令既应适用于已判决死刑囚徒，也应适用于未判决死刑囚徒。郭躬的建议最终被皇帝采纳。

汉代社会，司法官员对司法改革的影响很多时候不是通过案件审理，而是通过提出立法建议实现的。这一点，在过去的学术研究中没有引起足够的重视。儒生和文吏通过提出自己的司法改革建议，使汉代的审判机制得以完善，并且使汉代的司法活动朝着轻刑化、合理化方向发展，为汉代的司法制

---

① （南朝宋）范晔：《后汉书》卷四六《郭陈列传》第三十六，中华书局1995年版，第1551页。

② （南朝宋）范晔：《后汉书》卷四六《郭陈列传》第三十六，中华书局1965年版，第1544页。

③ （晋）袁宏撰，张烈点校：《后汉纪》《孝章皇帝纪》下卷第十二，中华书局2002年版，第239页。

④ （晋）袁宏撰，张烈点校：《后汉记》《孝章皇帝纪》下卷第十二，中华书局2002年版，第239页。

⑤ （南朝宋）范晔：《后汉书》卷四六《郭陈列传》第三十六，中华书局1965年版，第1544—1545页。

度改革做出了积极贡献。

综上所述，可以看出，在汉代儒、法合流的大背景下。身为司法官员的儒生和文吏，以各自不同的理念审理案件，维护了汉代宽猛相济的刑事政策。儒生与文吏忧国忧民，怀抱一颗赤子之心，针砭司法时弊，提出积极的司法改革建议，为汉代司法改革朝着宽缓化方向发展做出了积极贡献。

第二节 两汉司法官员法律外裁量行为及其成因分析

两汉司法实践中，司法官员拥有较大的自由裁量权。主要表现为：第一，法外重刑：包括适用法外死刑执行方式，剥夺贵族上请特权，违背程序适用刑罚；第二，法外纵囚：违背法律规定直接将罪犯放走，间接纵囚。两汉司法官员法律外裁量行为成因有二：第一，司法官员的好恶对案件裁量结果的影响；第二，维护封建统治的需要对司法官员裁量行为的影响。

过去我们在两汉法律史研究过程中，多侧重于文本法的研究，特别是法典条文内容的研究，很少有学者留意文本法在司法实践中的运用问题。两汉司法实践中，司法官员拥有较大的自由裁量权，从而更改了成文法的既有规定，使成文法的适用更具灵活性。在两汉司法官员的审判权方面，有学者指出：汉代基层司法官员"在民事司法中的自由裁量，与其在刑事领域中的被严格约束形成鲜明的对比"[①]。这个观点是否符合两汉的司法实践呢？笔者认为，两汉司法官员的自由裁量权不仅仅体现在民事司法领域，在刑事司法领域中也有十分突出的体现。

一、法外重刑

1. 适用法外死刑

据《汉书·酷吏传》载："尹赏字子心，钜鹿杨氏人也。……永始、元

---

① 侯淑雯：《中国古代法官自由裁量权制度的发展脉络》，载《法商研究》，1999 年第 1 期，第 100 页。

延间，上怠于政，贵戚骄恣。……赏至，修治长安狱，穿地方深各数丈，致令辟为郭，以大石覆其口，名为'虎穴'。乃部户曹掾史，与乡吏、亭长、里正、父老、伍人，杂举长安中轻薄少年恶子，无市籍商贩作务，而鲜衣凶服被铠扞持刀兵者，悉籍记之，得数百人。赏一朝会长安吏，车数百两，分行收捕，皆劾以为通行饮食群盗。赏亲阅，见十置一，其余尽以次内虎穴中，百人为辈，覆以大石。数日壹发视，皆相枕藉死，便舆出，瘗寺门桓东，楬著其姓名。百日后，乃令死者家各自发取其尸。"① 汉成帝年间，长安令尹赏修治长安监狱，在地上挖掘深数丈的大坑，用大石头覆盖，命名为"虎穴"，与乡吏、亭长、里正、父老、伍人，杂举长安城中行为不端的恶少年，无市籍的商贩，非法持有兵器者，一一记录，有数百人。尹赏会同长安吏，驾驶百辆车，分头抓捕，都以通行饮食、群盗定罪。尹赏亲自到场，十人中释放一人，其余九人全部置于虎穴，有百人之多，盖上大石头，过几天观察，虎穴中的人全部死亡。用车把尸体载出，用木楬写上他们的姓名，到寺门桓东草葬。百日后，乃令死者家属发掘获取他们的尸体。在这里，长安令尹赏未采用法律明文规定之死刑：弃市、腰斩、枭首。而是将轻薄少年恶子等一百余人，十人中九人置于虎穴中，覆以大石。"覆以大石"处死是法律未明确规定之死刑执行方式。

据谢承《后汉书》记载：范延寿，是汉宣帝年间的廷尉。当时燕赵之间，有三个男子共娶一个女子为妻。生了四个孩子，等四个孩子大一些，三个男子要求结束共同生活的局面。就财产和孩子归属发生纠纷，告到县廷。因是疑难案件，县不能解决，于是将案件交给廷尉决断。范延寿审理此案后认为，"今三男一妻，悖逆人伦，比之禽兽。生子属其母。［于是］以［四］子并付母，尸三男于市"②。范延寿认为：三个男子共娶一女为妻，背离伦理道德，与禽兽无异。于是将四个孩子判给母亲，对三个男子处以磔尸刑。磔刑，在汉景帝年间被废除。"改磔弃市，勿复磔"。从史料的记载可以看出，廷尉对地方上报的疑难案件有终审判决的权力。据《汉书·刑法志》记载：

---

① （汉）班固：《汉书》卷九〇《酷吏传》第六十，中华书局1962年版，第3673页。
② 周天游辑注：《八家后汉书辑注》，上海古籍出版社1986年版，第7页。

"廷尉所不能决者，谨具为奏，傅所当比律令以闻。"① 廷尉不能解决的疑难案件，要采用类推原则，比附援引最相类似的条款拟定罪名后上报皇帝。从《汉书·刑法志》这一规定的内容可以看出，疑难案件以外的其他案件，各个级别都有审结的权力。遇有疑难案件时，也有权先行审理后将审判意见层层上报。但廷尉组织对不能解决的疑难案件拥有一项特殊的权力，即比附类推的权力。比附类推援引的罪名上报后，一般都会得到皇帝的批准。另据谢承《后汉书》记载：贾彪，补新息县县长。"民贫困，多不养子。贾彪到任，严其制，'有犯者以杀人罪罪之，县境震慄'"②。可见，时为新息县县长的贾彪，对不养子的行为，用杀人罪进行处罚，可见其审判权限之大。

由上可以看出，两汉司法官员审理案件中，常常适用法外死刑，具有较大的自由裁量权。

2. 剥夺贵族上请特权

汉代，从法律规定看，封建权贵享有"上请"特权，也即上奏请示皇帝减轻处罚。然而，司法实践中，情况并非如此。汉代，特别是西汉中期汉武帝以后，儒学定于一尊。司法官员深受儒家君为臣纲理念的影响，对侵犯皇权的犯罪行为深恶痛绝，在打击侵犯皇权罪犯时，往往会剥夺其应当享有而为法律明确规定的上请特权。此外，司法官员由于对一些贪残无道的地方官员的痛恨，也会剥夺其上请特权。

据史料记载："仲舒弟子吕步舒持斧钺治淮南狱，以春秋义颛断于外，不请，既还奏事，上皆是之。"③ 元狩六年，淮南王刘安谋反案发，汉武帝派吕步舒前往审理。吕步舒按照《春秋》"专断于外"的精神，置"上请"制度于不顾，处死数万人，得到汉武帝认可，从而更改了汉律关于上请程序的规定。

史料载：李膺做司隶校尉时，"时张让弟朔为野王令，贪残无道，乃至杀孕妇，闻膺厉威严，惧罪逃还京师，因匿兄让弟舍，藏于合柱中。膺知其

---

① （汉）班固：《汉书》卷二三《刑法志》第三，中华书局1962年版，第1106页。
② 周天游辑注：《八家后汉书辑注》，上海古籍出版社1986年版，第135页。
③ （汉）班固：《汉书》卷二七上《五行志》第七上，中华书局1962年版，第1333页。

状，率将吏卒破柱取朔，付洛阳狱，受辞毕，即杀之"①。张让的弟弟张朔是野王令，野王令贪残无道，甚至随意虐杀孕妇，听说李膺威严，畏罪逃往京师，藏在哥哥张让家的合柱中。李膺得到消息，率将吏破柱逮捕张朔，交付洛阳监狱，审理完案件，就将张朔处死。张让向皇帝诉冤，皇帝召李膺入殿，询问此事，李膺对曰："昔晋文公执卫成公归于京师，《春秋》是焉。"② 李膺认为，过去晋文公逮捕了卫成公，归还京师，是《春秋》的精神。皇帝只好不加追问。此案中，司隶校尉李膺在未上请皇帝的情况下处死张朔，最终得到皇帝的认可，改变了法律关于贵族官吏犯罪，有罪先请的规定。

3. 违背程序适用刑罚

《二年律令》中，对司法官员不依照法律规定的程序进行判决有严格的处罚规定。然而司法实践中，不遵守法律关于司法程序的规定，随意执行的情况则较为常见。桥玄做齐国相时，辖区中有一个孝子为父报仇，关押在临淄监狱，桥玄愍其至孝，准备上奏皇帝减轻处罚。县令路芝酷烈残暴，将孝子杀死。桥玄十分生气，"捕得芝，束缚籍械以还，笞杀以谢孝子冤魂"③。汉代法律规定，当事人不服从一审判决可以上诉，名为乞鞫。待乞鞫结束，案件方能交付执行。从本案的情况看，桥玄剥夺了路芝拥有的乞鞫特权。《二年律令·具律》规定："相国、御史及二千石官……皆得断狱。"④ 依据汉律，地方二千石官虽有死刑判决的权力，但是，死刑判决做出后必须上报皇帝同意，方可执行死刑。师古曰："天子可其奏而论决之。"⑤（《汉书·王温舒传》颜师古注）此案中，二千石官员齐国相桥玄，未经上报征得同意即将路芝笞杀，显然违背了汉代法律有关上报程序的规定。另外，从本案的执行情况看，也违背了汉代法律关于死刑案件秋冬行刑的规定。汉制，每年冬月报囚，立春后停止死刑执行。桥玄将县令路芝抓来一顿板子打死，显然违背了汉律报囚及死刑执行时间的规定，具有极大的随意性，体现了地方司法官

① （南朝宋）范晔：《后汉书》卷六七《党锢列传》第五十七，中华书局 1965 年版，第 2194 页。
② （南朝宋）范晔：《后汉书》卷六七《党锢列传》第五十七，中华书局 1965 年版，第 2197 页。
③ （清）汪文台辑，周天游点校：《七家后汉书》，河北人民出版社 1987 年版，第 41 页。
④ 张家山二四七号汉墓竹简整理小组：《张家山汉简》（二四七号墓），文物出版社 2001 年版，第 148 页。
⑤ （汉）班固：《汉书》卷九〇《酷吏传》第六十，中华书局 1962 年版，第 3657 页。

员的自由裁量权。

据谢承《后汉书》记载："昌为宛陵令，严毅好发奸伏。有盗车盖者，昌不言，密令人至贼家，掩取之，悉收一家，一时杀之，百姓战惧，咸称明也。"① 从谢承《后汉书》的记载可以看出，黄昌在做宛陵县县令时，对于盗车盖的盗贼，悉收一家，一时杀之。可见，司法审判权限之大。据《后汉书·董宣传》记载："董宣为洛阳令。时湖阳公主苍头白日杀人，因匿主家，吏不能得。及主出行，而以奴骖乘，宣于夏门亭候之，乃驻车叩马，以刀画地，大言数主之失，叱奴下车，因格杀之……由是搏击豪强，莫不震慄。京师号为'卧虎'。歌之曰：'枹鼓不鸣董少平。'"② 从《后汉书·董宣传》的记载可以看出，董宣在做洛阳令时，湖阳公主的奴仆光天化日之下杀人，因为藏在主人即湖阳公主家中，官吏无法将其抓获。等到主人出行的时候，以奴仆随行。董宣在夏门亭等着他。看到奴仆随湖阳公主出行，于是拦住车马，用刀指地，大声地数落公主的失误，呵斥奴仆下车，奴仆一下车，董宣立即将其杀死。因为敢于与豪强斗争，县中豪强没有不惊慌失措的，京城百姓称他为"卧虎"。从此没有豪强欺压百姓的现象发生。因此，人们在歌中唱到，没有人到董宣那里击鼓鸣冤。从《后汉书·董宣传》的记载可以看出，董宣对湖阳公主的奴仆采用了"格杀之"的做法，也就是立即将其杀死。没有按照法律规定的起诉、审判程序审理案件。

二、法外纵囚

1. 违背法律规定直接将罪犯放走

在此情形下，司法官员自愿违背法律规定，将犯罪行为人放走。据《后汉书·郅恽传》载："恽友人董子张者，父先为乡人所害。及子张病，将终，恽往候之……恽既起，将客遮仇人，取其头以示子张，子张见而气绝。恽因

---

① 周天游辑注：《八家后汉书辑注》，上海古籍出版社 1986 年版，第 160 页。

② （南朝宋）范晔：《后汉书》卷七七《酷吏列传》第六十七，中华书局 1965 年版，第 2489—2490 页。

而诣县，以状自首。"① 东汉初，郅恽的朋友董子张的父亲被乡人杀害，等董子张生病，即将去世，郅恽前去探望，杀了子张的仇人，割下仇人的头让子张看，子张终于咽气。郅恽因此事到达县城，向官府自首。县令拔出刀对郅恽说："子不从我出，敢以死明心。"② 郅恽于是逃走。在这个案子中，县令违背法律规定将郅恽放走。司法官员擅自放走赵娥，也是这种情况。据《三国志》卷一八《魏书·庞淯传》裴松之注引皇甫谧《列女传》云："酒泉烈女庞娥亲者，表氏庞子夏之妻，禄福赵君安之女也。君安为同县李寿所杀，娥亲有男弟三人，皆欲报仇，寿深以为备。会遭灾疫，三人皆死……至光和二年二月上旬，以白日清时，于都亭之前，与寿相遇，便下车扣寿马，叱之。……遂拔其力以截寿头，持诣都亭，归罪有司，徐步诣狱，辞颜不变。时禄福长汉阳尹嘉，不忍论娥亲，即解印绶去官，弛法纵之。……（尉）知其难夺，强载还家。"③ 从《三国志》裴松之注可以看出，东汉女子庞娥亲，其父亲为李寿所杀，娥亲有三个弟弟，都想要报仇，后遭遇灾疫，全部身亡。光和二年二月上旬，娥亲与李寿在都亭遭遇。娥亲将李寿刺杀后，带着李寿的头到官府自首，禄福县长尹嘉不忍心对娥亲定罪量刑，于是交出官印辞官，违背法律规定将娥亲放走，而县尉则强行用车将娥亲送回家，后来遇到皇帝大赦天下，娥亲被赦免。

2. 间接纵囚

（1）上奏皇帝为犯罪行为人免罪。

汉代，遇有特殊情况需要上奏皇帝减免死罪时，通常要求下级官员上奏廷尉以闻，地方官员不能跨越最高司法审判机关廷尉直接向皇帝上奏。然在司法实践中，地方司法官员不经廷尉直接向皇帝上奏减免当事人死罪，却是一种经常的做法。据《后汉书·钟离意传》记载："[县]人防广为父报仇，系狱，其母病死，广哭泣不食，意怜伤之，乃听广归家，使得殡敛。丞掾皆

① （南朝宋）范晔：《后汉书》卷二九《申屠刚鲍永郅恽列传》第十九，中华书局 1965 年版，第 1027 页。

② （南朝宋）范晔：《后汉书》卷二九《申屠刚鲍永郅恽列传》第十九，中华书局 1965 年版，第 1027 页。

③ （晋）陈寿：《三国志》卷一八《魏志》第十八，中华书局 1982 年版，第 548—549 页。

争，意曰：'罪自我归，义不累下。'遂遣之。广敛母讫，果还入狱。意密以状闻，广竟得以减死论。"① 钟离意做堂邑县令时，县里有个叫防广的人为父亲报仇，被判刑入狱。他的母亲患病死亡，防广因悲伤哭泣不食，钟离意非常同情他，于是让防广回到家中，料理母亲后事。县丞府中的掾史都有异议，钟离意说："责任全部由我承担，绝不牵连你们。"于是将防广遣送回家，防广埋葬了母亲，果然返回监狱。钟离意将此事密告皇帝，防广得以减免死刑。汉制，案件审理结果须逐级上报。笔者认为，县令钟离意之所以能够秘密上奏皇帝，与汉时皇权向县一级的渗透相关。加上郡县制体制下郡守、县令长均由皇帝直接任命，因此，郡守、县令与皇帝的关系也不同寻常。这一方面，出土简牍为我们提供了第一手资料。据尹湾汉简《东海郡下辖长吏名籍》记载，西汉成帝年间，东海郡下辖各县县令多通过中央直接选拔的方式产生，举秀才是一种常见途径。例如：戚令，丹阳郡句容□道，故扬州刺史从事史，以秀才迁。再如：襄贲令，北海郡淳于王贺，故青州刺史从事史，以秀才迁②。

（2）采用人性化措施。

据谢承《后汉书》记载：郑弘"少为灵文乡啬夫，爱人如子。拜为驺令，勤行德化……迁临淮太守，消息徭赋，政不烦苛"③。从谢承《后汉书》的记载可以看出，郑弘在做灵文乡啬夫的时候，就非常热爱百姓，后来迁为驺县县令，兢兢业业为百姓服务，用道德教育感化的方式对百姓进行教育。等到迁为临淮太守，不再向百姓征发徭役，免除了百姓的赋税负担，不用烦琐、苛刻的方式来执政。

据华峤《后汉书》记载："刘平为全椒令，掾吏五日一朝，罢门阑卒署，各遣就农，人怀感，至或增赀就赋，或减年从役。刺史行部，狱无囚徒。"④ 从华峤《后汉书》的记载可以看出：刘平在做全椒县令的时候，为了让官员

---

① （南朝宋）范晔：《后汉书》卷四一《第五种钟离宋寒列传》第三十一，中华书局1965年版，第1407页。

② 张显成、周丽郡：《尹湾汉墓竹简校理》，天津古籍出版社2011年版，第20—21页。

③ （清）汪文台辑，周天游点校：《七家后汉书》，河北人民出版社1987年版，第17页。

④ （清）汪文台辑，周天游点校：《七家后汉书》，河北人民出版社1987年版，第334页。

致力于农业生产，五天才上一天班。让官员都去参加农业生产，使百姓深受感动，一方面增加百姓的收入，另一方面减少百姓服徭役的年岁。刺史巡行来到椒县，因为社会治理得很好，狱中没有囚徒。可见，刘平做全椒县令时，身体力行，带领官员从事农业生产，想尽办法增加百姓的收入，减轻百姓的负担，深受百姓爱戴。

据《后汉书·吴祐传》载："又安丘男子毋丘长与母俱行市，道遇醉客辱其母，长杀之而亡。安丘追踪于胶东得之，祐呼长谓曰：'子母见辱，人情所耻，然孝子忿必虑难，动不累亲。今若背亲逞怒，白日杀人，赦若非义，刑若不忍，将如之何？'……祐问长有妻子乎？对曰：'有妻未有子也。'即移安丘逮长妻，妻到，解其桎梏，使同宿狱中，妻遂怀孕①。后毋丘长因投缳而死。"② 吴祐做胶东相时，安丘男子毋丘长和母亲在市场上行走，遇到一个醉客侮辱母亲，毋丘长杀死醉客后逃亡，吴祐追到胶东将其抓获，吴祐对毋丘长说："儿子看到母亲受辱感到羞耻，从人情角度讲是可以理解的。但是光天化日之下杀人，予以赦免不符合法律的规定。按照法律规定施加刑罚又于心不忍，怎么办呢？"吴祐非常同情毋丘长，他认为儿子看到母亲受辱而将醉客杀死，是人之常情，问毋丘长有无妻子，对方说，有妻子没有儿子。他随即将毋丘长的妻子带来，打开毋丘长桎梏，让他们同宿狱中，毋丘长妻子于是怀孕。到了秋冬行刑时候，毋丘长投缳而死。此案中，胶东相吴祐对激愤杀人的男子毋丘长充满同情。采取了两个人性化措施：其一，使毋丘长与妻同宿狱中，妻遂有孕；其二，未采用法律规定的死刑执行方式，而让毋丘长投缳而死，即自缢身亡。这反映出司法官员在刑罚执行过程中常采用人性化措施，更改了法律关于诉讼程序的规定。

史料载：虞延"除细阳令，每至岁时伏腊，辄休遣徒系，各使归家，并感其恩德，应期而还，有因于家被病，自载诣狱，既至而死，延率掾［吏］，

---

① （南朝宋）范晔：《后汉书》卷六四《吴延史卢赵列传》第五十四，中华书局 1965 年版，第 2101 页。

② （南朝宋）范晔：《后汉书》卷六四《吴延史卢赵列传》第五十四，中华书局 1965 年版，第 2101 页。

殡于门外，百姓感悦之"①。虞延做细阳令时，每到伏腊季节即一年中最热和最冷的时候，动辄将狱中系囚释放回家。囚徒感谢其恩德，均按期返回。有一囚犯在家中犯病，还是坚持用车拉着他回监狱报到，一到即病死。虞延带领掾吏，在门外为囚犯举行了葬礼。在这里，身为细阳令的虞延，每到伏腊时候，即将囚徒释放回家，这种人性化的做法是违背法律规定的，但效果却佳，囚徒因感其恩德，期限届满后全部返回。

依汉代法律规定，纵囚须反坐其罪，"见知故纵，以其罪罪之"（《史记·酷吏列传》注引张晏语）。从上述司法官员直接、间接纵囚的情况看，均未受到"以其罪罪之"的处罚。可见，两汉司法官员在适用法律从轻处罚方面，有着极大的自由裁量权。

三、两汉司法官员法律外裁量行为成因分析

1. 司法官员好、恶心理对案件裁量结果的影响

在两汉案件裁量过程中，司法官员对案件当事人的同情或厌恶心理左右着案件的判决结果，使司法官员做出或轻、或重的判决。从而更改了成文法律的既有规定。好、恶心理在古代中国被视为人情的组成部分。据《韩非子·八经》记载："凡治天下，必因人情。人情者有好恶，故赏罚可用。"②韩非子认为，好、恶心理作为人情的组成部分，影响到赏罚行为。据《荀子·性恶》记载："性之好、恶、喜、怒、哀、乐谓之情。"③荀子认为，无论情感如何划分，归根结底是好、恶两种。据《论语·颜渊》记载："爱之欲其生，恶之欲其死。"④在审判活动中，喜好心理使司法官员千方百计让犯罪行为人生还，而厌恶心理则使司法官员千方百计让犯罪行为人死亡。好恶心理对两汉司法官员的审判行为产生了深刻的影响。

---

① （宋）李昉等：《太平御览》三（影印本），上海古籍出版社 2008 年版，第 494 页。
② （清）王先慎：《韩非子集解》，中华书局 1981 年版，第 430 页。
③ （清）王先谦：《荀子集解》，中华书局 1988 年版，第 412 页。
④ （清）阮元校刻：《十三经注疏》（清嘉庆刊本）十《论语注疏》卷第十二，中华书局 2009 年版，第 5438 页。

孟子曰："恻隐之心，仁之端也。"① 孟子认为，同情心是仁的发端，人贵在有同情心。两汉司法实践中，司法官员由于对在押囚犯充满同情，常常会违背法律规定的诉讼程序。虞延违反法律规定，动辄将狱中系囚释放回家便是同情心使然。此外，以儒家伦理为出发点，司法官员对符合儒家伦理的行为充满同情，在喜好心理的支配下，司法官员法外纵囚成为一件经常发生的事情。儒家伦理强调，当有人伤害自己的亲人，特别是父母时，从父子至亲的亲缘关系出发，鼓励复仇。据《春秋公羊传·定公四年》记载："父不受诛，子复仇可也。"② 父亲没有罪而被诛杀，儿子复仇是可以的，甚至鼓吹："子不复仇，非子也。"③（又见《春秋公羊传·隐公十一年》）在这种思想影响下，司法官员对复仇行为自然充满同情。禄福县长尹嘉私自放走娥亲辞官，反映出司法官员对复仇行为的同情和认可，由于喜好心理之强烈，以致司法官员置自己官位于不顾。娥亲最后会得赦免，也反映了皇帝作为最高司法官员对复仇行为的同情。

在儒家伦理影响下，两汉司法官员对一些犯罪行为产生强烈的厌恶心理，特别是对侵犯皇权的犯罪行为深恶痛绝，往往会加重处罚。儒家伦理强调："君亲无将，将而诛焉。"④（《春秋公羊传·庄公三十二年》）因此，吕步舒不顾"上请"制度处死数万人便不难理解了。儒家伦理强调孝道，司法官员对不孝行为深恶痛绝。"夫孝，德之本也。"⑤（《孝经·开宗明义章》）孝，是道德的根本。因司法官员对子女的不孝行为深恶痛绝，在司法实践中可能会适用一些法律已明文废除的死刑执行方式，或者自创法外死刑执行方式。从而突破法律条文的规定，使刑罚中最为残酷之死刑的适用在现实生活中具

---

① （清）阮元校刻：《十三经注疏》（清嘉庆刊本）十三《孟子注疏》卷第三下，中华书局2009年版，第5852页。

② （清）阮元校刻：《十三经注疏》（清嘉庆刊本）八《春秋公羊传注疏》卷第二十五，中华书局2009年版，第5078页。

③ （清）阮元校刻：《十三经注疏》（清嘉庆刊本）七《春秋左传正义》卷第九，中华书局2009年版，第3842页。

④ （清）阮元校刻：《十三经注疏》（清嘉庆刊本）八《春秋公羊传注疏》卷第九，中华书局2009年版，第4869页。

⑤ （清）阮元校刻：《十三经注疏》（清嘉庆刊本）十一《孝经注疏》卷第一，中华书局2009年版，第5525页。

有极大的随意性。

两汉司法官员基于儒家伦理而产生的好、恶心理在很大程度上更改了成文法律的基本规定。"再从文化的角度讲，法律虽为文明社会所需，古人却由其文化的根本理想出发，尽可能将法律的应用降低至最低限度"①。

2. 维护封建统治的需要对司法官员裁量行为的影响

两汉时期，维护封建统治一直是一个严峻而至关重要的问题，西汉景帝年间，七国之乱。据《汉书·景帝记》记载，景帝"遣太尉亚夫，大将军窦婴将兵击之……诸将破七国，斩首十余万级"②。说明，非常时期，可以突破法律规定的限制，即时行斩。西汉武帝年间，淮南王刘安谋反案发，严重地威胁到皇帝的安全及封建统治秩序，司法官员当然也会为维护封建统治尽犬马之劳。因此，吕步舒持节治淮南狱，置"上请"制度于不顾处死数万人。

汉代，一些特定的历史时期，地方社会治安环境较差，需要司法官员采用法律规定外的强硬措施。据《汉书·成帝纪》记载，西汉成帝年间："夏六月，颍川铁官徒申屠圣等百八十人杀长吏，盗库兵，自称将军，经历九郡。遣丞相长史、御史中丞逐捕，以军兴从事，皆伏辜。"③ 西汉成帝河平三年夏六月，爆发颍川铁官徒残杀地方官员，冲击军事机构的严重事件。该事件波及面大，涉及九个郡。面对如此严峻的地方治安状况，中央政府只好派遣丞相长史、御史中丞追捕，且以军法从事。越过普通法律规定，平息了该事件。据《汉书·成帝纪》记载，鸿嘉四年冬，"广汉郑躬等党与浸广，犯历四县，众且万人。拜河东都尉赵护为广汉太守，发郡中及蜀郡合三万人击之。或相捕斩，除罪"④。鸿嘉四年冬，由于广汉郑躬暴动参与人数达万人之巨，历经四县，广汉太守赵护只好在法律外规定："或相捕斩，除罪"，如有互相捕斩而来降者，免予追究刑事责任。

汉代，由于地方距离京城路途遥远，政令不畅通，为了实现地方治理，司法官员常常在法律外自由裁量，并不严格遵循法律规定的诉讼程序。西汉，

① 梁治平：《法意与人情》，中国法制出版社2004年版，第10页。
② （汉）班固：《汉书》卷五《景帝纪》第五，中华书局1962年版，第142页。
③ （汉）班固：《汉书》卷十《成帝纪》第十，中华书局1962年版，第314页。
④ （汉）班固：《汉书》卷十《成帝纪》第十，中华书局1962年版，第319页。

京城长安距离南部合浦郡约 1500 公里，距离东海郡约 800 公里①。东汉，京城洛阳距离南部合浦郡约 2000 公里，距离陇西郡约 800 公里②。

3. 中央与地方行政权力扩张对司法审判活动的影响

两汉时期，首先，中央行政权力扩张。

在汉代，中央最高司法审判机关廷尉组织，拥有独立审判权，可以独立审结一般案件和地方上交的疑难案件。廷尉审结的案件一般为终审案件，对案件做出的判决一般为终审判决。据《汉纪》记载："廷尉，掌刑辟。"③ 在汉代九卿中，廷尉是专门负责案件审理判决的司法官员。除了审结一般案件，廷尉组织对疑难案件也有审理判决的权力。据《汉书·刑法志》记载：高皇帝七年，制诏御史："自今以来，县道官狱疑者，各谳所属二千石官，二千石官以其罪名当报之，所不能决者，皆移廷尉。"④ 王先谦曰："谳者，平议其罪而上之。"⑤ 意思是地方基层县道官遇有疑罪，先进行审理，定出罪名和处罚结果，向所属二千石官，一般为郡一级官员上报。"二千石官以其罪名当报之"，师古曰："当谓处断也。"⑥ 可见，二千石官也要将处断结果，也即审理判决结果上报中央。如果二千石官也不能解决，就将案件交给廷尉审理。史料中记载："《汉官解诂》云廷尉当理疑狱。"⑦ 廷尉对疑难案件有审结的权力。

其次，两汉时期，地方行政权力扩张。

汉代，除了廷尉组织外。地方郡、县组织都拥有独立审判权。据《后汉书·百官志》记载："凡郡国皆掌治民，进贤劝功，决讼检奸……秋冬遣无害吏案讯诸囚，平其罪法。"⑧ 可见，地方郡国组织有"决讼检奸"也即有审

① 谭其骧：《中国历史地图集》第二册（秦西汉东汉时期），中华地图学社出版社 1975 年版，第 13—14 页。

② 谭其骧：《中国历史地图集》第二册（秦西汉东汉时期），中华地图学社出版社 1975 年版，第 40—41 页。

③ （汉）苟悦撰，张烈点校：《汉记》卷第五《孝惠皇帝纪》，中华书局 2002 年版，第 70 页。

④ （汉）班固：《汉书》卷二三《刑法志》第三，中华书局 1962 年版，第 1106 页。

⑤ （清）王先谦：《汉书补注》，广陵书社 2006 年版，第 476 页。

⑥ （汉）班固：《汉书》卷二三《刑法志》第三，中华书局 1962 年版，第 1108 页。

⑦ （唐）虞世南：《北堂书钞》，学苑出版社 1998 年版，第 399 页。

⑧ （南朝宋）《后汉书》《志》第二十八《百官》五，中华书局 1965 年版，第 3621 页。

理案件，查禁奸邪的功能。据《后汉书·百官志》记载：县、邑、道组织，"皆掌治民，显善劝义，禁奸罚恶，理讼平贼"①。从《后汉书·百官志》的记载可以看出，县、邑、道这样的基层组织，也有对案件审结的权力。通过史料的记载，可以看出，地方郡、县组织有独立审判权。

史料载："州、郡、县、道、都、鄙、邦、域、邑，国也。"（《广雅·释诂》）清人王念孙曰："县，悬也，悬系于郡也。郡，群也，人所群聚也。"② 在这里，王念孙很形象地说明了郡和县的关系。显然，县是受制于郡的，县令长自然也在很大程度上受制于郡守（郡守于景帝中二年更名为太守）。太守权力之大，还能够从出土简牍中"太守"常常被写作"大守"中得到印证。例如，居延汉简载："毋得贳卖衣财物大守不遣都吏循行。"③是汉人抄写时写了别字吗？非也。出土简牍将"太守"写作"大守"反映了地方行政权力的扩张。杨鸿烈先生云："西汉时代的司法也确能独立。"④ 杨鸿烈先生此说很有见地，西汉时代的司法是独立的，东汉时代的司法也当是独立的。笔者认为，汉代的司法独立主要表现为司法机关的独立审判权。笔者认为，距离京城遥远，交通不便是一个十分重要的原因。因此，地方行政机构特别是郡国守、相权力扩张，便在情理之中，桥玄笞杀路芝即是如此。

---

① （南朝宋）范晔：《后汉书志》第二十八《百官》五，中华书局1965年版，第3622页。
② （清）王念孙：《广雅疏证》，中华书局1983年版，第218页。
③ 谢桂华、李均明、朱国炤：《居延汉简释文合校》，文物出版社1987年版，第331页。
④ 杨鸿烈：《中国法律思想史》，中国政法大学出版社2004年版，第149页。

第四章 两汉司法官员角色多元化现象探析

第一节 两汉司法官员与律学家角色
合一现象及其价值分析

统治者对国家律令的重视，以律令为核心的官吏选拔制度，少学律令的社会风气，律学家职业的非独立性是两汉司法官员与律学家角色合一的主要原因。两汉司法官员通过注释法律，著书立说，开展法律教育活动，实现与律学家角色的合一。两汉司法官员与律学家角色合一，推动了律令学研究活动向纵深发展，有利于提高司法官员的执法水平，对我们今天的法官职业化建设也有十分重要的借鉴价值。

在过去的法律史研究中，人们已经认识到司法官员与行政官员角色的合一，也即司行合一现象。张晋藩先生认为司法与行政合一是中华法系的特征之一。"在地方上表现为行政机关兼管司法，各级行政长官直接主持地方审判，二者在组织上统一；在中央，皇帝握有最终审判权，某些行政机关与司法机关共同执掌司法审判权"①。该观点已得到学术界的广泛认可。两汉时期司法官员与行政官员角色合一的现象十分突出。中央的丞相、御史大夫和廷尉，地方郡县长官均具有行政与司法的职能。司法官员除与行政官员角色合一之外，是否还存在与其他角色合一的问题？笔者认为，由于两汉特殊的制度设计及理论构架，两汉司法官员除与行政官员角色合一外，尚有与律学家角色合一的典型倾向。这一点尚未得到学界的充分重视。在过去的法律史研究过程中，缺乏对两汉法官角色问题的细致研究，从而使法官制度的研究耽于宏大，而疏于精细。笔者认为，应当将法律史作为法律学意义上的学科进

---

① 张晋藩主编：《中国法制史研究综述》，中国人民公安大学出版社1999年版，第3页。

行研究，以实现研究方式的变革。在这里，笔者想就两汉司法官员与律学家角色合一现象进行初步探讨，以便廓清思路，深化对该问题的研究。

一、两汉司法官员与律学家角色合一的原因

1. 两汉统治者对国家律令的重视

两汉时期，国家律令得到皇帝的高度重视。汉宣帝曾经对汉元帝说："汉家自有制度，本以霸王道杂之。"[1] 意思是说汉朝治理国家的传统做法是儒法并用。从实际运作的情况看，两汉时期，统治者不仅重视儒术，还十分重视发挥法律的调整功能，有重视法律的典型倾向。"汉人有鉴于秦政，讳言申、韩，但并不反对刑名法术。"[2] 汉儒虽然主张以礼乐教化为主，但是承认刑法与礼乐各有作用，可以相辅相成，都是治理国家的工具。我国台湾地区学者林咏荣也认为两汉儒术与法律并重，他说：汉代"惟诸帝均重视名法，故汉代经学既多阐发，法学也甚昌明。……马融郑玄之章句，成为当时法律之权威解释，其立论主旨皆以经学与法学相贯通者也"[3]。两汉经学与律令并重，儒术与法律为治理国家之二柄。因此，官吏除了明经，还必须通晓律令。两汉择官，通晓律令一直是一个重要条件。由于统治者重视法律，且研习律令者拥有极高的社会地位，因而极大地调动了人们从事法律研究活动的积极性。许多官吏少学律令，从而使律令学作为家学在两汉时期兴盛一时，研习法律成为一种社会风气，而明习法律者常常得到人们的尊重。汉武帝统治时期，通晓律令者往往拥有较高的社会地位。例如，张汤、赵禹皆为刀笔吏出身，因通晓律令而位及廷尉、御史大夫。

2. 以律令为核心的两汉官吏选拔制度

以律令为核心的官吏选拔制度，要求官吏具备充分的律令学知识，为两汉司法官员拥有较高的律令学素养奠定了基础。察举制度是汉代选官的主要

---

① （汉）班固：《汉书》卷九《元帝纪》第九，中华书局1962年版，第277页。

② 邢义田：《秦汉的律令学兼论曹魏律博士的出现》，载黄清连主编：《制度与国家》，中国大百科全书出版社2005年版，第102页。

③ 林咏荣：《中国法制史》，台湾大中国图书公司1976年版，第13—14页。

制度，"汉代察举成为一种比较完备的选官制度，应在汉武帝时代"①。据《后汉书·百官志》注引应劭《汉官仪》记载，汉代察举的标准，无非四科："一曰德行高妙，志节清白（如孝廉、贤良方正）；二曰学通行修，经中博士（如文学，明经）；三曰明达法令，足以决疑，能按章覆问，文中御史（如明法）；四曰刚毅多略，遭事不惑，明足以决，才任三辅令（如一治剧），皆有孝悌廉公之行。"② 四科取士，大约产生于西汉，为东汉时期沿用。其中"明达法令，足以决疑，能按章覆问"是汉代司法官员产生的依据。许多司法官员根据这一原则选拔产生。例如，陈宠，"曾祖父咸，成哀间以律令为尚书"③。陈宠的曾祖父陈咸，在汉成帝、汉哀帝年间因通晓律令拜为尚书。陈忠，"司徒刘恺举忠明习法律……于是擢拜尚书，使居三公曹"④，陈宠之子陈忠也因明习法律的缘故而被司徒刘恺推举为尚书，位居三公曹。两汉时期，除了通过察举制度选拔官员外。司法官员，特别是中央司法官员还常常通过"积功劳"升迁。许多官吏出身卑微，但由于了解国家律令，从而得以升迁，位及中央司法官员。汉初"萧何、曹参皆起秦刀笔吏"⑤。萧何在秦时为刀笔吏出身，后拜为丞相，位及三公。"张汤、杜周并起文墨小吏，致位三公，列于酷吏"⑥。张汤、杜周都是文墨小吏出身。张汤，后迁为廷尉、御史大夫。杜周，后迁为廷尉。丙吉"治律令，为鲁狱吏。积功劳，稍迁至廷尉右监"⑦。可以看出，丙吉因为学习律令，是鲁国的司法官员。因为功勋卓著，后来升迁为廷尉右监。赵禹亦"以刀笔吏积劳，稍迁为御史"⑧。从《史记》的记载可以看出，赵禹也是因为从事司法审判工作功勋卓著，升迁为中央三公之一的御史。

---

① 安作璋、熊铁基：《秦汉官制史稿》，齐鲁书社 1985 年版，第 311 页。

② （南朝宋）范晔：《后汉书》《志》第二十四，中华书局 1965 年版，第 3559 页。《后汉书·百官志》注引应劭《汉官仪》。

③ （南朝宋）范晔：《后汉书》卷四六《郭陈列传》第三十六，中华书局 1965 年版，第 1547 页。

④ （南朝宋）范晔：《后汉书》卷四六《郭陈列传》第三十六，中华书局 1965 年版，第 1555 页。

⑤ （汉）班固：《汉书》卷三九《萧何曹参传》第九，中华书局 1962 年版，第 2021 页。

⑥ （汉）班固：《汉书》卷六〇《杜周传》第三十，中华书局 1962 年版，第 2683 页。

⑦ （宋）王钦若等：《册府元龟》，凤凰出版社 2006 年版，第 3500 页。

⑧ （汉）司马迁：《史记》卷一二二《酷吏列传》第六十二，中华书局 1982 年版，第 3136 页。

3. 少学律令的社会风气

两汉，由于统治者重视律令，谙熟律令是其时任官的重要条件之一。正因为此，在社会上形成了少学律令的风气，律令学得到人们的普遍重视。据史料记载，两汉律学家中少学律令者居多。例如汉宣帝时期的临淮太守路温舒："求为狱小吏，因学律令，转为御史。"① 从史料的记载可以看出，汉宣帝年间的太守路温舒就是因为有律令学的基础，后升迁为御史。汉宣帝时期的廷尉正黄霸"少学律令，喜为吏"②。从史料的记载可以看出，黄霸也是因为少学律令，才走上了为官的道路。少学律令的方式多种多样，可以在家中学习，以父为师。例如，汉宣帝时期的廷尉于定国，"少学法于父"③。从史料的记载可以看出，廷尉于定国从小就由父亲指导学习法律知识。东汉和帝时的著名司法官员，律学家，廷尉郭躬"少传父业"④。从史料的记载可以看出，郭躬也是从小传习父业。此外，还可以在官府学习。例如，王䜣，"少学法律长安，为廷尉史"⑤。从史料的记载可以看出，王䜣因为从小在长安城里学习法律，后来升迁为廷尉史。两汉时期，伴随着少学律令风气的兴起，在孩童的识字书中已经具备了相当的法律知识，方便了儿童对律令知识的学习⑥。司法官员少学律令，具有较高的律令学修养。推动了两汉时期律令学的繁荣和发展，为两汉时期司法官员与律学家角色合一奠定了基础。

---

① （汉）班固：《汉书》卷五一《贾邹枚路传》第二十一，中华书局 1962 年版，第 2367 页。

② （汉）班固：《汉书》卷八九《循吏传》第五十九，中华书局 1962 年版，第 3627 页。

③ （汉）班固：《汉书》卷七一《隽疏于薛平彭传》第四十一，中华书局 1962 年版，第 3042 页。

④ （南朝宋）范晔：《后汉书》卷四六《郭陈列传》第三十六，中华书局 1965 年版，第 1543 页。

⑤ （汉）班固：《汉书》卷九八《元后传》第六十八，中华书局 1962 年版，第 4014 页。

⑥ 汉代学童主要是识字习字。识字是从教史书开始的。所谓史书是字书的通称，初学者都学习字书，同时学习书法。汉代学童的字书有《苍颉篇》《训纂篇》《滂喜篇》《凡将篇》《急就篇》等，现在保留下来的只有《急就篇》。内容包括姓字、衣著、农艺、饮食、法律等。《急就篇》流传较广，是汉代学童的主要识字课本。其中第二十八章至第三十章涉及律令基本知识。学童能够一面识字，一面学习初步的法律知识，了解中央与地方司法审判机关、诉讼程序、案件审理程序、刑罚种类、罪名设置等基本知识。其中载：皋陶造狱法律存，诛罚诈伪劾罪人，廷尉正监承古先，总领烦乱决疑文，变斗杀伤捕伍邻，亭长游徼共杂诊，盗贼系囚榜笞臀，朋党谋败相引牵，欺诬诘状还返真，坐生患害不足怜，辞穷情得具狱坚，藉受证验记问年，闾里乡县趋辟论，鬼薪白粲钳釱髡，不肯谨慎自令然，轮属诏作溪谷山，筑筴起居课后先，斩伐财木砍株根，犯祸事危置对曹，谩地首匿愁勿聊，缚束脱漏亡命流，攻击劫夺槛车胶，啬夫假佐坐伏致牢，疾痛保辜啼呼燥，乏兴猥逮调谇求，聊觉没入檄报留，受赇枉法愤怒仇。参见王应麟校《急就篇》（玉海附刻本）。

4. 律学家职业的非独立性

两汉时期律学家职业具有非独立性，尚未出现专门从事律学研究的职业群体。三国两晋南北朝时期，伴随着律博士机构的设立，出现了专门从事律学教育与研究的机构。从程树德、张鹏一所辑律学家①的情况看，从事法律注释工作、著书立说，及法律教育工作的律学家多来自各级司法部门，由司法官员充任。两汉时期的律学家不仅来自司法部门，且具有父子相传，子孙多代为司法官员、律学家的情况，实在是一件值得注意的事情。东汉中期，著名律学家郭躬家族数世皆传《小杜律》，出了七位廷尉。吴雄家族中，吴雄，其子吴诉、孙吴恭，三代为廷尉，且"三世为法名家"②，是东汉中期著名的律学家。陈宠家族：陈咸、陈钦、陈躬、陈宠、陈忠，五代为司法职业。陈宠之父陈躬，建武初为廷尉。陈宠本人于和帝六年代郭躬为廷尉。陈宠之子陈忠，永初中，辟司徒府，三迁廷尉正。可见陈宠家族也有三世为廷尉且为律学家的经历。值得注意的是，和两汉情况不同，古罗马时代有职业法学家的产生，法学家多在学院供职，从事专门的法学教育、研究工作。其研究活动是在司法职业外独立进行的。纵观两汉，律学家主要来自司法职业者，尚未形成以独立学术研究为表见的职业律学家集团。这种情况使司法官员较为接近司法实践，有职业法学家不具备的优势。

二、两汉司法官员与律学家角色合一的表现

1. 注释法律

两汉时期，对成文法的阐释与解说主要由司法官员进行，他们提出自己有关法律适用方面的理论，积极从事学术研究，从而兼有律学家的角色。这一活动在西汉时已经开始，最早对法律条文进行解释与阐述的是杜周、杜延

---

① 程树德所辑律学家共计75人。其中绝大多数来自中央司法审判机关。例如，张汤、赵禹、郭躬、陈宠、吴雄等。一部分来自地方司法审判机关，例如董仲舒、黄霸、严延年、应劭等。参见《汉律考·律家考》，载程树德：《九朝律考》，中华书局2003年版，第115—186页。清朝学者张鹏一在《两汉律学考》中共辑律学家95人，比程树德所辑律学家多了20人，其中绝大部分仍然来自中央司法机关，一部分来自地方司法机关。参见张鹏一：《两汉律学考》，载何勤华主编：《律学考》，商务印书馆2004年版，第59—75页。

② （清）沈家本：《历代刑法考》，载《寄簃文存》卷六，中华书局1985年版，第2243—2244页。

年父子。杜周是汉武帝时期的廷尉，撰具《大杜律》。廷尉是两汉时期中央司法审判官员。杜周少子杜延年是汉宣帝时期的御史大夫，撰具《小杜律》。御史大夫是两汉时期中央监察官员，兼具司法职能。大、小杜律皆已散失。但汉武帝、汉宣帝时期的中央司法官员杜周、杜延年父子注释解读法律条文却是不争的事实。从史料记载可以看出，于定国作为廷尉，进行了大规模的法律汇编工作。对于其仅仅是进行立法活动还是在立法过程中注释法律，学界说法不一。何勤华认为："于定国也曾汇编，删定过律、令、比。"[1] 笔者认为，集诸法律的活动本身就是对法律进行汇编，这种法律汇编行为不仅仅是条文的简单重组，应当有着逻辑的分析与判断，将相互抵牾之处进行删修，内容上进行增损补充，在这个过程中必然会存在自己对律令的见解。因此对法律进行汇编本身就是阐释自己的律令观点、注释法律的活动过程。

2. 著书立说

两汉司法官员除注释法律外，还通过著书立说的方式，总结司法审判经验。著名司法官员董仲舒在汉武帝年间任江都、胶西两王相，长期从事司法审判工作，并且在司法审判实践中引用儒家经典《春秋》决狱。著有《春秋决狱》二百三十二事，因而被程树德、张鹏一同时列入两汉律学家名录。著名司法官员路温舒在汉宣帝统治时代，为临淮太守。著有《上宣帝尚德缓刑书》。其原始资料已经不可知，清朝著名学者张鹏一将其列入律学家内，主要是因为有该著述的缘故[2]。东汉晚期，律学家辈出。《晋书·刑法志》所载东汉晚期律有十余家，其中除叔孙宣、郭令卿身世不可考外。马融、郑玄都曾经做过地方司法官员。马融在和帝统治时期曾为南郡太守，著有律章句。郑玄少为乡啬夫，从事乡村一级的司法审判工作，著有律章句。应劭于汉灵帝中平六年迁太山太守，一生都在从事司法审判工作。应劭博学多闻，律学著作丰厚，"辄撰具《律本章句》《尚书旧事》《廷尉板令》《决事比例》《司

---

① 何勤华：《秦汉律学考》，载何勤华主编：《律学考》，商务印书馆 2004 年版，第 39 页。
② （清）张鹏一：《两汉律考》，载何勤华主编：《律学考》，商务印书馆 2004 年版，第63 页。

徒都目》《五曹诏书》及《春秋断狱》凡二百五十篇"①。这些著作虽已亡佚，但可以看出两汉司法官员从事法律研究已蔚然成风。

3. 从事法律教育活动

两汉时期，司法官员在绝大多数情况下，一方面从事司法审判工作，一方面从事律学研究，一方面广招门徒开展法律教育活动。以致从事律学研究者人数众多，且师出一门，有可能使律学研究向纵深发展。例如，著名司法官员、律学家廷尉郭躬："躬少传父业，讲授徒众常数百人。"② 以春秋义断广陵王荆狱而闻名的东汉著名司法官员、律学家樊鯈，"教授门徒前后三千余人"③。汉代，特别是东汉，不论官学和私学都很发达，私人教授徒弟上百人，甚至上千人，有时徒弟过多，常常不能亲自传授，只好采用徒弟中有较高造诣者再将自己的学术观点传授于他人的教学方式，"至一师能教千万人，必由高足弟子传授"④。

三、两汉司法官员与律学家角色合一之价值

（一）推动了律令学研究活动向纵深发展

两汉时期，由于司法官员参与注释国家法律，著书立说，且采用师徒式教育模式从事法律教育活动，为律令学向纵深发展提供了平台和基础。学界一般对两汉律学有很高的评价。日本著名学者中田薰指出："汉代实际上是中国法律学最为繁盛的时期。"⑤ 我国台湾地区学者徐道邻也指出："汉朝的律令烦琐，固不免为后人诟病，可是两汉时法律学的发达，我们却不能不为之大书特书。"⑥ 两汉律学发达，为中国法制发展史上律学研究活动最为繁荣

---

① （南朝宋）范晔：《后汉书》卷四八《杨李翟应霍爰徐列传》第三十八，中华书局1965年版，第1613页。

② （南朝宋）范晔：《后汉书》卷四六《郭陈列传》第三十六，中华书局1965年版，第1544页。

③ （南朝宋）范晔：《后汉书》卷三二《樊宏阴识列传》第二十二，中华书局1965年版，第1125页。

④ 皮锡瑞：《经学历史》，中华书局1959年版，第131页。

⑤ ［日］中田薰：《论支那律令法系的发展》，载何勤华主编：《律学考》，商务印书馆2004年版，第80页。

⑥ 徐道邻：《中国法制史论略》，台湾正中书局1980年版，第51页。

鼎盛的时期。由于司法官员群体长期从事律令学研究,使两汉时期的律令学研究活动方兴未艾,产生了大量的律令学著作。由于司法官员与律学家身份合一,两汉时期的律令学重在对法律实践中存在的具体问题提供理论依据与指导,体现了律令学理论发展与法律实践的紧密结合,有助于为司法活动提供活水源头,提供参照与指导。今天,在法学发展的过程中,由于职业法学者群体的存在,以学院与科研机构为依托的法学研究活动,在很大程度上与司法实践相隔绝。由于法学研究活动的封闭性、非经验性,使中国法学的成长在很大程度上脱离了司法实践的现实需求,从而成为无源之水、无本之木。而司法官员则长期在审判一线疲于奔命,难以形成法学研究的风气,著书立说者亦少。如何寻求法学理论与实践的有机链接,使法学发展摆脱盲目的脱离实践的发展方向,寻找中国法学研究的出路,两汉时期司法官员与律学家角色合一的现象,能够为中国今天的法学发展提供重要的启示。

(二)有利于提高司法官员的执法水平,推动其职业化建设

1. 两汉司法官员能够独立审判案件,不需要他人帮助

由于司法官员多通过明法一科选拔产生,谙熟律令是两汉时期司法官员的基本特征,许多司法官员少学律令,容易理解国家法律的基本精神,具有较高的律令学修养,能够独立审判案件。这一点和明、清时期情况不同。明、清时代由于理学取士,司法官员只要谙熟儒家经典便可走马上任。由于缺乏律令学知识,加之法律规定司法官员出入人罪需承担刑事责任。迫于压力,司法官员不得不聘请具有律令学专门知识的幕友、胥吏帮助审理案件,从而导致幕友、胥吏操纵司法,干预司法而影响案件的公正审理。

2. 注重运用律令学知识对犯罪构成进行分析,从而做出公允的判决

从史料所载两汉时期司法审判个案看,在审理案件过程中,司法官员十分注重对某一行为做出罪与非罪的判断,这一过程主要是通过对犯罪构成的分析完成的。从犯罪的主观方面及客观方面看,注重区分故意与过失。如果是过失犯罪,即便造成严重后果也可从轻处罚。"本直者其论轻"①。从犯罪的主体看,对侵犯皇权的国家官吏,侵犯家长权的子女均加重处罚。所谓

① (清)苏舆撰,钟哲点校:《春秋繁露义证》,中华书局1992年版,第92页。

"君亲无将,将而必诛"①。据史料载:吕步舒持杖决淮南狱,将在淮南王刘安谋反一案中有涉的万余人处死,得到皇帝的称赞②。

3. 能够自觉维护法律的尊严

据《汉书·张释之传》记载:"上行出中渭桥,有一人从桥下走出,乘舆马惊。于是使骑捕,属之廷尉。释之治问。曰:'县人来,闻跸,匿桥下。久之,以为行已过,即出,见乘舆车骑,即走耳。'廷尉奏当,一人犯跸,当罚金。文帝怒曰:'此人亲惊吾马,吾马赖柔和,令他马,固不败伤我乎?而廷尉乃当之罚金!'释之曰:'法者天子所与天下公共也。今法如此而更重之,是法不信于民也。且方其时,上使立诛之则已。今既下廷尉,廷尉,天下之平也,一倾而天下用法皆为轻重,民安所措其手足?唯陛下察之。'良久,上曰:'廷尉当是也。'"③ 从《汉书·张释之传》的记载可知,有一天,文帝出行,从中渭桥走过。桥下突然钻出一人,使皇帝的御马受到惊吓。于是将此人抓获,交给廷尉张释之审理。张释之对此人进行讯问,他说:"听到皇帝车马经过,于是藏在桥下,过了很长时间,以为皇帝的车马已经通过,就从桥下钻出来。"张释之向皇帝提交判决意见,认为此人"犯跸",也即过失危及皇帝安全,应当处以罚金刑。文帝听了很生气说:"这个人让我的马受了惊,幸亏我的马比较温和,换了别的马,不是要让我受伤害吗?而廷尉只判处罚金刑。"张释之认为,法律在全国范围内有效,皇帝和天下百姓都应当遵循,法律既然只规定犯跸罚金四两,一定要在此基础上加重,法律就会失信于民。皇帝想了很久说:"廷尉当是也。"于是认可了张释之的判决结果。后来又有人盗高庙座前玉环,被吏捕得。文帝非常生气,将此案交给廷尉张释之审理。张释之认为,依法律规定,此行为按盗窃宗庙服御物定罪,应当处以弃市刑。皇帝听了很生气,说:"此人大逆无道,盗窃先帝的器具,我把此案交给廷尉,是想让廷尉对他处以族刑,现在廷尉用法律规定处以弃市刑,并不是我的意思。"张释之免冠顿首谢罪曰:"法如是足也。且罪等,

---

① 王维堤、唐书文:《春秋公羊传译著》,上海古籍出版社 2004 年版,第 167 页。
② (汉)司马迁:《史记》卷一二一《儒林列传》第六十一,中华书局 1982 年版,第 3129 页。
③ (汉)司马迁:《史记》卷一二〇《张释之冯唐列传》第四十二,中华书局 1982 年版,第 2754—2755 页。

然以逆顺为差。今盗宗庙器而族之，有如万分之一，假令愚民取长陵一抔土，陛下何以加其法乎？"① 法律做出了这样的规定，而且犯罪行为有轻重之分，今天盗宗庙器具就要处以族刑，假如百姓取长陵一抔土，这样严重的犯罪，皇帝又该如何处罚呢？文帝最终采纳了张释之的审理意见。从张释之对犯跸案和盗高庙器案的审理可以看出，对案件审理结果，皇帝即便有不同意见，也需遵循法律规定，而不能违背法律规定，随意判决。

4. 注重发挥法律的治理功能

董仲舒在谈到法律的治理功能时指出："天道之大者在阴阳。阳为德，阴为刑；刑主杀而德主生。……王者承天意以从事，故任德教而不任刑。"② 在这里，董仲舒认为，在适用法律的过程中，应注重发挥道德的感化教育功能。尽可能在宽刑的环境下实现法律对社会的治理，实现对社会关系的调节，从而达到治理社会、治理国家之目的。两汉时期，由于特殊的官吏选拔方式，律学家队伍中儒者占有相当的比例。许多律学家既通晓律令，又了解儒家经典著作《春秋》的基本精神，很容易将儒家的宽刑、慎刑、德主刑辅的基本主张贯彻到法律实践中，以较好地发挥法律的治理功能。黄霸是汉宣帝时期的颍川太守，任职期间，"霸力行教化而后诛罚"③。十分注重发挥道德的教育感化功能，宽缓刑罚，宽容为治。"霸独用宽和为名。"④ 治理效果十分明显，在所辖区域内，"宣布诏令，百姓乡化，孝子弟弟贞妇顺孙日以众多，田者让畔，道不拾遗，养视鳏寡，赡助贫穷，狱或八年亡重罪囚"⑤。从史料的记载可以看出，西汉宣帝年间的颍川太守黄霸，能及时向百姓宣布皇帝的诏令，用乡规民约教化百姓，以致辖区内，孝敬父母、与兄弟友好，顺从丈夫顺从祖父母的人越来越多，土地的所有者能够主动让出通道，没有捡拾他人丢弃的东西，大家都能够抚养、探视鳏寡之人，能够赡济贫困之人。因为

① （汉）司马迁：《史记》卷一二〇《张释之冯唐列传》第四十二，中华书局1982年版，第2755页。

② （汉）班固：《汉书》卷五六《董仲舒传》第二十六，中华书局1962年版，第2502页。

③ （汉）班固：《汉书》卷八九《循吏传》第五十九，中华书局1962年版，第3631页。

④ （汉）班固：《汉书》卷八九《循吏传》第五十九，中华书局1962年版，第3628页。

⑤ （汉）班固：《汉书》卷八九《循吏传》第五十九，中华书局1962年版，第3631页。

社会治理得好，所以监狱中八年没有关押重刑犯。当然，两汉时期以宽和为治的司法官员并非黄霸一人。据史料载，何敞"迁汝南太守……故在职以宽和为政。立春日，常召督邮还府，分遣儒术大吏案行属县，显孝悌有义行者。及举冤狱，以《春秋》义断之"①。从史料的记载可以看出，何敞在做汝南太守时，以宽和为政，在立春的时候，让督邮回来从事农业生产。派遣儒生和文吏巡行属县，表彰能行孝悌者和重义之人。以《春秋》经义判决冤狱，十分注重发挥法律的治理功能。据谢承《后汉书》载：陈宠"字子威（一作成），为廷尉监，执狱多恩，议人常从轻比，论报多恩，多所全活，皆称其恩也"②。从谢承《后汉书》的记载可以看出，东汉章帝年间的陈宠，在做廷尉监的时候，也就是在最高司法审判机关任要职时，用宽缓仁爱的原则审理案件。在审理疑难案件时，常常按照判刑轻微的案件类推适用。在死刑案件上报时也坚持儒家仁者爱人的原则，请求皇帝从轻处罚。经陈宠上报的死刑案件一般都会被皇帝赦免死罪，狱囚们都对陈宠感恩戴德。可见，在汉代，不仅一般行政官员坚持仁爱百姓，就是司法官员也能够从审判角度出发，坚持适用较为宽缓的标准，从轻判处案件，体现了司法官员对狱囚的悲悯情怀。司法官员与律学家角色合一，极大地推动了两汉司法官员职业化建设。统治者对国家律令的重视，以律令为核心的官吏选拔方式，少学律令的社会风气及司法职业者群体的非独立性，使两汉司法官员一般具有较高的律令学修养。而我们今天，由于种种原因，法官的专业素质整体较低。法官"成分复杂，文化素质差，专业水准低等特征在改革开放以后很长一个时期仍然是我国法院在人员的构成和素质方面的集中体现"③。目前全国法院二十余万名审判人员中，不符合法官法最低学历要求的仍不在少数，如何加快法官职业化建设步伐，在以律令为核心的司法官员选拔制度，少学律令的社会风气影响下产生的两汉时期司法官员与律学家角色合一的现象为我国今天的法官职业化建设提供了借鉴。

---

① （南朝宋）范晔：《后汉书》卷四三《朱乐何列传》第三十三，中华书局1965年版，第1487页。

② （清）汪文台辑，周天游点校：《七家后汉书》，河北人民出版社1987年版，第35页。

③ 韩波：《法院体制改革研究》，人民法院出版社2003年版，第154页。

第二节　司法官员与其他角色的合一

一、司法官员与儒者角色合一

两汉由于特殊的官吏选拔方式，律学家队伍中儒者占有相当的比例。为两汉律学家用儒术阐释法律，引经注律，引经决狱提供了方便。许多律学家，例如：据《汉书·路温舒传》载，路温舒"稍习善，求为狱小吏，因学律令，转为狱史，县中疑事皆问焉。太守行县，见而异之，置决曹史。又受《春秋》，通大义"[①]。从史料的记载可以看出，路温舒因为学习律令，由狱小吏提拔为狱史。县中疑难案件在审理过程中都要征求路温舒的意见。太守巡行县城时，又对路温舒情有独钟，将他提拔为决曹史。路温舒不仅有学习律令的背景，且精通儒家经典《春秋》的经义。路温舒既通晓律令，又了解儒家经典著作《春秋》的基本精神。在《上宣帝尚德缓刑书》中，很容易将儒家经义贯彻于律学著作中。从路温舒的情况看，其具有司法官员与儒者角色合一的特点。《汉书·董仲舒传》载：汉武帝时期的著名儒生董仲舒"以治《春秋》，孝景时为博士"[②]。董仲舒少时学习《春秋》经义，汉武帝时举贤良，为江都、胶西两王相。在从事行政管理的同时从事司法审判工作。董仲舒在司法实践中常引用《春秋》经义审理案件，既是儒者也是律学家、司法官员，著有《公羊董仲舒治狱》十六篇，该著作已散失，但他用儒家经义阐发治狱之术的学说流传甚远。例如，汉武帝时期的廷尉张汤早期不通儒经，但为顺应司法实践需要也通过自己的努力学习儒家经典著作。《汉书·张汤传》载：张汤为廷尉，善于用经书古义来决狱，"汤决大狱，欲传古义，乃请博士弟子治《尚书》《春秋》，补廷尉史，平亭疑法"[③]。《后汉书·陈宠传》载：廷尉陈宠，出身法律世家，"数议疑狱，常亲自为奏，每附经典，

---

①　（汉）班固：《汉书》卷五一《贾邹枚路传》第二十一，中华书局1962年版，第2367—2368页。

②　（汉）司马迁：《史记》卷一二一《儒林列传》第六十一，中华书局1982年版，第3127页。

③　（汉）司马迁：《史记》卷一二二《酷吏列传》第六十二，中华书局1982年版，第3139页。

务从宽恕"①。"宠虽传法律，而兼通经书，奏议温粹，号为任职相"②。《后汉书·郭躬传》载：廷尉郭禧出身法律世家，"少明习家业，兼好儒学，有名誉"③。因郭氏家族世传《小杜律》，郭躬、郭弘等人对儒家经典都有深刻的理解。《后汉书·应劭传》载：应劭"少笃学，博览多闻"④。《后汉书·许慎传》载：东汉许慎"博学为经籍"⑤。律学家精通儒术能够用儒家经典阐发法律之义理，用春秋经义决狱对法律条文进行司法解释。

二、司法官员与监察官员角色合一

（一）司法官员与京兆尹角色合一

汉代，在关中地区，也即京畿地区，京兆尹作为三辅地区的地方行政官员，地位显赫。史料载："外郡之长，谓之太守，此三辅者，谓之京兆尹。"⑥从史料的记载可以看出，一般的郡，最高长官称之为太守。三辅地区的最高行政机构长官称为京兆尹。另《史记》索隐引《汉官仪》云："法驾公卿不在卤簿中，惟京兆尹、执金吾、长安令奉引，侍中参乘，属车三十六乘也。"⑦从《史记》索隐引《汉官仪》的内容可以看出，汉代地方百官中，只有京兆尹、执金吾、长安令享有属车三十乘的待遇，可见其地位之重。从设置上看，京兆尹相当于汉代郡守一级的机构，但是因为位处京畿的三辅地区，因此，从实际运作情况看，京兆尹作为地方行政机关，权力远在郡守之上。京兆尹不仅能够拥有郡守的一般行政权力、司法审判权，且拥有监察权，汉代京兆尹具有司法官员与监察官员角色合一的特点。

---

① （南朝宋）范晔：《后汉书》卷四六《郭陈列传》第三十六，中华书局1965年版，第1554页。

② （南朝宋）范晔：《后汉书》卷四六《郭陈列传》第三十六，中华书局1965年版，第1555页。

③ （南朝宋）范晔：《后汉书》卷四六《郭陈列传》第三十六，中华书局1965年版，第1545页。

④ （南朝宋）范晔：《后汉书》卷四八《杨李翟应霍爰徐列传》第三十八，中华书局1965年版，第1609页。

⑤ （南朝宋）范晔：《后汉书》卷七九下《儒林列传》第六十九下，中华书局1965年版，第2588页。

⑥ （清）阮元校刻：《十三经注疏》（清嘉庆刊本）三《毛诗正义》卷第十八，中华书局2009年版，第1229页。

⑦ （汉）司马迁：《史记》卷十《孝文本纪》第十，中华书局1982年版，第417页。

1. 京兆尹对中央官员拥有监察权

在监察权力行使过程中，不仅地方官员在纠弹之列，且中央官员也在纠弹之列。也就是说，京兆尹能够对中央官员拥有监察权，具有地方官员监察中央官员的特点，在汉代监察制度体系中具有十分重要的价值和地位。

在汉代，京兆尹对位处中央三公的丞相拥有司法监察权。据《汉书》记载："地节三年七月中，丞相傅婢有过，自绞死。广汉闻之，疑丞相夫人妒杀之府舍。而丞相奉斋酎入庙祠。广汉得此，使中郎赵奉寿风晓丞相，欲以胁之，毋令穷正己事。丞相不听，案验愈急。广汉欲告之，先问太史知星气者，言今年当有戮死臣。广汉即上书告丞相罪。制曰：'下京兆尹治。'广汉知事迫切，遂自将吏卒突入丞相府，召其夫人跪庭下受辞，收奴婢十余人去，责以杀婢事。"[1] 从《汉书》的记载可以看出，汉宣帝地节三年七月中旬，丞相府传出消息说有一个婢因过失自杀身亡。当时的京兆尹听到这个消息，怀疑该婢女非自杀身亡，而是丞相夫人因为嫉妒杀害之。丞相这时去宗庙祭祀，赵广汉得到这个消息，就让赵奉寿告诉丞相想让丞相自首，丞相不听从劝说。赵广汉想要告发他，先向太史了解星气的人询问，说今年有被处死的官员。赵广汉就向皇帝告发丞相的犯罪行为，皇帝下发诏令，同意赵广汉审理此案，赵广汉知道事情紧迫，于是率领部下进入丞相府，并且将丞相的妻子和奴婢十多人收捕，以审理丞相夫人杀婢一案。

从此案可以看出，京兆尹虽是地方官员，但是对中央三公之一的丞相拥有纠弹权，当发现丞相有不法行为时，可以直接向皇帝禀报，不仅拥有向皇帝禀报的权利，且能够对所报案件拥有审理判决权，最终使所纠弹的官员受到法律的追究。这种地方行政机构对中央官员的监察机制在汉代腐败防治过程中起着十分重要的作用，对汉代吏治的整饬发挥了积极作用。在我国目前的监察系统中，缺乏地方机构对中央官员的监察机制。现有监察机关不拥有对所纠举官吏犯罪案件的审判权，因此常常无法准确、有效地实施监察权力，使犯罪官员得到惩罚。京兆尹在行使对中央官员监察权力时，有独立奏事权，即不经任何部门批准即可向最高统治者皇帝劾奏中

---

[1] （汉）班固：《汉书》卷七六《赵尹韩张两王传》第四十六，中华书局 1962 年版，第 3205 页。

央官员。

据《汉书》记载：西汉成帝年间，"成帝长舅阳平侯王凤为大司马大将军，辅政八九年矣，时数有灾异，京兆尹王章讥凤颛权不可任用"①。从史料记载可以看出，西汉成帝年间，王章做京兆尹时就向皇帝举劾当时的中央三公之一大司马王凤，认为大将军王凤在辅政的八九年间，时常发生灾异现象。于是向成帝劾奏王凤不能很好地行使自己的职权，不能任用。在汉代，京兆尹不仅能够独立奏事，而且能够独立审理、判决所纠弹的官吏犯罪案件。不仅如此，京兆尹还能够将自己审判的官吏犯罪案件交由自己所辖监狱执行。史料载："东市狱属京兆尹。"② 可见，西汉时期，长安东市设有的监狱归京兆尹管辖。可以看出，汉代，京兆尹对中央官员的监察有一套完整的流程，发现犯罪→向皇帝举劾→经皇帝批准自行审理→交付所辖监狱执行。

2. 两汉司法官员与京兆尹角色合一的价值

强化地方对中央的监察：在我国的监察体系中，有以行政监察为核心的监察体制。例如，中央纪律检查委员会对中央官员与地方官员的监察，也有各省的纪律检查委员会对地方官员的监察。有各级监察厅（局）实施的对同级及下级官员的监察。然而在我国目前的监察机制中，缺乏下级机关对中央官员的监察机构，使中央官员只能受到来自同一级别的中央行政机构的监察，而无法接受来自下一级机关的监察。

汉代形成的以京兆尹为核心的监察机制，实现了下级监察机关对中央官员的监察，使身居高位的中央官员能够受到来自中央监察机关与地方监察机关的双重监察，从而实现了对中央官员行政行为的有效监督，保证中央官员能够遵守法律、廉洁奉公。

强化对中央官员的监察，能够有效地推动地方行政官员的依法行政行为，起到上梁端正、下梁不歪的示范作用。从而带动全国范围内各级行政官员的依法行政行为，使各级行政机构能够在监察机关的监督下良性运作，使监察机关的监察功能得以实现。

---

① （汉）班固：《汉书》卷七九《冯奉世传》第四十九，中华书局 1962 年版，第 3303 页。

② （清）孙星衍等辑，周天游点校：《汉旧仪二卷补遗二卷》，载《汉官六种》，中华书局 1990 年版，第 92 页。

（二）两汉司法官员与司隶校尉角色合一

汉代，司隶校尉组织作为汉代的专门监察机关，对中央和地方官员均有监察权力。史料载："司隶校尉，武帝初置。后诸侯王贵戚不服，乃以中都官徒奴千二百人属为一校尉部刺史，督二千石也。"① 可以看出，司隶校尉，在汉武帝年间初次设立，是专门的司法监察机关，后来因为王公贵戚不满，所以隶属于校尉组织，负责纠弹郡守一级的二千石官员。司隶校尉权力显赫，不仅能够纠弹中央三公，且对地方百官也具有司法监察权。史料载："司隶校尉统皇太子，三公以下，［及］旁州郡，无所不统也。"② 可见，作为汉代独立的监察机关，司隶校尉对皇太子、中央三公及京城近郡都具有统辖、监察的权力。据汉代司隶校尉鲁峻碑记载：鲁峻于"延熹七［年］二月丁卯，拜司隶校尉，董督京辇，掌察群僚，浊细举大，榷然疏发。不为小威，以济其仁，弸中独断，以效其节，案奏□（此字疑为'三'）公，弹绌五卿，华夏祗肃，佞移者远③。从司隶校尉鲁峻碑的记载可以看出，鲁峻在延熹七年二月迁为司隶校尉，负责督察京畿地区，对于中央、地方官员都拥有纠弹权。从细微的地方出发，以发现重大线索。对于案情能够了如指掌，不畏惧他人的威力，不随意施加恩惠。独立弹劾官员，来履行自己的职责。对中央三公都可以纠劾，能够对中央其他官员实施弹劾权并罢免他们，使国家的纲纪得以整肃，使官员的贪污犯罪行为得到遏制。对于"□"，高文认为应当是"三"④，甚是。

据《汉书·百官公卿表》记载，"司隶校尉，周官，武帝征和四年初置，持节，从中都官徒千二百人，捕巫蛊，督大奸猾，后罢其兵。察三辅、三河、弘农"⑤。从《汉书》的记载可以看出，司隶校尉是周官，初次设置于汉武帝征和四年，因为持有皇帝的节杖，所以权力很大。拥有一千二百人的队伍，

---

① （清）孙星衍等辑，周天游点校：《汉旧仪二卷补遗二卷》，载《汉官六种》，中华书局1990年版，第92页。

② （清）孙星衍等辑，周天游点校：《汉旧仪二卷补遗二卷》，载《汉官六种》，中华书局1990年版，第92页。

③ （宋）洪适：《隶释·隶续》，中华书局1986年版，第101页。

④ 高文：《汉碑集释》，河南大学出版社1997年版，第396页。

⑤ （汉）班固：《汉书》卷一九上《百官公卿表》第七，中华书局1962年版，第737页。

从京师诸官府中抽调。师古曰："中都官，京师诸官府也。"主要的职责是抓捕危害皇权的巫蛊人员，对官吏的不法行为进行监察，后来取消了其用兵权，主要负责对京师近郡进行监察，具体而言就是三辅、三河、弘农地区。司隶校尉纠弹的中央官员有中央三公，据《汉书·匡衡传》记载，匡衡是汉成帝年间的丞相，司隶校尉王尊劾奏："衡、谭居大臣位，知显等专权势，作威福，为海内患害，不以时自奏行罚，而阿谀曲从，附下罔上，无大臣辅政之义。既奏显等，不自陈不忠之罪，而反扬著先帝任用倾覆之徒，罪至不道。"① 汉成帝年间，司隶校尉王尊纠弹劾奏匡衡、甄谭居高位，知道中书令石显专擅其权，作威作福，横行海内，却不及时纠弹，而是阿谀奉承，和石显勾结欺瞒君上，没有起到大臣辅佐朝政的作用。在纠弹石显时，不能承认不忠之罪，而是称讼先王任用这些能让朝廷倾覆的官员，构成不道犯罪。匡衡听到消息，主动要求辞去丞相职务。"衡惭惧，上疏谢罪，因称病乞骸骨，上丞相乐安侯印绶"②。

司法官员与司隶校尉角色合一有利于强化独立监察机构的运行。

首先，我国今天监察机关在运行过程中，缺乏相应的司法权力。监察机关拥有的监察权多停留于行政权力的层面，诸如行政调查权、纪律审查权等。由于缺乏独立的侦查权，会使许多证据因历时长久而灭失，从而给刑事侦查工作带来难度，监察机关拥有的调查权往往因为缺乏证据采集的技术手段而流于形式。现实生活中，往往难以通过调查权的行使侦破案件。对于官吏职务犯罪案件，特别是贪腐案件的侦破，仅仅依靠调查权是难以解决问题的。汉代，司隶校尉组织在行使监察权力的时候，拥有案件的侦查权。

其次，监察机关在行使监察权时应当拥有独立审判权。汉代，司隶校尉组织在实际运行过程中，拥有极大的权力，主要表现为拥有独断的权力，也即独立审判权。在实施审判权时可以不受任何其他行政、司法机关的制约，甚至不需要经过皇帝的许可，即可对自己所纠弹的官吏犯罪案件在证据确凿的情况下判处刑罚。在我国监察权力运行的过程中，缺乏拥有独立审判权的

---

① （汉）班固：《汉书》卷八一《匡张孔马传》第五十一，中华书局 1962 年版，第 3344—3345 页。

② （汉）班固：《汉书》卷八一《匡张孔马传》第五十一，中华书局 1962 年版，第 3345 页。

监察机关的设置。现实中惯常的做法是：遇有官吏犯罪案件，先由纪检部门展开调查，在掌握初步证据后移送司法机关。由于司法机关往往受到同级或上级司法机关的领导，因此为案件的侦破、审判带来诸多困难。由于行政干预司法现实情况的存在，往往会使许多应当承担刑事责任的官员难以受到追究。汉代司隶校尉组织在运行过程中，独立于行政机关之外，且独立行使审判权。在行使审判权时，不受任何行政机关，甚至不受皇帝权力的制约，从而使其对官吏的弹劾权能够真正落到实处，使犯罪官吏受到法律的追究，使监察权的运行快速、有效。

最后，独立监察机关设立后，应当对全国范围内的行政官员，既包括地方官员也包括中央官员实施监察权力。汉代，司隶校尉组织在运行过程中，对地方官员、中央官员包括身居高位的三公人员均可实施以纠弹为核心的监察权力。独立监察机关在运行过程中，应当将全国范围内的官员包括在内，以便对全国范围内的官员实施有效监督。

汉代，作为监察机构的京兆尹、司隶校尉组织与司法官员角色合一，值得我们学习和借鉴。

第五章　司法官员与两汉律学

两汉，司法官员与律学家角色合一，带动了两汉律学的勃兴。以司法官员群体为依托的律学家集团和律学流派逐渐形成，律学家拥有法律解释权，其言论具有法律效力。两汉时期伴随着律学研究活动的广泛开展，形成多元化的法律解释方式。两汉律学之勃兴，具有深刻的法文化成因：蓬勃发展的两汉律学教育，律学家与司法官员角色合一，律学家与儒者身份合一及统治者重视律学。

第一节　两汉律学与法学之分界

研究两汉律学，首先应予澄清：何为法学，何为律学？法学家与律学家区别何在？法学通常是指："法律学，法律科学，是研究法这一特定社会现象及其发展规律的科学，属于社会科学的一个学科。"[1] 武树臣认为："中国古代法学是指中国古代人们关于法这一社会现象的一般见解和理论评价，近似于今天的法理学或法哲学。"[2] 古代社会，法律在统一国家和管理社会中发挥着重要作用。为保证司法在时间上、空间上和质量上的统一性，一种讲求"法条之所谓"的官方学说应运而生。这种学说即为律学。律学是"论述以刑罚为主的法律问题的学说"[3]。律学称为"刑名学""刑学"。中国古代律

---

① 中国大百科全书编辑部：《中国大百科全书·法学卷》，中国大百科全书出版社 1984 年版，第 1 页。

② 武树臣：《中国古代的法学、律学、吏学和谳学》，载《中央政法管理干部学院学报》1996 年第 5 期，第 56 页。

③ 中国大百科全书编辑部：《中国大百科全书·法学卷》，中国大百科全书出版社 1984 年版，第 1 页。

学十分发达。一般而言，有了"法"这一社会现象，也就有了法学。但是，有了"法"这种社会现象，不一定有律学。这是因为，律学是伴随着具体的原则或法条的问世而出现的，是研究具体的法律规则、名词术语之概念特征及量上的规定性的学问。因此，律学与法律解释密不可分。法学通常解决法律科学、法律原理等问题，对法律现象自身进行研究而产生的学者，称之为法学家。法学家解决了"法律的形而上"问题，也即法律的理论性问题。而法律最终要进入司法环节，对法律的适用情况进行研究，对法律条文进行注释，对概念进行解读的学者一般称之为律学家。律学家解决了"法律的形而下"问题。律学家的存在以法律解释为依托。两汉时期，律学家通过频繁的法律解释活动，阐释法律条文的义理，提出自己有关法律适用方面的理论，积极从事学术研究，带来了两汉律学的蓬勃发展。学界一般对两汉律学都有很高的评价。瞿同祖先生也认为："但后代法学渐衰，很少像两汉、魏那样专习法律之家。"[1] 我国台湾地区学者张金鉴也曾指出："秦汉则轻法理，重律文，传授既广，学习亦专，律学颇发达。"[2] 两汉律学勃兴，成为中国法制发展史上律学研究活动最为繁荣鼎盛的时期，这一点已得到学术界的广泛认可，然而因为资料所限，两汉时期纪录律学研究活动的具体资料多已散佚，只能从分散、零碎、不完整的史料记载中爬梳剔抉。正因为此，学界尽管对两汉律学评价很高，却多限于只言片语，难以作深入研究。笔者在结合学术界有关两汉律学研究的基础上，欲进一步深入阐述两汉律学勃兴的具体情况，并从法律文化角度对其成因进行剖析，以期能够较为真实地反映两汉律学研究活动的一般情况。

第二节　律学家集团的形成

两汉时期律学研究活动多以"家"为基础展开，家学兴盛是律学家集团形成的主要原因。两汉时期，律学研究活动不仅以"家"为核心开展，且具

---

[1]　瞿同祖：《瞿同祖法学论著集》，中国政法大学出版社1998年版，第412页。
[2]　张金鉴：《中国法制史概要》，台湾正中书局1973年版，第42页。

有世代相传的特性，从而形成子孙并世其业的律学家集团。正如陈寅恪所言："夫汉魏之时，法律皆家世之学。"① 我国台湾地区学者陈顾远也说："两汉律家，世修其业也。"② 我国台湾地区学者张金鉴也指出："汉人习律为专业与永业，师受之，世守之。"③ 我国台湾地区学者徐道邻也认为："原来汉朝的风气，治律有家，都是子孙并世其业，聚徒讲述，往往都是好几百人。"④ 两汉律学研究活动的世代相袭为律学活动的深入开展打下了基础。两汉时期，律学家在审判过程中积累经验，著书立说，解释法律，形成父子相传，子孙多代从事律学研究的盛况。《南齐书·崔祖思传》载，崔祖思云："汉来治律有家，子孙并世其业，聚徒讲授，至数百人，故张、于二氏，系誉文、宣之世；陈、郭两族流称武、明之朝。决狱无冤，庆昌枝裔，槐衮相袭，蝉紫传辉。"⑤ 从史料记载可以看出，汉代律学的研习，是以家为基础进行的。汉代律学的研习，不仅以家为基础，且具有世代相袭的特点。而且律学的传习以聚众讲习的方式进行，听讲者常常达数百人。正因为如此，张汤和于定国家族才能在汉武帝和汉宣帝年间显赫一时，郭躬和陈宠家族才能在章和年间闻名于世。律学的传习，为两汉时期的司法公正提供了平台和基础。

一、师徒式律学教育模式的存在

我国古代私人教学渊源已久，西汉武帝正式创立博士弟子员制度，在官学发展的影响下，汉代私人教育也蓬勃发展起来。汉代官学，特别在东汉中叶虽然很兴盛，可是私人教育较官学还要更发达，其影响也比官学要大。一方面，官学名额有限，不能满足人们的需要；另一方面，地方官学时有兴废，因此人们多就读于私学；两汉时期私学勃兴是在先秦诸子百家之后，因此私人间所教授的并不限于儒家的《诗》《书》《礼》《易》等，其他学派如黄、老、刑名、法律等方面也是私人教学的内容。不少官吏学习过律令，《汉书·

---

① 陈寅恪：《隋唐制度渊源略论稿 唐代政治史述论稿》，生活·读书·新知三联书店2004年版，第116页。
② 陈顾远：《中国法制史》，中国书店1988年版，第45页。
③ 张金鉴：《中国法制史概要》，台湾正中书局1980年版，第43页。
④ 徐道邻：《中国法制史论略》，台湾正中书局1980年版，第51页。
⑤ （梁）萧子显：《南齐书》卷二八《列传》第九，中华书局1972年版，第519页。

贾邹枚路传》载路温舒"因学律令，转为狱史，县中疑事皆问焉。……又受
《春秋》，通大义"①。《汉书·循吏传·黄霸》载：黄霸"少学律令，喜为
吏。……为河南太守丞。霸为人明察内敏，又习文法。……处议当于法，合
人心，太守甚任之。五凤三年，代丙吉为丞相"②。《汉书·元后》载：王禁
"少学法律长安，为廷尉史"③。这一时期的律学教育也以私学模式展开，师
徒式律学教育模式是两汉私学教育的主要途径，该种律学教育模式在当时非
常流行。师徒式律学教育规模庞大，少则数百人，多则数千人。这种教育模
式扩大了律学研究者的队伍，有助于律学家集团的形成。《后汉书·马融列
传》载：东汉著名律学家马融"教养诸生，常有千数"④。马融自行招收门
徒，人数达数千人。《后汉书·郑玄传》载：郑玄"学徒相随已数百千人"⑤。
《三国志·魏书》载：东汉末年律学家钟皓"教授门生千有余人"⑥。钟皓与
马融一样自行招收学生，达数千人。汉代特别是东汉，不论官学和私学都
很发达，私人教授徒弟上百人，甚至上千人。董仲舒、马融都采用招收徒
弟传授知识的方式，有时徒弟过多，常常不能亲自传授，只好采用以高业
弟子这种徒弟中有较高造诣者再将自己的学术观点传授于他人的教学方式，
皮锡瑞也说："至一师能教千万人，必由高足弟子传授。"⑦《汉书·董仲舒
传》载：董仲舒"孝景时为博士。下帷讲诵，弟子传以久次相授业，或莫见
其面"⑧。《后汉书·张曹郑列传》载：马融"门徒四百余人，升堂进者五十
余生。融素骄贵，（郑）玄在门下，三年不得见，乃使高业弟子传授于玄"⑨。
郑玄师从马融，却三年未谋其面，可见，两汉师徒式律学教育之盛。

---

①　（汉）班固：《汉书》卷五一《贾邹枚路传》第二十一，中华书局 1962 年版，第 2367—
2368 页。

②　（汉）班固：《汉书》卷八九《循吏传》第五九，中华书局 1962 年版，第 3627—3632 页。

③　（汉）班固：《汉书》卷九八《元后传》第六八，中华书局 1962 年版，第 4014 页。

④　（南朝宋）范晔：《后汉书》卷六〇上《马融列传》，第五〇上，中华书局 1965 年版，第 1972 页。

⑤　（南朝宋）范晔：《后汉书》卷三九《张曹郑列传》第二五，中华书局 1965 年版，第 1207 页。

⑥　（晋）陈寿：《三国志》卷一三《魏书十三》，中华书局 1982 年版，第 391 页。

⑦　（清）皮锡瑞：《经学历史》，中华书局 1959 年版，第 131 页。

⑧　（汉）班固：《汉书》卷五六《董仲舒传》第二六，中华书局 1962 年版，第 2495 页。

⑨　（南朝宋）范晔：《后汉书》卷三五《张曹郑列传》第二五，中华书局 1965 年版，第
1207 页。

值得注意的是，古罗马时期，师徒式法学教育模式也很发达。法学教育在公元前 3 世纪得以产生且公开化，从那以后，一些想要学习法律的人便去聆听一个有名望的法学家讲学。可以说古罗马法学家的培养是通过听讲来实现的。总体看来，罗马共和国时期没有任何正式的法律教育。年轻人以"私塾"的方式学习法律，追随一位法学家，陪其参加日常的实务并同其一起讨论法律问题以此获得法律知识。以致巴里尼古拉斯认为："这种实践中的口头教育一直是罗马法的特征之一。"① 由此，笔者认为罗马帝国时代，学生师从法学家学习形成的师徒式法学教育模式与两汉师徒式律学教育模式相近。例如，就古罗马五大法学家而言，帕比尼安是大法学家塞沃拉的学生，是乌尔比安和保罗的老师，而莫特斯丁则是乌尔比安的学生。可见，五大法学家的成长有着师徒式法学教育的典型特征。

二、西汉时期的律学家集团

西汉时期已经有律学家集团的出现。杜周，早期为南阳太守，汉武帝时先后任廷尉、御史大夫，受命解释法律。著名史学家陈直先生认为：杜周"兼律大杜"②。据史料载："周为廷尉，其治大放（效仿）张汤。"③ 杜周的两个儿子"夹河为郡守"④。杜周的两个儿子夹着黄河为河南、河内两郡太守。又载杜周两子"治皆酷暴"⑤，与父亲杜周形成一个律学家集团。《后汉书·王霸传》载：西汉末期，王霸家"世好文法"⑥。王霸祖父为诏狱丞，父为郡决曹掾，霸少亦为狱吏，这是西汉所见三代为法的例子。可见西汉时期，杜周家族、王霸家族都有世代为律家的传统，从而形成律学家集团。

---

① ［英］巴里·尼古拉斯：《罗马法概论》，黄风译，法律出版社 2000 年版，第 30 页。
② 陈直：《汉书新证》，中华书局，2008 年，第 320 页。
③ （汉）司马迁：《史记》卷一二二《酷吏列传》第六十二，中华书局 1982 年版，第 3153 页。
④ （汉）班固：《汉书》卷六○《杜周传》第三十，中华书局 1962 年版，第 2661 页。
⑤ （汉）班固：《汉书》卷六○《杜周传》第三十，中华书局 1962 年版，第 2661 页。
⑥ （南朝宋）范晔：《后汉书》卷二○《铫期王霸祭遵列传》第十，中华书局 1965 年版，第 734 页。

三、东汉时期的律学家集团

东汉中期，随着律学研究向纵深发展。据《后汉书·陈宠传》载：汉和帝永元六年（公元94年），陈宠代郭躬为廷尉，掌管中央司法审判工作，针对当时律令制度存在的问题，奏请蠲除苛法，其中说道："汉兴以来，三百二年，宪令稍增，科条无限。又律有三家，其说各异。"① 也即东汉中期，汉和帝时有三个律学家集团存在，至于这三个律学家集团情况如何，学界广有争议，说法不一。沈家本认为：陈宠所谓律有三家，其说各异中的"此三家者，不知谁氏，《小杜律》殆是其一家与？"② 认为《小杜律》可能是其中一家。日本学者中田薰认为：至东汉中叶，有名的明法学家有郭氏、吴氏和陈氏三大家族，形成三个律学流派。据说郭氏的学说就是源自《小杜律》。前述陈宠所谓"律有三家"指的或许就是这三大家族。③ 程树德也认为："东汉中叶，郭吴陈三家，代以律学鸣。"④ 在这里，程树德认为：东汉中叶，有郭、吴、陈三个律学家集团存在。我国台湾地区学者邢义田先生认为："东汉以后，以律令为家学者，有郭、陈、吴、钟氏可考。"⑤ 认为东汉中期的律学家集团有郭、陈、吴家族，东汉晚期尚有以钟皓为主的钟氏家族。

综上所述，近现代以来法律史学者关于律学家集团的论述，大致推测东汉中期有郭、吴、陈三家。俞荣根、龙大轩教授新近发表文章对陈宠所言"律有三家"进行探讨，除赞同学界关于郭氏、陈氏家族为其中两家外，对第三家进行探讨，认为第三家应是杜林。对此笔者持

---

① （南朝宋）范晔：《后汉书》卷四六《郭陈列传》第三十六，中华书局1965年版，第1554页。

② （清）沈家本：《历代刑法考》，《汉律摭遗二十卷》，中华书局1985年版，第1746页。

③ ［日］中田薰：《论支那律令法系的发达》，载何勤华主编：《律学考》，商务印书馆2004年版，第79页。

④ 程树德：《九朝律考·汉律考·律家考》，商务印书馆2003年版，第175—176页。

⑤ 邢义田：《秦汉的律令学——兼论曹魏律博士的出现》，载黄清连主编：《制度与国家》，中国大百科全书出版社2005年版，第119页。

不同看法。① 笔者认为东汉中期的律学家集团有郭、陈、吴三家。

其中郭是指郭躬家族,《后汉书·郭躬传》载:郭躬家族世代为律家,"父弘,习《小杜律》。太守寇恂以弘为决曹掾,断狱至三十年,用法平。诸为弘所决者,退无怨情,郡内比之东海于公。……躬少传父业,讲授徒众常数百人。后为郡吏,辟公府。……元和三年,拜为廷尉。躬家世掌法,务在宽平"②。从史料的记载可以看出,郭躬的父亲郭弘,传习《小杜律》。太守寇恂推荐郭弘做了决曹掾史,审理案件达三十年之久。郭弘能够公平地运用法律,凡是他审理的案件,没有百姓申冤的情况。在郡内非常有威望,如同东海于定国。郭躬少传父业,教习法律,徒弟有数百人之多。后来做了郡吏,在官府任职,元和三年,升迁为廷尉。因为郭躬家族,世代传习《小杜律》,所以以宽平作为审理案件的基本原则。"中子晊,亦明法律,至南阳太守,政有名迹。弟子镇。镇字桓钟,少修家业……转廷尉……长子贺……累迁,复至廷尉。……镇弟子禧,少明习家业,兼好儒学,有名

---

① 从陈宠所言"律有三家"的情况看,汉和帝时,即公元1世纪,出现了三个律学家集团。从目前的研究情况看,以陈宠为代表的陈氏家族,以郭躬为代表的郭氏家族应为这一时期的两个律学家集团,至于第三家是谁,学术界有着广泛的争议,观点有较多出入。日本学者中田薰认为第三家应是吴氏家族,参见〔日〕中田薰:《论支那律令法系的发展》,载何勤华主编:《律学考》,商务印书馆2004年版,第79页。而俞荣根,龙大轩则认为:陈宠在向和帝说当时"律有三家"这句话时(公元94年),吴雄远未出生,更谈不上以律学鸣世,自成一家了。所以,吴雄无论如何也挤不进陈宠所谓"律三家"之列。参见俞荣根、龙大轩所:《东汉"三家"考析》,载《法学研究》2007年第2期,第143页。俞荣根、龙大轩认为:杜林应当是陈宠所谓"律三家"的第三家。说杜林是律家并纳入"律三家"之一,在于他由治经而兼治律、经律互注的成就。参见上文第144页。笔者认为该观点值得商榷,首先,陈宠言及律有三家时,杜林(?—47年)已经去世。其学说如何传承至五十年后汉和帝统治的时代,作者在文中语焉不详。其次,既然是律家,必然要以家的形式出现,例如陈宠家族五代治律,郭躬家族三代治律。而杜林之律学如何体现家学的特征,作者在文书也未论及。最后,既然在《后汉书·杜林传》中记载有杜林的事迹,说明其生平可考,但是在清人张鹏一所著《两汉律学考》所辑95个律学家中没有杜林。而在程树德所著《九朝律考·汉律考·律家考》所辑两汉75位律学家中也没有杜林,这是一件奇怪的事情。因此,根据前述诸种,笔者认为,杜林不具备以家学传世的条件,即便他本人有经律互注的成果,但也不具备陈宠所谓"律三家"中第三家的条件。因此,笔者认为俞荣根与龙大轩教授关于杜林为"律三家"中第三家的观点值得商榷。笔者认为,从目前的研究情况看,到底陈宠所言"律有三家"中第三家是谁,尚没有充分的证据说明。按照绝大多数学者的看法,尽管吴雄在陈宠所言"律有三家"时尚未出生。但学界普遍认为:吴氏家族三世治律,具备律家的条件,因此吴氏家族应当算作东汉中期的一个律学家集团。

② (南朝宋)范晔:《后汉书》卷四六《郭陈列传》第三十六,中华书局1965年版,第1543—1544页。

誉，延熹中亦为廷尉。"① 从史料的记载可以看出，郭躬的中子郭晊，亦明习法律。官至南阳太守。郭躬弟子郭镇，从小学习法律，后官至廷尉。郭镇的长子郭贺，后来也做了廷尉。郭镇的弟子郭禧，从小学习法律，同时学习儒家经典著作，延熹年间官至廷尉。"郭氏自弘后，数世皆传法律，子孙至公者一人，廷尉七人，侯者三人，刺史、二千石、侍中、中郎将者二十余人，侍御史、正、监、平者甚众。"② 从史料的记载可以看出，郭氏家族从郭弘开始，代代研习法律。郭氏家族子孙有一人官至三公，有七人官至廷尉，有三人为侯爵，有二十余人官至刺史、侍中、中郎将，做侍御史，廷尉正、廷尉监、廷尉平的人非常多。郭氏家族世传《小杜律》。

吴是指吴雄家族，《后汉书·郭躬传》载："顺帝时，廷尉河南吴雄季高，以明法律，断狱平，起自孤宦，致位司徒。"③ 从史料的记载可以看出，东汉顺帝时，吴雄因为明习法律，能够公平审理案件，升迁为廷尉，后来官至司徒。"及子诉孙恭，三世廷尉，为法名家。"④ 吴雄在汉顺帝时为廷尉，致位司徒。子吴诉，孙吴恭均为廷尉，吴雄家族不仅律学三世相传，且三世为廷尉。

陈是指陈宠家族，《后汉书·陈宠传》载：陈氏家族，司法职业五世相传。"曾祖父咸，成哀间以律令为尚书"⑤。"建武初，钦子躬为廷尉左监，早卒。"⑥ 陈躬，建武初为廷尉左监。陈宠为陈躬子，"少为州郡吏，辟司徒鲍昱府……昱高其能，转为辞曹，掌天下狱讼。其所平决，无不厌服众心……三迁，肃宗初，为尚书"⑦。从史料的记载可以看出，陈宠年少时为郡吏，后

① （南朝宋）范晔：《后汉书》卷四六《郭陈列传》第三十六，中华书局 1965 年版，第 1545 页。

② （南朝宋）范晔：《后汉书》卷四六《郭陈列传》第三十六，中华书局 1965 年版，第 1546 页。

③ （南朝宋）范晔：《后汉书》卷四六《郭陈列传》第三十六，中华书局 1965 年版，第 1546 页。

④ （南朝宋）范晔：《后汉书》卷四六《郭陈列传》第三十六，中华书局 1965 年版，第 1546 页。

⑤ （南朝宋）范晔：《后汉书》卷四六《郭陈列传》第三十六，中华书局 1965 年版，第 1547 页。

⑥ （南朝宋）范晔：《后汉书》卷四六《郭陈列传》第三十六，中华书局 1965 年版，第 1548 页。

⑦ （南朝宋）范晔：《后汉书》卷四六《郭陈列传》第三十六，中华书局 1965 年版，第 1548—1549 页。

在司徒鲍昱府中任职。司徒鲍昱非常欣赏陈宠的才干，将陈宠调为辞曹，负责全国范围内案件的审判工作。他审理的案件，让众人心服口服。陈宠三次升迁，后迁为尚书。陈忠为陈宠子，永初中辟司徒府，三迁廷尉正。

笔者认为东汉末期，随着律学研究的兴盛，律学家集团有扩张的趋势，逐渐发展为十余个律学家集团。律学研究活动兴盛一时。《晋书·刑法志》载："后人生意，各为章句。叔孙宣、郭令卿、马融、郑玄诸儒章句十有余家，家数十万言。"① 从史料的记载可以看出，东汉中后期的律学家集团有十几个，每个律学家集团的著作言论都达数十万言之巨。值得注意的是，《晋书·刑法志》中，东汉晚期从事律学研究活动的律学家只谈到郭令卿、叔孙宣、马融、郑玄四家，其余各家不详。郭令卿、叔孙宣无传，生平不详。马融、郑玄可以看作其中二家。除此而外的其他律学家集团，只能加以推测。根据清末学者张鹏一、沈家本，近代著名法学家程树德先生的考证，加上传记所载，笔者认为：东汉晚期的律学家集团还应加上应劭家族。应劭，父亲为汝南郡决曹史。应劭于汉灵帝中平六年，迁为太山太守。应劭一生博学多闻，律学著作颇丰，且有律著传世。在灵帝期间著有多种学术论著。《后汉书·应劭传》载：应劭"辄撰具《律本章句》《尚书旧事》《廷尉板令》《决事比例》《司徒都目》《五曹诏书》及《春秋断狱》凡二百五十篇"②。应劭所有律学著作皆已散佚，但从其言论尚能观其法律思想。《后汉书·应劭传》载：应劭曾经驳陈忠母子兄弟相代死，听，赦所代者令。曰"陈忠不详制刑之本，而信一时之仁……从此求生，非代死可以生也"③。他曾反对陈忠关于父母兄弟可以互相替代刑罚执行的观点，同时认为陈忠不了解国家制定法律的根本目的，只相信一时之仁。母子兄弟相互替代死刑执行，也不能使判死刑者获得新生。另外，钟皓可算作一家。《后汉书·钟皓传》载："钟皓字季明，颍川长社人也。为郡著姓，世善刑律。"④ 钟皓具体学术著作不详，未见

---

① （唐）房玄龄等：《晋书》卷三〇《志》第二十，中华书局1974年版，第923页。
② （南朝宋）范晔：《后汉书》卷四八《杨李翟应爰徐列传》第三十八，中华书局1965年版，第1613页。
③ （南朝宋）范晔：《后汉书》卷四八《杨李翟应爰徐列传》第三十八，中华书局1965年版，第1611页。
④ （南朝宋）范晔：《后汉书》卷六二《荀韩钟陈列传》第五十二，中华书局1965年版，第2064页。

史料做明确记载。

两汉律学研究活动的世代相袭，使每一个家族可能成为一个集团，带动了以家族为核心的律学研究活动的开展，又因为律学研究活动的世代相袭，使每一个家族内部成员律学研究方式、思维结构大致相仿。例如，郭躬家族世传《小杜律》，人人研习《小杜律》，令郭躬家族成为律学之一脉。史载两汉郭氏、陈氏、吴氏家族均具有律学研究活动世代相袭的特点，从而让他们成为东汉时期三个著名的律学家集团。

第三节　律学流派

一、西汉时期的律学流派

西汉时期，伴随着律学家集团的出现，出现以家族为核心的律学研究活动。各律学家集团，在律学研究的基础上阐述自己的观点，也逐渐形成不同的律学流派。邢义田先生认为："汉代律令形成家学，和经学的发展有类似之处，西汉私家传经，因章句解释相异而成门派，律令亦因解释比附之不同而有了武帝时的《大杜律》和《小杜律》。"[①] 关于大小杜律的性质，学界普遍认为它们是法律学著作，日本学者中田薰指出："杜周和他的儿子杜延年（汉宣帝时的御史大夫）的学说被后世称为《大杜律》和《小杜律》。"[②] 钱剑夫指出："杜周所定的律且名为'大杜律'，子延年所定的律且名为'小杜律'，足证'律'已成为专门学问，和'经'一样也是一家一言，而世守其业。"[③] 中田薰认为，从《大杜律》《小杜律》可知"在西汉时期就已经有了

---

① 邢义田：《秦汉的律令学——兼论曹魏律博士的出现》，载黄清连主编：《制度与国家》，中国大百科全书出版社 2005 年版，第 117 页。

② ［日］中田薰：《论支那律令法系的发达》，载何勤华主编：《律学考》，商务印书馆 2004 年版，第 79 页。

③ 钱剑夫：《中国封建社会有律家律学律治而无法家法学法治说》，载何勤华主编：《律学考》，商务印书馆 2004 年版，第 28 页。

法律的学派"①，大小杜律都为后世传习，《隶释》卷七《车骑将军冯绲碑》，卷十二《荆州从事苑镇碑》载：东汉传习《大杜律》的有冯绲、苑镇，传习《小杜律》的有著名律学家郭躬的父亲郭弘。大小杜律研究律学的具体方法已无从知晓，然其流传甚广，形成两个律学流派。"但后代法学渐衰，很少像两汉、魏那样专习法律之家"②。

各律学家集团，在律学研究的基础上阐述自己的观点，也渐形成不同的流派。中田薰也认为"在西汉时期就已经有了法律的学派"③，但未言明法律的学派是什么。大杜律以法律苛刻著称，小杜律则强调法律宽缓。据《汉书·刑法志》记载，大小杜治狱有宽严，所谓"罪同而论异""所欲活则傅生议，所欲陷则予死比"④。"延年以宽厚称，其所著律书必不若周之深刻。郭躬世传《小杜律》，故用法多依矜恕，其渊源有自来矣。"⑤ 谈及西汉循吏、酷吏时，学界常常认为两者分别代表了儒家和法家的学术主张："从治政策略来看，深受儒家思想熏陶的汉代循吏崇尚德治，以仁爱教化治民，以化人心为务，治理效果显著，深得民心；受法家思想影响的汉代酷吏则崇尚刑法，以严刑峻法治民。"⑥ 笔者认为：从《汉书·循吏传》及《汉书·酷吏传》的记载情况看，西汉时期，循吏多坚持儒家哀矜之情怀，办案以宽容著称，实则为小杜律之一脉。而酷吏执法多铁面无私，风厉杀人，实则沿用了大杜律的基本主张。因此，西汉在大小杜律基础上形成的两个律学流派的不同主张，已贯彻到循吏、酷吏的执法过程中。

二、东汉时期的律学流派

1. 律有三家

到了东汉中叶，随着律学研究活动的广泛开展，首先在汉和帝永元年间

---

① ［日］中田薰：《论支那律令法系的发达》，载何勤华主编：《律学考》，商务印书馆2004年版，第79页。

② 瞿同祖：《瞿同祖法学论文集》，中国政法大学出版社1998年版，第412页。

③ ［日］中田薰：《论支那律令法系的发达》，载何勤华主编：《律学考》，商务印书馆2004年版，第79页。

④ （汉）班固：《汉书》卷二三《刑法志》第三，中华书局1962年版，第1101页。

⑤ （清）沈家本：《历代刑法考》，《律令二》，中华书局1985年版，第874—875页。

⑥ 陈金花：《略论汉代循吏和酷吏的治政策略》，载《中州学刊》2009年第2期，第178页。

形成三个律学流派。汉和帝永元六年（公元 94 年），陈宠指出："律有三家，其说各异。"日本著名法律史学家大庭脩指出：在《陈宠传》中有"律有三家"的话，即对律的解释有三个学派（学说）存在。① 至于这三个律学流派的情况如何，由于史料欠缺，大庭脩未谈及。笔者同意大庭脩的观点，从前述法律史学界关于东汉中叶律学家集团的考察，笔者认为，东汉中叶至少存在郭氏、吴氏、陈氏三个律学流派。这三个学术流派各有何种律学著作及观点，由于原始著作的缺失，已无法准确定性。程树德认为："而郭氏出于小杜，可考者止此。其余诸家授受渊源，莫能述焉。"② 在这里，郭氏家族世传小杜律可考，吴氏与陈氏家族渊源已不可考，其著作散佚。

笔者认为，由于东汉中期较为宽和的社会环境，这一时期的三个律学流派大致遵循着《小杜律》的一般主张，例如：郭躬家族世传《小杜律》，使其成为律学之一脉。另据史料载，陈宠家族基本上也沿用了《小杜律》宽刑、矜恤之主张。据《晋书·刑法志》记载：汉章帝年间，陈宠上书章帝"禁绝钻钻诸酷痛旧制，解祅恶之禁，除文致之请，谳五十余事，定著于令"③。从史料的记载可以看出，陈宠请求废除钻钻等残酷的刑罚，废除言论方面的犯罪行为，陈宠的请求涉及五十多个方面，获章帝的批准后，定著于令。据《后汉书·陈忠传》记载，陈宠子陈忠也有宽刑、慎刑的基本主张。"忠略依宠意，奏上二十三条，为《决事比》，以省请谳之敝。又上除蚕室刑；解臧吏三世禁锢；狂易杀人，得减重论。"④ 陈忠在父亲陈宠宽刑建议的基础上，进一步提出二十三个主张，都获得批准，制定为《决事比》，又请求皇帝废除宫刑，废除一人犯罪，禁锢三代人不许为官的规定。凡是因为精神分裂杀人的，可以从轻处罚。从整体上看，东汉中期的三个律学流派，观点各异，但都具有宽刑、慎刑的主张。

2. 律十有余家

东汉晚期的律学研究活动，在西汉及东汉中期律学研究的基础上又有进

---

① ［日］大庭脩：《秦汉法制史研究》，林剑鸣等译，上海人民出版社 1991 年版，第 6 页。

② 程树德：《九朝律考·汉律考·律家考》，商务印书馆 2003 年版，第 175—176 页。

③ （唐）房玄龄等：《晋书》卷三〇《志》第二十，中华书局 1974 年版，第 919 页。

④ （南朝宋）范晔：《后汉书》卷四六《郭陈列传》第三十六，中华书局 1965 年版，第 1555—1556 页。

一步的发展，正如我国台湾地区学者徐道邻所言："而研究法学者既多，理论上自然不免就有了多少宗派。"① 他觉得研究法律学的人既多，就会有律学流派的形成。《晋书·刑法志》载："凡断罪所当由用者，合二万六千二百七十二条，七百七十三万二千二百余言。"② 笔者认为，从汉代史籍记载：东汉时期，律家已有十余个，且每家数万言的情况看，每个律学集团对律文的解释各不相同，且各为章句，是东汉时期律学流派众多的直接原因。根据《晋书·刑法志》的记载，当时这些律学著作在司法实践中运用，并且具有法律效力的有二万六千二百七十二条，七百七十三万二千二百余言，律学研究活动兴盛一时。因此，笔者认为东汉晚期，律学的流派已突破了"律有三家"的限制，更进一步发展到十余家，也即出现了十余个律学流派。由于两汉家学兴盛，笔者推断，每一个律学家集团处于同一时代，其观点都不可能完全相同，正因为流派众多，用于司法实践的言论之巨是可想而知的。由于东汉晚期用于司法实践的律学家言论过巨，且相互抵牾，因此，三国曹魏政权在魏明帝统治时代，不得不鉴于后汉十余家诸儒章句同时行世导致的"言数益繁，览者益难"的情况，下令"但用郑氏章句，不得杂用余家"③。确定了郑氏章句的唯一合法性。东汉晚期律学家的学术观点由于史料欠缺而难以窥见，只能从点滴记载中爬梳剔抉④。

---

① 徐道邻：《中国法制史论略》，台湾正中书局1980年版，第51页。

② （唐）房玄龄等：《晋书》卷三〇《志》第二十，中华书局1974年版，第923页。

③ （唐）房玄龄等：《晋书》卷三〇《志》第二十，中华书局1974年版，第923页。

④ 程树德在《九朝律考》一书中辑后世律学家注释《史》《汉》时的律学观点共八条，这八条内容如下：鬼薪作三岁（《史记集解》如淳引律说）；论决为髡钳，输边筑长城，昼日伺寇虏，夜暮筑长城，城旦，四岁刑（《史记集解》如淳引律说）；都吏今督邮（《文帝纪》注如淳引律说）；卒践更者居也，居更县中，五月乃更也（《明帝纪》注如淳引律说）；戍边一岁当罢，若有急，当留守六月（《沟洫志》注如淳引律说）；平贾一月，得钱二千（《沟洫志》注如淳引律说）；出罪为故纵，入罪为故不直（《功臣表》注晋灼引律说）；封诸侯过限曰附益（《诸侯王表》注张晏引律郑氏说）。参见程树德：《九朝律考》，商务印书馆2004年版，第185—186页。在这里程树德通过努力辑出律学家注释《史记》《汉书》时所引用的汉代律说即律学观点八条，这八条中有六条是如淳注释《史记》《汉书》时所引汉代律说。这些律学观点除张晏引律郑氏说外，其余律说来源不详，当然除了后世学者注释《史记》《汉书》时引用律学家的观点外，在20世纪末出土于敦煌的汉简中，有汉代人直接引用的汉代律说佚文，非常遗憾的是这些律说佚文也都未见出处，不知为何人所言。例如，其中有"行言者若许，多受赇以枉法，皆受赃为盗"的内容。参见徐世虹主编：《中国法制通史》（战国秦汉卷），第233页。转引林梅村、李均明：《疏勒河流域出土汉简》简339。这种注引律说不言出处的情况，给我们考察东汉晚期律学流派及其观点带来了困难。即便是前述郑氏学说，也因内容简单难窥其总体观念。

值得注意的是，关于《晋书·刑法志》所载十有余家到底是谁，学术界广有争议。主要是因为《晋书·刑法志》只载有郭令卿、叔孙宣、马融、郑玄四家，其他各家不详①。

东汉晚期的律学研究活动，在西汉及东汉中期的基础上又有进一步的发展，正如我国台湾地区学者徐道邻所言："而研究法学者既多，理论上自然不免就有了多少宗派。"② 法学的宗派是什么？徐道邻未言及，笔者认为，东汉晚期，出现了十余个大的律学家集团。每一个律学家集团处于同一时代，其观点都不可能完全相同，因此，也就形成了十多个律学流派。

---

① 龙大轩指出：东汉后期自殇帝起至献帝止，"为律令章句可考者，凡有九人，许慎、马融、郑玄、何休、吴雄、钟皓、服虔、文颖、应劭"。参见龙大轩所著博士论文《汉代律章句学考论》，参见中国知网中国博士论文全文数据库2007年，第27页。认为以上九家应是《晋书·刑法志》所言十有余家之其中九家。就这一问题，我国台湾地区学者邢义田认为：除《晋书·刑法志》所言郭令卿、叔孙宣、马融、郑玄外，"汉儒作律章句可考的还有应劭"。原因在于《后汉书》卷四八《应劭传》说：应劭"撰具《律本章句》"。参见邢义田：《秦汉的律令学——兼论曹魏律博士的出现》，载黄清连主编：《制度与国家》，中国大百科全书出版社2005年版，第122页。在这里邢义田认为应劭应当是东汉晚期的律家之一。何勤华教授在这个问题上也有自己的观点，他认为："应劭著有律章句一事，《汉书·应劭传》（应为《后汉书·应劭传》，可能是笔误）有记载。但服虔和文颖是否著有律本章句，其他文献也无记载。或许他们有这方面的著作，但为《晋书·刑法志》的作者所省略了。"参见何勤华：《秦汉律学考》，载何勤华主编：《律学考》，商务印书馆2004年版，第42页。笔者认为，在汉末律家的问题上，邢义田及何勤华均采取较为谨慎的态度，都根据史料所载推断应劭为汉末著有律本章句的十余家之一。笔者认为在史料记载不全的情况下，这种严谨的治学态度无疑是重要的。因为清人张鹏一所辑律学家95人，程树德在《九朝律考》中所辑律家75人，远远超出了史料所载"律有三家"或"律十有余家"的范围，就是我国台湾地区学者邢义田所列举的汉末律学家也达20人。如此情形，不得不让人发问，为什么会如此？笔者认为，原因很简单。张鹏一、程树德包括邢义田所言律学家多指治律之家，著有律本章句者并不多。按史料所载推断，汉末律家不仅须著有律本章句，且规模浩大，字数十万言，每家有几十万字的律本章句著作。如果仅从表面上看，许慎确实著有《说文解字》，用经义或律令注字，是否能以此为据推断许慎为汉末著有律本章句的律家之一，笔者认为证据不足，因为许慎在《说文解字》一书中以律令注字的情况并不是很多。《说文解字》一书是汉代的文字类词典，主要以一般文字的注释为内容，涉及法律用字只是其中的一部分。因此，笔者认为：《说文解字》一书只是汉代普通词典，不具备律本章句著作的性质。至于文颖、何休等人的确对《史记》《汉书》《公羊春秋》等著作进行注释。但他们在对这些著作进行注释时，不仅涉及法律内容，还涉及政治、经济、文化、地理、日常生活等方方面面。如果因为他们对《史》《汉》《春秋》中的法律术语进行过界定，就判断他们是东汉著有律本章句的律家之一，则未免牵强，不可信。因此，笔者认为，如果没有充分的史料佐证，我们就不能轻言许慎、何休、服虔、文颖为汉末著有律本章句的律家之一。但无论如何，东汉末年有十余个律学流派是毋庸置疑的。至于他们到底是谁，还待学术界在进一步论证的基础上深入研究。这里还需注意的一个问题是：我们从史料记载推断，当时《晋书·刑法志》中所言律有十余家，是指其言论在司法实践中运用并且具有法律效力，也即具有法律解释权的律学流派。如果加上没有法律解释权的律学流派总数恐怕要多于十余家。

② 徐道邻：《中国法制史论略》，台湾正中书局1980年版，第51页。

值得注意的是，古罗马①从奥古斯都于公元前 27 年当政起到哈德良皇帝于公元 138 年去世为止的一个半世纪中，形成了两大法学流派。以卡皮托为代表的萨宾学派及以拉贝奥为代表的普罗库路斯学派。两大学术流派广泛开展学术争鸣，推动了罗马法学与法律的发展。同时，古罗马两大法学流派形成时正好处于公元 1 世纪东汉中期，这一时期，中国有三个律学流派，到了东汉晚期更增加到十几个律学流派。从数量上看，东汉中期以后形成的律学流派似乎要多于古罗马同期。两汉律学流派的存在，推动了法律学的繁荣，深刻地影响着两汉司法官员的执法行为。

第四节　律学家拥有法律解释权

律学家与司法官员角色合一，方便了律学研究活动的开展。由于司法官员长期从事司法审判工作，有较充分的审判经验，因而有可能使其学说来自司法实践而具有较强的可操作性。

东汉晚期，律学家辈出。《晋书·刑法志》所载东汉晚期律有十余家，其中除叔孙宣、郭令卿身世不可考外。马融、郑玄都曾经做过地方司法官员。马融在和帝时期曾为南郡太守，著有律章句。郑玄少为乡啬夫，从事乡村一级的司法审判工作，著有律章句。应劭于汉灵帝中平六年迁太山太守，一生都在从事司法审判工作。应劭博学多闻，撰具律本章句。

两汉时期，不仅有律学家与司法官员角色合一的问题，尚有司法职业世袭的特点。所谓世袭是指"世代承袭"②。中国古代，特别是奴隶制社会，代表贵族身份的爵位及代表国家官吏身份的官位均实行世代承袭的继承制度。

①　需要指出的是：由于古罗马与中国的两汉即西汉、东汉大致处于同一时期。公元前 202 年西汉政权建立，其时正好是古罗马共和国时期。公元 25 年东汉政权建立，至公元 220 年政权终结，正好是古罗马帝国时代。由于两汉与古罗马政权大致处于同一时期。而两汉政权存在的时代，正值古罗马法学蓬勃发展，五大法学家出现、职业法学家集团形成的重要时期。罗马法学与两汉律学在发展与传承上具有许多相似之处，具有可比性。因此，笔者在论及两汉律学发展状况时，在许多方面与古罗马法学发展的情况进行了比较。以期通过这种方式加深对古罗马法学及两汉律学发展传承情况的了解。

②　辞海编辑委员会编辑：《辞海》（缩印本），上海辞书出版社 1979 年版，第 37 页。

春秋战国以降，随着郡县制的确立，官吏选拔制逐渐取代官吏的世袭制，成为中国封建制时代官制的基本形态。然而，两汉司法职业却有世代相袭的特点。例如，西汉，张汤①家族，三代为司法职业。《汉书·张汤传》载：张汤父亲生前为长安吏。"父死后，汤为长安吏"②。张汤在父亲死后继承了父亲长安吏的身份，后位及廷尉、御史大夫。《汉书·张汤传》载：张汤的儿子张安世"少以父任为郎"③。后"上奇其材，擢为尚书令"④，东汉中期，著名律学家郭躬家族出了七位廷尉；吴雄家族中吴雄，其子吴诉、孙吴恭、子孙三代为廷尉。陈宠家族中陈咸、陈钦、陈躬、陈宠、陈忠，五代为司法职业。

和两汉时期情况不同，古罗马时代有职业法学家的产生。法学家多专门从事法学研究，法学家的法学研究活动是在司法职业外独立进行的。许多法学家在学院供职，从事法学教育工作。例如，盖尤斯（约130—180年），是一位法学教师。帕比尼安（约150—212年）曾在贝鲁特学院任法学教师，乌尔比安（170—228年）曾在贝鲁特学院讲授法学。保罗及莫特斯丁也都做过法学教师。而两汉时期，尚未出现职业律学家集团。纵观两汉，律学家主要来自司法职业者，尚未形成以独立学术研究为表现的职业律学家集团。然而，由于两汉律学家多来自司法职业者，因此能够较为接近司法实践，有职业法学家的不及之处及优势。

两汉律学家广泛开展律令研究，著书立说，其律令研究活动十分活跃。其学术论著多已散佚。值得注意的是，两汉时期律学家拥有公开的法律解释权，其言论具有法律效力。两汉时期，对成文法的阐释与解说主要是由司法官员进行的，他们提出自己有关法律适用方面的理论，积极从事学术研究，从而兼有律学家的角色。通过引经注律及引经决狱的方式分别从立法领域、司法领域对法律条文的运用提出自己的观念与理论，从而使成文法的适用打上了立法解释与司法解释的烙印。这一活动在西汉时已经开始。

---

① 张汤：汉武帝时期的廷尉，御史大夫。因制定《越宫律》二十七篇，著《廷尉板令》。而被清末学者张鹏一、程树德列入汉代律学家名录。
② （汉）司马迁：《史记》卷一二二《酷吏列传》第六十二，中华书局1982年版，第3137页。
③ （汉）班固：《汉书》卷五九《张汤传》第二十九，中华书局1962年版，第2647页。
④ （汉）班固：《汉书》卷五九《张汤传》第二十九，中华书局1962年版，第2647页。

西汉时期，律学家的学说能够用于司法实践的总数已不可考。但从点滴记载可以看出这一时期律学家拥有公开的法律解释权。东汉中期，律学家的言论著作虽多散佚，但从史料点滴记载仍然可知他们注重法律条文的司法适用问题，对法律条文的司法操作给予了极大的关注，提出一系列以儒家慎刑思想为核心的法律适用主张，这些主张大多变为现实，在司法实践中得到具体操作和运用。《后汉书·郭躬传》载：郭躬家族世传《小杜律》，"躬家世掌法，务在宽平，及典理官，决狱断刑，多依矜恕，乃条诸重文可从轻者四十一事奏之，事皆施行，著于令"①。郭躬在断狱过程中，常依儒家矜恕精神，且提出将重刑，特别是大辟刑从轻判决者四十一事上奏皇帝，这些主张得到皇帝的认可而通行于司法实践。沈家本先生认为："东汉死刑所以减于西汉。西汉重刑，虽创于张、赵，实孝武信任之。东汉轻刑，固议自郭、陈，实光武不取梁统重刑之议。故后嗣虽多轻刑之政。作法之始，可不慎哉？"②沈家本先生认为，东汉死刑减轻，郭躬、陈宠做出了不可磨灭的贡献。如果说郭躬只是倡议减轻刑罚，特别是死刑。那么，陈忠则提出了具体的宽刑、慎刑主张。东汉晚期，律学进步，律学家用于司法实践且具有法律效力的言论激增。这一时期有十几个律学家集团，每家有数十万言，可见学术内容之巨，可见其法律解释权的扩张。

古罗马时代，法学家拥有法律解释权，法律解释权又称为法学家解答，公元1世纪，奥古斯都皇帝为争取民心，赋予一些著名法学家法律解释权。从公元前27年帝政伊始到戴克里先在位（284—305年）被拥立为帝止，为罗马法的发达时期，法学家的解答成为其时罗马法的重要组成部分。法学家的法律解答活动主要有编撰、办案、答复和著述四种。值得注意的是，帝国时代，虽然罗马法学家拥有公开的法律解答权，但其解答权利却受到自奥古斯都皇帝起及后世皇帝的诸种限制。奥古斯都皇帝只赋予某些著名法学家以公开的法律解答权，到了哈德良皇帝统治时代则进一步规定："法学家的解答是那些被允许对法加以整理的人的意见和见解。如果所有这些法学家的意

---

① （南朝宋）范晔：《后汉书》卷四六《郭陈列传》第三十六，中华书局1965年版，第1544页。

② （清）沈家本：《历代刑法考》《律令二》，中华书局1985年版，第873页。

见都一致，他们的这种意见就具有法律的效力。如果互相分歧，审判员可以遵循他所同意的意见。"① 由此可以看出，罗马帝国时代，法学家尽管拥有公开的法律解答权，但通常由著名的法学家拥有，未加普及，当法学家就某一问题达成一致意见时，该意见拥有法律效力。但意见不一致时，司法官员可选择采用一家之言。就两汉律学家法律解释权的运作情况看，两汉特别是东汉时期律学家拥有较自由的法律解答权。东汉晚期，运用于司法实践具有法律效力的超过二万六千二百七十二条，七百七十三万二千余言。可见，这一时期拥有法律效力的律学家注释条文及语言之巨。与古罗马同一时期相比较，东汉中后期的律学家似乎拥有更大的法律解释权。这一时期，十余个律学流派，不论其观点、言论是否互相抵牾，均可在司法实践中通行，具有法律效力。从此可以看出，东汉中期以后律学家法律解释权的扩张，反映了这一时期律学研究活动的兴盛、律学家地位的提升、整个社会对律学研究的认同及统治者对律令学的重视，无怪乎法律史学界给了两汉律学以极高的评价。尽管我们现在已无法知悉东汉晚期运用于司法实践且具有法律效力的律学家言论的具体内容，我们仍可以通过与古罗马法学家法律解释权的比较窥得两汉律学勃兴之一斑。

第五节　多元化的律学研究方法

两汉时期律学家对律学进行研究表现为对律令进行注释研究后写成的学术论著。两汉时期比较早的律令学著作主要有汉武帝时期的廷尉杜周、杜延年父子所著大小杜律。大小杜律已无从考证，但从律学家郭躬及其父亲郭弘对律令中法律术语进行概念上的阐述，说明大小杜律主要是基于律学基础进行术语界定。东汉时期，律令学更进一步演化为律章句学说。所谓律章句学通常是指离章析句，求义明理。律章句学是汉儒采用训诂学方式分析汉律，阐发义理的一种方式。东汉时期，研究律学者辈出，这一时期，律章句学的特点是：释字求义，语言简练。律学家在进行离章析句时，主要以法律概念

---

① ［古罗马］盖尤斯：《法学阶梯》，黄风译，中国政法大学出版社 1996 年版，第 4 页。

为出发点，此时的律学活动绝大多数时候是对法律概念进行界定和阐发。

一、引律注经

东汉时期，律学家在注经时，常会引用律令概念以释经义，这一方面，东汉郑玄是一个特殊人物。郑玄在注释《周礼》时共征引汉律四十一例。其中在注释《周礼·秋官·司刺》"三赦"时说："若今律令：年未满八岁，八十岁以上，非手杀人，他皆不坐。"① 也就是说八岁以下小儿，八十岁以上老人属于三赦的范围，一般犯罪行为不承担刑事责任。何休注《春秋公羊传》时亦征引汉律十例。这种以律注经的成果是否属于律令学的范畴呢？徐世虹认为："这种以律释经的成果，也有可能构成律令章句学的内容。"② 笔者赞同徐世虹的观点，引律注经应当是两汉律令学研究的方法之一。

二、引律注字

汉代律学研究方法之一为引律注字。东汉许慎在撰写《说文解字》时，引用汉律令条款对某些字做出解释，文字简练，内容生动，注释准确，具有很强的说服力，现举数例加以说明。《说文解字·卷八》载：他在对"殊"一字进行解释时说："殊，死也。从歺，朱声。汉令：'蛮夷长有罪当殊之。'"③《说文解字》卷二十四载：许慎在对"威"字进行解释时也征引了汉律的相关条文："威，姑也。从女，从戌。"汉律曰："妇告威姑。"④《说文解字》卷二十五载：许慎在对"缦"进行解释时说："缦，缯无文也。从糸，曼声。《汉律》曰：'赐衣者缦表白里。'"⑤《说文解字》卷十二载：许慎在对"赀"一词进行解释时说："赀，小罚以财自赎也。从贝，此声。《汉律》：'民不徭，赀钱二十三。'"⑥ 意思是说：赀，轻微处罚其用钱财自我赎

---

① （清）阮元校刻：《十三经注疏》（清嘉庆刊本）四《周礼注疏》卷第三六，中华书局2009年版，第1903页。

② 徐世虹主编：《中国法制通史》（战国秦汉卷），法律出版社1999年版，第234页。

③ （汉）许慎：《说文解字》四下《歺部》，中华书局1963年版，第85页。

④ （汉）许慎：《说文解字》十二下《女部》，中华书局1963年版，第259页。

⑤ （汉）许慎：《说文解字》十三上《系部》，中华书局1963年版，第273页。

⑥ （汉）许慎：《说文解字》六下《贝部》，中华书局1963年版，第131页。

补罪过，从贝，此声。汉律规定：百姓不服徭役，罚缴每人二十三钱。用律注字有助于加强读者对文字的理解，同时达到学习文字与法律的双重效果。

三、引经注字

东汉许慎在《说文解字》一书中，不仅引用汉律令条文对某些文字进行注释。在涉及一些法律用字时还采用以经释字的方法，引用儒家经典经义内容对法律用字进行注释，以便人们在学习法律术语时加深对儒家经义内容的认识。《说文解字》一书中多处出现这样的情形。《说文解字》卷五载：许慎在对"诉"一字进行解释时说"诉，告也。从言，斥省声。《论语》曰：'诉子路于季孙。'"① 此处，许慎用《论语》中公伯寮向季孙诬告子路一事为证，说明"诉"的含义。《说文解字》卷六载，许慎在对"弑"一字进行解释时说："弑，臣杀君也。《易》曰：'臣杀其君。'从杀省，式声"②。东汉郭躬的律学著作已散佚，但其对法律概念的阐释史料尚有记载。其引《诗经》《论语》中的儒家经义对法律概念进行解释，采用引经注律的基本法律解释方法。据《后汉书·郭躬传》载："又有兄弟共杀人者，而罪未有所归。帝以兄不训弟，故报兄重而减弟死。中常侍孙章宣诏，误言两报重，尚书奏章矫制，罪当腰斩。帝复召躬问之，躬对'章应罚金'。帝曰：'章矫诏杀人，何谓罚金？'躬曰：'法令有故、误，章传命之谬，于事为误，误者其文则轻。'帝曰：'章与囚同县，疑其故也。'躬曰：'周道如砥，其直如矢。''君子不逆诈。''君王法天，刑不可以委曲生意。'帝曰：'善。'"③ 从《后汉书》的记载可看出，郭躬曾经对汉律中的"故""误"概念进行解释。东汉明帝时，有兄弟两人共同杀人，明帝认为兄未尽到训弟之责，故从重处罚兄而减弟死罪。中常侍孙章宣读皇帝诏令，不小心读成了兄弟两人都应从重处罚。尚书纠弹上奏皇帝，认为孙章的行为构成矫制犯罪，按当时的法律规定，矫制犯罪应当处以腰斩刑。帝诏见郭躬询问他，郭躬回答说："（孙）章

---

① （汉）许慎：《说文解字》三上《言部》，中华书局 1963 年版，第 56 页。
② （汉）许慎：《说文解字》三下《杀部》，中华书局 1963 年版，第 66 页。
③ （南朝宋）范晔：《后汉书》卷四六《郭陈列传》第三十六，中华书局 1965 年版，第 1544 页。

的行为应处以罚金刑。"明帝说："孙章篡改我的诏令杀人，怎么能够处以罚金刑呢？"郭躬解释说："法律规定有故意犯罪、过失犯罪。孙章宣读皇帝诏令时出现失误，属于过失行为，过失犯罪法律规定的处罚较轻。"明帝又说："孙章与被告人是同县人，怀疑他是故意的。"躬引《诗小雅》之文："周道如砥，其直如矢。"又引《论语》孔子之言："君子不逆诈。"然后奏曰："君王是效法上天的，在量刑时不能根据自己的意愿，随意判决。"明帝终于被说服，高兴地说："善。"在这里郭躬引《诗经》《论语》中的儒家经义作为立论依据，对汉律中的概念"故""误"做出解释，认为君主不可"委屈生意"，随意将"误"臆断为"故"。

四、一般意义上的解释

有些时候，律学家在对一些法律术语进行解释时，既不用经注律，也不用律注经，而是对其进行一般意义上的阐释，以说明法律术语之含义。许慎在《说文解字》一书中对许多法律术语进行一般意义上的阐释，以说明其含义。《说文解字》卷十九载：许慎在对"廌"一词进行注释时说：廌，解廌兽也，似山牛，一角。古者决讼，令触不直。象形，从豸省。凡廌之属皆从廌[1]。许慎在对中国传统文化中的独角兽"廌"进行解释时即采用一般意义上的解释。这种情况在《说文解字》一书中大量存在。例如，《说文解字》卷十九载：许慎在对"狱"一字进行解释时说："狱，确也，从犬，从言。二犬所以守也。"[2]《说文解字》卷五载：许慎在对"讼"一词进行解释时说："讼，争也，从言，公声。曰謌讼。"[3] 在对"误"一词进行解释时说："谬也。从言，吴声。"[4] 从两汉律学家注释法律的方式看，与学术界普遍认可的观点不同，不是绝对以经注律或以律注经。有些时候也可以对法律术语的含义进行一般意义上的解释，这反映出两汉时期律学研究方式的多元化。

---

① （汉）许慎：《说文解字》十上《廌部》，中华书局1963年版，第202页。
② （汉）许慎：《说文解字》十上《犬部》，中华书局1963年版，第202页。
③ （汉）许慎：《说文解字》三上《言部》，中华书局1963年版，第56页。
④ （汉）许慎：《说文解字》三上《言部》，中华书局1963年版，第56页。

　　目前可以见到的两汉时期的律学著作十分有限。不能充分了解汉代律学家研究律学的方法，但是从目前可以看到的一些以经解律或以律释经的著作，前者如《说文解字》，后者如《十三经注疏》郑玄作注，仍然可以从侧面了解汉代律学家注释法律的一般方法。

第六章　从儒、法、道三家思想在汉代"春秋决狱"个案中的体现看两汉司法官员的价值追求

两汉司法官员在"春秋决狱"过程中，贯彻儒家思想、道家思想、法家思想的基本精神。体现了儒家"人有差等""仁者爱人"的主张；体现了法家的严刑思想、法律平等观及道家无为而治的基本主张，且呈现出儒家思想、法家思想、道家思想互动合流之趋势。

"春秋决狱"是汉代司法官员引用儒家经典《春秋》经义审理案件的司法活动。过去在研究"春秋决狱"现象时，有学者认为该现象是儒家"经义向法律渗透的必然结果"①。有学者认为"春秋决狱"是儒家经典的法律化，以便全面确立儒家思想在封建立法和司法中的统治地位。这些观点都不错，然而生发于汉代的"春秋决狱"现象实际上体现了《春秋》经典中融合儒、法、道三家之趋势，而非儒家思想一枝独秀。刘学智先生云："汉代独尊儒术，而百家未黜。"② 此说很有见地。实际上，在两汉"春秋决狱"过程中，始终体现着儒、法、道三家之互动、合流，现分而述之。

第一节　儒家思想对"春秋决狱"个案的影响

汉武帝时，面对地方权力扩张，总结景帝七国之乱的教训，执政者认为过于宽松的"黄老"思想不能继续作为指导思想，迫切需要新的思想体系出

---

① 徐世虹主编：《中国法制通史》（战国秦汉卷），法律出版社 1999 年版，第 222 页。
② 刘学智：《中国哲学的历程》，广西师范大学出版社 2011 年版，第 130 页。

现，以实现思想的统一，儒家思想因符合中央集权统治的需要登上历史舞台。"春秋决狱"应运而生。关于"春秋决狱"问题，应当说学术界已广有研究，但是从总体上看，关于这一问题的研究尚不够深入，多停留于分析该现象产生的背景及其得失；停留于个案分析，重在总结经验得失；多重于宏观的、浅表的分析。正如朱宏才所言：国内学者对春秋决狱的研究"多是较为分散的论述，更多的是在有关法律史著述中稍稍提及，相关的专业论文并不多，研究也不够深入"①。笔者认为，"春秋决狱"作为两汉司法审判中的一项重要制度，不仅仅表现在这一时期儒家思想法律化，或法律儒家化，还表现为社会大转折时期儒家思想对法律的改造。

一、"法随时变"的价值追求

《周易正义》曰："易一名而含三义，所谓易也，变易也，不易也。"② 强调，事物应随情况变化而变化。一般而言，汉承秦制，汉朝法律大致借鉴了秦朝法律。两汉时期，国家法律对司法实践仍然有着决定性的作用，是司法审判的出发点与依据。从两汉"春秋决狱"个案来看，司法官员对一些国家法律条文通常奉行不悖。但是当具体情况与国家法律的规定有出入，司法官员通常会根据实际情况，对国家法进行变通，且做出与实际相符的判决。这种做法，体现了司法官员"法随时变"的价值追求。司法官员在审理案件时，通常不拘泥于国家法律，对案件做出灵活的符合实际的判决。这一点，在两汉"春秋决狱"的个案中多有体现。例如，据《汉书·终军传》载："元鼎中，博士徐偃使行风俗。偃矫制，使胶东、鲁国鼓铸盐铁……御史大夫张汤劾偃矫制大害，法至死。偃以为《春秋》之义，大夫出疆，有可以安社稷，存万民，颛之可也。汤以致其法，不能诎其义。有诏下军问状，军诘偃曰：古者诸侯国异俗分，百里不通，时有聘会之事，安危之势，呼吸成变，故有不受辞造命颛己之宜；今天下为一，万里同风，故《春秋》'王者无

---

① 朱宏才：《春秋决狱研究述评》，载《青海社会科学》2000 年第 6 期，第 114 页。

② （清）阮元校刻：《十三经注疏》（清嘉庆刊本）一《周易正义》序，中华书局 2009 年版，第 159 页。

外'。偃巡封域之中，称以出疆，何也？……偃穷诎，服罪当死。"① 从《汉书·终军传》的记载可知，汉武帝元鼎年间，博士徐偃接受朝廷指派，前往各地调查风俗，改变皇帝的诏令，让胶东和鲁国私铸盐铁，御史大夫张汤劾奏徐偃改变皇帝诏令造成严重危害，按照法律规定应当处以死刑。徐偃认为，按照《春秋》经义，大臣出使边疆，遇到能使国家安定，百姓生存的事情，可以变通皇帝的诏令，张汤能够按法律行事，却无法驳斥徐偃的说法。皇帝下令让终军审理此案，终军反问徐偃说："过去，各诸侯国区别很大，各国的风俗也不一样，百里之内不通消息，当时遇到聘会这样的事情，国家安危在瞬息之间就会发生变化，所以《春秋》经义有不接受皇帝命令，变通使用的精神。现在天下统一，万里同一风俗，所以《春秋》经义讲到国家没有内外之分。你在国家的封域内巡行，怎么能称为出疆呢？"徐偃理屈词穷，对自己的罪行供认不讳，按照法律规定处以死刑。从这一个案例可以看出，司法官员在审理案件的过程中，遵循国家法是前提，但如果实际情形有变，则不能硬搬法律条文，而应具体问题具体分析。

另据史料载："有司案验，因发淫乱事，奏立（梁王立）禽兽行，请诛。太中大夫谷永上疏曰：……《春秋》为亲者讳，《诗》云：'戚戚兄弟，莫远具尔。'今梁王年少，颇有狂病。始以恶言按验，既亡事实，而发闺门之私……非所以为公族隐讳……天子由是寝而不治。"② 从《汉书》的记载可知，司法机关经侦查发现，梁王刘立与自己的姑姑通奸，于是上奏皇帝，认为梁王刘立与姑姑通奸的行为是禽兽行为，请求皇帝将刘立处以死刑。皇帝将此案交由大臣讨论，太中大夫谷永上奏皇帝说："按照《春秋》的经义，应当对自己的亲人减轻处罚，梁王年少，有精神方面的疾病。且以他人举报的方式进行侦查，找不到确凿的犯罪事实。又是出于皇室，从公族可以减轻处罚的规定出发，不应对梁王治罪。"在该案中，梁王与其姑有奸情，按照当时国家法的规定：与近亲奸，为禽兽行，应处死刑。梁王禽兽行案发本应依律行诛。但是太中大夫谷永提出基于儒家为亲者隐讳之原则，对于皇帝之

---

① （汉）班固：《汉书》卷六四下《严朱吾丘主父徐严终王贾传》第三十四下，中华书局1962年版，第2817—2818页。

② （汉）班固：《汉书》卷四七《文三王传》第十七，中华书局1962年版，第2216—2217页。

特定亲属，应放弃刑罚。梁王是文帝之子，与景帝同母，母亲为窦太后。由于梁王的特殊身份，因而司法官员即根据《春秋》为亲者讳的原则，放弃对梁王追究刑事责任。

二、特权思想对"春秋决狱"的影响

儒家强调正名，强调人与人之间的身份差距。据《论语·子路》记载，孔子曰："名不正则言不顺，言不顺则事不成。"① 孔子认为，名与实相符是非常重要的，而正名则是强调每个人都有自己特定的身份和地位。每个人的身份和地位是不一样的，也即"人有差等"。儒家人有差等的主张强调人与人在身份上的差距，体现在刑罚中，就是对一定范围的特权者，进行特殊保护，从轻处罚，甚至免予处罚。汉代，在儒家正名思想影响下，司法官员在《春秋》决狱过程中常引用《春秋》经义，对特权者从轻处罚，从而体现人有差等的刑罚适用原则。

1. 议亲

议亲原则，是指在犯罪行为发生时，对皇帝一定范围内的亲属予以照顾，从轻处罚。两汉"春秋决狱"个案中，就有对一定范围皇帝亲属放弃处罚的案例。

据《汉书》："梁王怒，令人刺杀盎。上疑梁杀之，使者冠盖相望责梁王。……阳曰：'长君诚能精为上言之，得毋竟梁事，长君必固自结于太后。太后厚德长君，入于骨髓……鲁公子庆父使仆人杀子般，狱有所归，季友不探其情而诛焉；庆父亲杀闵公，季子缓追免贼，《春秋》以为亲亲之道也。鲁哀姜薨于夷，孔子曰：'齐桓公法而不谲'，以为过也。以是说天子，侥幸梁事不奏。长君曰'诺'。乘间入而言之，及韩安国亦见长公主。事果得不治。"② 从《汉书》的记载可以看出，梁王派人刺杀了爰盎，皇帝怀疑是梁王所为。派出去处理此事的官员都面面相觑，责怪梁王。邹阳对王美人的哥哥

---

① （清）阮元校刻：《十三经注疏》（清嘉庆刊本）十《论语注疏》卷第十三，中华书局 2009年版，第 5445 页。

② （汉）班固：《汉书》卷五一《贾邹枚路传》第二十一，中华书局 1962 年版，第 2353—2355 页。

王长君说："长君如果能够在皇帝面前说几句好话，让梁王的事情有个终结，长君就能和太后有更好的关系，太后对长君就会恩重如山。鲁公子庆父，派仆人杀了子般，被抓捕入狱，季友不考察情况就杀了庆父的仆人。庆父杀了闵公，季子却迟迟不去追捕，使庆父逃脱了法律的制裁。这就是《春秋》所讲的亲亲之道啊。鲁哀公死在夷这个地方。孔子说：'齐桓公依据法律不予追究，被认为是一种过错，你用这些事例说服天子，也许梁王的事就不会被劾奏了。'"王长君答应了邹阳的请求，刚好遇见韩安国去见长公主，王长君乘机跟进去，给皇帝说了这些话，梁王的事情果然没有被追究。

2. 议功

是指立有功勋的官吏，在犯罪行为发生时从轻处罚。两汉司法官员在"春秋决狱"过程中，引用《春秋》经义，对于有功之臣减轻处罚，所谓"以功覆过"。据《汉书·田延年传》记载：汉宣帝初年，大司农田延年因"主守盗三千万，不道"被弹劾，御史大夫田广明认为："《春秋》之义，以功覆过。当废昌邑王时，非田子宾之言，大事不成。今县官出三千万自乞之，何哉？愿以愚言白大将军。"[①] 当年废除昌邑王时，田延年立下了汗马功劳，没有田延年，就无法废除昌邑王。田延年有功于汉宣帝的继位，应当享受"以功覆过"的待遇。

据《后汉书·马援传》记载："援在交趾，常饵薏苡实，用能轻身省欲，以胜瘴气。南方薏苡实大，援欲以为种，军还，载之一车。时人以为南土珍怪，权贵皆望之。援时方有宠，故莫以闻。及卒后，有上书谮之者，以为前所载还，皆明珠文犀……帝益怒……宾客故人莫敢吊会[②]……同郡朱勃诣阙上书曰：'臣闻《春秋》之义，罪以功除；圣王之祀，臣有五义。若援，所谓以死勤事者也，愿下公卿平援功罪。'"[③] 从《后汉书·马援传》的记载可知，马援在交趾的时候，常被薏苡这种植物吸引。因为薏苡食用后可以让人一身轻松且抑制人的欲望，还可以治疗瘴气。南方的薏苡确实很大，马援想将它作为种子。将士回来的时候，载了一车薏苡。当时人们将薏苡这种植物

---

① （汉）班固：《汉书》卷九○《酷吏传》第六十，中华书局 1962 年版，第 3666 页。
② （南朝宋）范晔：《后汉书》卷二四《马援列传》第十四，中华书局 1965 年版，第 846 页。
③ （南朝宋）范晔：《后汉书》卷二四《马援列传》第十四，中华书局 1965 年版，第 849 页。

看作南方的珍稀物品，有权有势的人都前来探望。因为受到皇帝的恩宠，所以没有在意这件事。马援去世后，有人上书奏劾说马援运回来的不是薏苡，而是南方的珍珠和有文采的犀牛角。皇帝听了非常生气，过去的朋友、宾客都不敢吭声。同郡人士朱勃到京城上书皇帝说："我听说《春秋》的精神，是罪以功除。圣王有礼制，臣下就有五义。就拿马援来说，是勤勤恳恳，死而后已的人。希望这件事情交给公卿讨论，公平地看待马援的是非功过。"

三、宽仁之价值追求

儒家强调，仁者爱人，强调以"仁政"为核心的价值理念，当然其中主要的含义是宽以治民。孔子曰："为政以德，譬如北辰，居其所而众星共之。"① 董仲舒则从天人感应理论出发，赋予传统儒家宽仁思想以新的含义。他说："王者承天意以从事，故任德教而不任刑。刑者不可任以治世，犹阴之不可任以成岁也。"② 反对专任刑罚，强调对百姓应以教育感化为重。"仁"是以孔子为代表的传统儒学的基本主张。传统儒学倡导的"仁"具有"爱人性"③。儒家强调仁者爱人，强调统治者应当爱护百姓。两汉司法官员"引经决狱"过程中贯彻了儒家仁者爱人的基本主张。爱人的具体表现就是"忠恕"之道。两汉司法官员在引用儒家经典《春秋》经义审理案件的过程中实现了儒家"爱人"之"仁"的精神。

1. 罪止本人的价值追求

战国及秦朝，法家重刑思想泛滥一时，从而推动了这一时期连坐制度的法律化。所谓"连坐"是指一人犯罪，与其相关联的人，包括亲属、邻居，甚至上级行政官员均要受牵连而治罪。法家倡导重刑，商鞅指出："行刑重其轻者，轻者不至，重者不来。"④ 他认为，要达到以刑去刑的目的，必须重刑轻罪。商鞅认为："以刑治则民威（畏），民威（畏）则无奸。"⑤ 在商鞅

---

① （清）阮元校刻：《十三经注疏》（清嘉庆刊本）十《论语注疏》卷第二，中华书局2009年版，第5346页。

② （汉）班固：《汉书》卷五六《董仲舒传》第二十六，中华书局1962年版，第2502页。

③ 康中乾：《中国古代哲学史稿》，中国社会科学出版社2011年版，第57页。

④ 蒋礼鸿：《商君书锥指·例言·开塞》第七，中华书局1986年版，第57页。

⑤ 蒋礼鸿：《商君书锥指·例言·更法》第一，中华书局1986年版，第3页。

看来，用刑法治理国家，百姓就会畏惧，百姓畏惧，就能够防止犯罪行为的发生。战国，秦时的连坐制度由此产生，以至秦时"赭衣半道，断狱岁以千万数"①。从史料的记载可以看出，秦朝现实的司法环境是：穿着红色囚服的人充塞了道路，每年审理的刑事案件在千万件以上。西汉武帝时，随着儒家伦理观念登上政治舞台，受儒家宽仁思想熏陶的司法官员一改法家重刑的价值主张，转而采用儒家罪止本人的宽刑主张。儒家经典强调："恶恶止其身，善善及子孙。"② 也就是说，赏赐时应考虑后世子孙，惩罚时只及本人，不应株连他人。与法家一人犯罪，他人被连坐处刑的做法不同。汉代"春秋决狱"过程中，司法官员引用了《春秋》经义中反对株连的主张。

据史料记载："时平原多盗贼，熹与诸郡讨捕，斩其渠帅，余党当坐者数千人。熹上言'恶恶止其身，可一切徙京师近郡'。帝从之。"③ 从史料的记载可以看出，在该案中，赵熹从儒家"恶恶止其身"的价值理念出发，主张对平原盗贼只处罚本人，而对应当牵连治罪的数千人放还京师近郡，皇帝采纳了赵熹的处罚建议。据《后汉书·刘恺传》载："安帝初，清河相叔孙光坐臧抵罪，遂增锢二世，衅及其子。是时居延都尉范邠复犯臧罪，诏下三公、廷尉议。司徒扬震、司空陈褒、廷尉张皓议依光比。恺独以为《春秋》之义，'善善及子孙，恶恶止其身'，所以进人以善也。尚书曰：'上刑挟轻，下刑挟重。'如今使臧吏禁锢子孙，以轻从重，惧及善人，非先王详刑之意也。"有诏："太尉议是。"④ 安帝初年，清河相叔孙光因坐臧罪禁锢二世不得为官。居延都尉范邠，也犯臧罪。皇帝将案子交三公、廷尉讨论，官吏犯臧罪是否禁锢后世子孙不得为官，太尉刘恺认为依《春秋》经义，罪止本人，不应禁锢子孙为官，得到皇帝认可。

---

① （汉）班固：《汉书》卷三四上《食货志》第四上，中华书局 1962 年版，第 1137 页。

② （清）阮元校刻：《十三经注疏》（清嘉庆刊本）八《春秋公羊传注疏》卷第二十四，中华书局 2009 年版，第 5066 页。

③ （南朝宋）范晔：《后汉书》卷二六《伏侯宋蔡冯赵牟韦列传》第十六，中华书局 1965 年版，第 914 页。

④ （南朝宋）范晔：《后汉书》卷三九《刘赵淳于江刘周赵列传》第二十九，中华书局 1965 年版，第 1308—1309 页。

据《后汉书·杨终传》记载：东汉章帝"建初元年，大旱谷贵"[1]，建初元年，天下大旱，粮食价钱很高。杨终将淮阳、济南监狱的数万囚徒，送到边远地方屯种，当时官吏、百姓多有怨言。于是上奏皇帝说："我听说好的事情惠及子孙，邪恶的事情发生则只能一人承受，任何一个君主都会这么做，这是经久不变的原则。《春秋》说有水旱之灾发生，都只能应一时之急，不能久拖不决。现在伊吾之战、楼兰屯田，去的人很长时间不回来，这不是上天的意思。"皇帝听从杨忠的建议，让远徙的囚徒返回，停止边疆的屯种活动。

汉代，"春秋决狱"过程中，司法官员依儒家"仁"之精神审理案件，使许多人得以宽免，体现了"春秋决狱"的宽刑思想。

2. 区分首从，只诛首恶的价值追求

两汉司法官员在司法审判实践中，一改秦朝法律对共同犯罪行为人一体加重处罚的做法，注意区别主犯与从犯，只诛首恶，对从犯采用宽赦的措施。区分首从，只诛首恶也成为一种法制精神。据《后汉书·儒林列传》记载："是时邵陵令任嘉在职贪秽，因迁武威太守，后有司奏嘉臧罪千万，征考廷尉，其所染牵将相大臣百有余人。伦乃上书曰：'臣闻《春秋》诛恶及本，本诛则恶消；振裘持领，领正则毛理。'"[2] 从《后汉书·儒林列传》的记载可以看出，当时邵陵令任嘉，在职期间有贪污受贿的行为，后升迁为武威太守，有人劾奏任嘉，贪污赃款达千万之巨。案件由于关系重大，因此由廷尉亲自审理。此案牵连的将相大臣有一百多人。杨伦上书说："我听说《春秋》的精神是只处罚犯罪行为的主犯和主要责任人，主犯受到处罚犯罪行为就会消除。就像一件裘皮衣服，领子正了毛才能理顺。"

据史料载："永和四年，中常侍张逵……共谮商及中常侍曹腾、孟贲，云欲征诸王子，图议废立，请收商等案罪。帝曰：'大将军父子我所亲，胜、贲我所爱，必无是，但汝曹共妒之耳。'逵等知言不用，惧迫，遂出矫诏收

---

① （南朝宋）范晔：《后汉书》卷四八《杨李翟应霍爰徐列传》第三十八，中华书局1965年版，第1597页。

② （南朝宋）范晔：《后汉书》卷七九上《儒林列传》第六十九上，中华书局1965年版，第2564页。

缚腾、贲于省中。帝闻震怒……收逮等，悉伏诛……辞所连染及在位大臣。商惧多侵枉，乃上疏曰：'《春秋》之义，功在元帅，罪止首恶。故赏不僭溢，刑不淫滥……窃闻考中常侍张逵等，辞语多所牵及。大狱一起，无辜者众……宜早讫竟，以止逮捕之烦。'帝乃纳之，罪止坐者。"① 从史料的记载可以看出，永和四年，中常侍张逵等人共同商定向皇帝举劾曹腾、孟贲。举劾的理由是，曹腾、孟贲想要联合诸王子，推翻现有政权，请求将曹腾、孟贲逮捕治罪。皇帝说："大将军父子是我亲人，曹腾、孟贲也是我爱戴的人，一定是你们妒忌曹腾和孟贲才向我举劾二人。"中常侍张逵等人知道自己的举劾意见不被皇帝采纳，于是伪造了皇帝的诏书，将二人抓捕归案。皇帝听说此事大怒，将张逵等人处死。又牵连到多位朝臣，梁商怕此事牵连人数过多，于是向皇帝上书说："我听说《春秋》经义，功劳在于元帅，罪过止于主犯。所以赏赐不能过多，刑罚不宜太滥。我听说中常侍张逵等人的案件，牵连的人很多，大狱一起，无辜治罪的人就会更多，这件事宜尽早处理完毕，以避免逮捕更多的人。"皇帝最终采纳了梁商的建议，只对有罪之人进行处罚。

3. 论心定罪的价值追求

论心定罪，意指在定罪量刑过程中考察犯罪行为人的主观恶性，区分故意与过失。故意犯罪从重处罚，过失犯罪从轻处罚。董仲舒指出："《春秋》之听狱也，必本其事而原其志，志邪者不待成，首恶者罪特重，本直者其论轻。"② 在董仲舒看来，《春秋》审理案件的经义是：一定要从犯罪事实出发，探寻犯罪行为人的主观恶性。主观恶性大的要从重处罚，犯罪行为的主谋也即主犯要加重处罚。对主观恶性小的犯罪行为人，要从轻处罚。

汉承秦制，汉代法律自秦而来，保留了秦律以客观行为论罪而不探寻犯罪行为人主观恶性的特点。这一点在汉初法律《二年律令》中表现突出。其

---

① （南朝宋）范晔：《后汉书》卷三四《梁统列传》第二十四，中华书局 1965 年版，第 1175—1176 页。

② （汉）董仲舒：《春秋繁露》（诸子百家影印本）《精华》第五，上海古籍出版社 1989 年版，第 23 页。

中规定："子贼杀父母……皆枭其首市。"①《二年律令·贼律》中规定：只要有杀害父母的客观结果，不论主观上是故意还是过失都需处以枭首刑。司法官员在引经决狱过程中，克服了法家客观归罪的做法，从儒家仁者爱人精神出发，侧重于考察犯罪行为人的主观恶性。史料载："甲父乙与丙争言相斗，丙以佩刀刺乙，甲即以杖击丙，误伤乙，甲当何论？或曰：'殴父也，当枭首。'论曰：'臣愚以父子至亲也，闻其斗，莫不有怵怅之心，扶杖而救之，非所以欲诟父也。《春秋》之义，许止父病，进药于其父而卒，君子原心，赦而不诛。甲非律所谓殴父，不当坐。'"② 这里，董仲舒从《春秋》中所载的许止父病，许止进药未先尝，致其父吃错药死亡，当时的司法官员因许止无杀父动机，不追究其刑事责任的判例出发，认定甲无殴父之动机，不应处枭首之刑。

据《后汉书》记载："时清河赵腾上言灾变，讥刺朝政，章下有司，收腾系考，所引党辈八十余人，皆以诽谤当伏重法。皓上疏谏曰：'臣闻……《春秋》采善书恶……腾等虽干上犯法，所言本欲尽忠正谏，如当诛戮，天下杜口……帝乃悟，减腾死罪一等，余皆司寇。'"③ 从《后汉书》的记载可以看出，当时清河赵腾上书皇帝谈到灾变之事，因为讥刺朝政，所以交给相关部门治罪，赵腾被送进监狱，且遭到刑讯逼供。此事株连了八十余人，这些人都被以诽谤定罪，应当从重处罚。张皓上书皇帝说："我听说《春秋》的精神是扬善抑恶，赵腾等人虽然触犯了国家法律，但他们的根本目的是为国家尽忠，直言劝谏。如果处死他们，天下百姓就没有敢直言进谏的了。"皇帝终于觉悟，赵腾死罪减轻一等，剩下的人都被处以司寇刑。

据《后汉书》记载："有人诬谮舅宋光于大将军梁商者，以为妄刊章文，坐系洛阳诏狱，掠考困极。谓时年十五，奏记于商曰：'谓闻《春秋》之义，原情定过，赦事诛意，故许止虽弑君而不罪，赵盾以纵贼而见书。此仲尼所

---

① 张家山二四七号汉墓竹简整理小组：《张家山汉墓竹简》（二四七号墓），文物出版社2001年版，第139页。

② （宋）李昉等：《太平御览》六（影印本），上海古籍出版社2008年版，第781页。

③ （南朝宋）范晔：《后汉书》卷五六《张王种陈列传》第四十六，中华书局1965年版，第1816页。

以垂王法，汉世所宜遵前修也……光之所坐，情既可原，守阙连年，而终不见理……不偏不党，其若是乎？……'商高谓才志，即为奏原光罪。"① 从《后汉书》的记载可以看出，有人将霍谞的舅舅宋光告到了大将军梁商那里，梁商以宋光随意发表言论，将宋光送进洛阳诏狱，在那里宋光遭到了残酷的刑讯逼供，当时霍谞只有十五岁，上奏大将军梁商说："我听说《春秋》的基本精神是考察犯罪者的主观恶性，可以根据犯罪者的主观恶性进行赦免。过去许止虽然杀害了君主但不承担罪责，赵盾因为放跑了故意杀人犯而被大书特书。这是孔子时代的法制精神，汉代也应当遵循过去的一些规则。宋光所犯罪行，情有可原，该案申冤多年却始终没有得到处理。审判者应当公正无私地审理案件。"梁商看重霍谞的才志，上奏皇帝为宋光赦免了罪行。

四、"尊尊亲亲"的价值追求

《中庸》曰："仁者，人也，亲亲为大。"② 讲的是，人要有仁爱之心。仁爱最重要的对象是自己的亲属。中国古代社会是以深厚的血缘伦理亲情为基础的，表现为以家庭为核心的亲族之间根据伦理原则而形成的权利义务关系。正如孟德斯鸠所言："这个帝国的构成，是以治家的思想为基础的。"③ 两汉司法官员在案件审理过程中，常常将国家法律与血缘关系相结合，有执法原情、法顺人情的典型倾向，从而实现了国家法律与人情的有机结合。两汉司法官员将儒家倡导的伦理亲情作为审理案件的前提与基础。儒家强调家国一体，强调"家齐，而后国治。国治而后天下平"④，认为只有家庭稳定、和谐，国家才能太平。在家庭内部，也强调维护父权，所谓"亲亲父为首"⑤，同时强调家庭成员之间的相互亲爱，和睦相处，强调"父子至亲"。

---

① （南朝宋）范晔：《后汉书》卷四八《杨李翟应霍爰徐列传》第三十八，中华书局1965年版，第1615—1617页。

② （清）阮元校刻：《十三经注疏》（清嘉庆刊本）六《礼记正义》卷第五十二，中华书局2009年版，第3535页。

③ ［法］孟德斯鸠：《论法的精神》，商务印书馆1977年版，第315页。

④ （清）阮元校刻：《十三经注疏》（清嘉庆刊本）六《礼记正义》卷第三十四，中华书局2009年版，第3631页。

⑤ （清）阮元校刻：《十三经注疏》（清嘉庆刊本）六《礼记正义》卷第三十四，中华书局2009年版，第3267页。

1. 尊尊君为首

在儒家看来，统治者有两项十分重要的任务：维护家的稳定和国的稳定。维护国的稳定主要是维护君主的利益。儒家认为，君主的利益得到维护，国家才能长治久安。两汉"春秋决狱"个案中，贯彻了传统儒家的这一基本主张。

据《汉书·刘安传》记载："赵王彭祖、列侯让等四十三人皆曰：'淮南王安大逆无道，谋反明白，当伏诛。'胶西王端议曰：'安废法度，行邪僻，有诈伪心，以乱天下，荧惑百姓，背畔宗庙，妄作妖言。'《春秋》曰：'臣毋将，将而诛。'安罪重于将，谋反形已定，当伏法。"[①] 从《汉书·刘安传》的记载可以看出，西汉武帝年间，发生了淮南王刘安谋反事件。武帝将此案交给朝廷官员讨论。赵王彭祖、列侯让等四十三人说："淮南王刘安谋反事件证据确凿，构成大逆无道之罪，应当处以死刑。"胶西王端说："刘安置国家法律于不顾，走上一条邪恶的道路，有欺诈伪善之心，导致国家混乱，蛊惑百姓，背叛宗庙，散布反动言论。《春秋》的基本精神是：朝臣不能谋反，如果谋反则必定受到诛杀。刘安的犯罪行为重于谋反。谋反事实清楚，证据确凿，应当被处以死刑。"在此案的审理过程中，众多官员都认为淮南王刘安应当被处以死刑。胶西王端从《春秋》经义"臣毋将，将而诛"出发，认为刘安的犯罪行为比谋反罪还重，应当处以死刑。

2. 亲亲为大的价值追求

（1）亲亲有罪相为隐的价值追求。

亲亲相隐，是指一定范围内的亲属间相互隐瞒犯罪事实，不受法律制裁。从而体现儒家："父为子隐，子为父隐，直在其中矣。"[②] 的理念与价值追求。据史料载："甲无子，拾道旁弃儿乙养之以为子。及乙长，有罪杀人，以状语甲，甲藏匿乙，甲当何论？"仲舒断曰："甲无子，振活养乙，虽非所生，谁与易之！诗云：'螟蛉有子，蜾蠃负之。春秋之义，父为子隐，甲宜匿乙，

---

① （汉）班固：《汉书》卷四四《淮南衡山济北王传》第十四，中华书局1962年版，第2152页。

② （清）阮元校刻：《十三经注疏》（清嘉庆刊本）八《春秋公羊传注疏》卷第十四，中华书局2009年版，第438页。

诏不当坐.'"① 从史料记载可知，在董仲舒审理的案件中，其中一个案例是：甲没有儿子，拾到了路边的弃儿乙，当作自己的儿子抚养。等乙长大，犯有杀人罪行，将杀人情形告诉甲，甲即将乙藏匿，甲应当如何论处。董仲舒下达判决结果，他认为："甲没有儿子，将乙收养为自己的儿子，虽然不是亲生，但这种父子感情没有人能替代。诗经说：'螟蛉的儿子，蜾蠃帮它养大.'《春秋》经义，父亲有为儿子隐瞒罪行的权利，甲可以藏匿乙，按照皇帝诏令的规定不构成犯罪。"汉初，有首匿之科，凡是隐匿罪人应处罚。据《汉书·宣帝纪》载：至宣帝地节四年，始有亲属相隐之诏，董仲舒断狱时，应适用首匿之科。在这里，依照《春秋》之义，父子可以相隐，这一点没有问题，问题的关键在于：养父子之间是否可以相互隐瞒罪行。董仲舒从《诗经》"螟蛉有子，蜾蠃负之"②。出发，说明养父子之间可以适用容隐的原则。从而扩大了对父子相隐原则的解释和适用。

(2) 支持复仇的价值追求。

儒家伦理支持以血缘亲情为基础的复仇行为。《春秋公羊传》首倡复仇。所谓"君弑，臣不讨贼，非臣也。子不复仇，非子也"③。在儒家伦理的倡导下，两汉时期复仇的理念不仅深入民心，而且对司法官员产生了重大影响，他们支持和同情复仇行为，并且在审理案件的过程中从轻判决成为两汉司法官员的价值追求。这一价值追求在"春秋决狱"的过程中体现出来，对个案的从轻判决发挥了积极作用。据史料载：汉哀帝年间，"哀帝初即位，博士申咸给事中，亦东海人也，毁宣不供养行丧服，薄于骨肉，前以不忠孝免，不宜复列封侯在朝省。宣子况为右曹侍郎，数闻其语，赇客杨明，欲令创咸面目，使不居位。会司隶缺，况恐咸为之，遂令明遮斫咸宫门外，断鼻唇，身八创。事下有司，御史中丞众等奏：'……况首为恶，明手伤，功意俱恶，皆大不敬。明当以重论，及况皆弃市.'延尉直以为：'……春秋之义，原心

① (唐) 杜佑：《通典》卷六九，中华书局 1988 年版，第 1911 页。
② (清) 阮元校刻：《十三经注疏》(清嘉庆刊本) 三《毛诗正义》卷第十二，中华书局 2009 年版，第 969 页。
③ (清) 阮元校刻：《十三经注疏》(清嘉庆刊本) 七《春秋左传正义》卷第五，中华书局 2009 年版，第 3842 页。

定罪。原况以父见谤发忿怒，无它大恶……明当以贼伤人不直，况与谋者皆爵减完为城旦。'……况竟减罪一等，徙敦煌，宣坐免为庶人"①。从史料的记载可以看出，汉哀帝年间的博士申咸是给事中，也是东海人士。他损害薛宣的名誉，认为薛宣不能很好地奉养自己的父母，不能以礼服丧，骨肉之情淡薄，前面就因为不忠于皇帝的原因被免职，不适合在封侯之列。当时，薛宣的儿子薛况是右曹侍郎，多次听到申咸说自己父亲的坏话。赇客杨明出主意说刺伤申咸的面部，使他不能继续在现任官位。正好遇到司隶校尉官缺，薛况害怕申咸担任此职。于是让杨明在宫门外砍伤申咸，导致申咸鼻唇断裂，全身八处受伤。这件事情发生后，皇帝让大臣讨论。御史中丞等人上奏皇帝说："薛况是主犯，杨明实施了伤人行为，因为事发宫门外，两人都构成大不敬的罪行。杨明应当从重处罚，杨明和薛况都应处以弃市刑。"延尉直认为："按照《春秋》经义，应当考虑犯罪行为人的主观恶性。薛况因为自己的父亲被申咸诬蔑，因而引发内心的愤怒，没有严重的主观恶性。杨明应当以故意伤害罪论罪。薛况和参与谋划的人都应减爵位，并处以完城旦的刑罚。"最后，薛况被减罪一等，发往敦煌，薛宣因为面部受伤，不宜居官，因此被免为庶人。从该案可以看出，由于申咸诬毁薛宣，薛宣之子薛况遂指使杨明在宫门外将其刺伤，断鼻唇，身八创。该伤害案件发生后，御史中丞等人认为，薛况与杨明伤害皇帝近臣，具有故意伤害的主观恶性，应构成大不敬罪，皆弃市。延尉则认为，薛况之犯罪动机，无非忿父之受谤，无他大恶。只是出于为父复仇的需要，虽然在宫门外伤害皇帝近臣，也不应以大不敬论罪。最终薛况、杨明得以减等处罚。

（3）父子至亲。

两汉时期，司法官员在"春秋决狱"的过程中，贯彻《春秋》经义，将"父子至亲"原则引入司法审判工作。史料载："甲有子乙以乞丙，乙后长大而丙所成育。甲因酒色谓乙曰：'汝是吾子。'乙怒，杖甲二十。甲以乙本是其子，不胜其忿，自告县官。仲舒断之曰：'甲生乙，不能长育以乞丙，于

---

① （汉）班固：《汉书》卷八三《薛宣朱博传》第五十三，中华书局 1962 年版，第 3394—3396 页。

义已绝矣！虽杖甲，不应坐。'"① 董仲舒审理的一个案子，甲有个儿子乙，被甲送给了丙，乙后来长大，是丙抚养的结果。有一天，甲醉酒后对乙说：你是我儿子。乙很愤怒，杖击甲二十下。甲认为乙本来就是自己的儿子，不胜其忿，将儿子起诉到官府，董仲舒审理这个案子后认为：甲生出了乙，却把乙送给了丙，父子之情断绝。"虽杖甲，不应坐"，即便乙用杖击甲，也不构成殴伤罪，乙不承担刑事责任。

第二节　法家、道家思想对"春秋决狱"的影响

汉代，除儒家思想对"春秋决狱"产生影响外，法家思想对"春秋决狱"的影响也十分显著。

一、法家思想对"春秋决狱"的影响

1. 法家法律平等观对"春秋决狱"的影响

与儒家在法律适用过程中强调"人有差等"原则不同，法家倡导法律适用的平等性。法家强调不论地位高低，只要犯罪都平等地适用法律也即"刑无等级"②，贵族犯罪也不能宽赦，所谓"法不阿贵"③。法家代表人物商鞅认为：不管是贵族、将军还是平民百姓，有不执行王令，触犯国家法律，犯上作乱的，一律"罪死不赦"④。

两汉司法官员在"春秋决狱"过程中，运用了法家的法律平等原则。

黄浮做濮阳县令时，有一个同一年举孝廉人的儿子做了市椽，犯罪应当处死，郡中的人都在观察黄浮的态度。黄浮引用周公诛二弟，石碏讨其子的经义，指出，纵使兄弟父子之亲，尚无宽赦之理。同岁子，自然也不在赦免之列，"遂竟治之"（《汝南先贤传》）。本案反映出司法官员在"春秋决狱"过程中，抛弃父子亲情，朋友之谊实现法律平等适用的价值追求。从另一案

① （唐）杜佑：《通典》卷第六九，中华书局1988年版，第1911页。
② 蒋礼鸿：《商君书锥指·例言·赏刑第十七》，中华书局1986年版，第100页。
③ （清）王先慎：《韩非子集解》，中华书局1988年版，第38页。
④ 蒋礼鸿：《商君书锥指·例言·赏刑第十七》，中华书局1986年版，第100页。

例中也可看出法家法律平等观对"春秋决狱"的影响。据史料载："其后广陵王荆有罪，帝以至亲悼伤之，诏儵与羽林监南阳任隗杂理其狱。事竟，奏请诛荆。引见宣明殿，帝怒曰：'诸卿以我弟故，欲诛之，即我子，卿等敢尔邪！'儵仰而对曰：'天下高帝天下，非陛下之天下也。《春秋》之义，"君亲无将，将而诛焉"。是以周公诛弟，季友鸩兄，经传大之。臣等以荆属讬母弟，陛下留圣心，加恻隐，故敢请耳。如令陛下子，臣等专诛而已。'"帝叹息良久，儵益以此知名①。东汉和帝年间，樊儵奏请诛杀皇帝弟广陵王刘荆。皇帝很生气说："如果是我的儿子，你们也敢诛杀吗？"樊儵昂着头说："天下是高帝开创的，不是陛下你的天下，从《春秋》之义，周公诛弟，季友鸩兄出发，即便是皇帝的儿子，也可以诛杀。"皇帝遵循樊儵的主张，"儵益以此知名"。

2. 法家严刑思想对"春秋决狱"的影响

传统法家强调大刑小罪、重刑轻罪。韩非子认为：只有严厉打击犯罪才能够防止犯罪行为的发生，"此所以为治也"②（《韩非子·六反》）。在用刑问题上，与儒家"仁者爱人"的宽刑思想不同，法家主张严刑。从汉代"春秋决狱"的总体趋势看，有从宽的迹象，但是也有一些案件用刑严酷，体现出儒、法交互为用，宽猛相济的特征。两汉司法官员在"春秋决狱"过程中，体现了严厉打击官吏犯罪的精神。

（1）打击官吏谋反犯罪。

两汉司法官员在春秋决狱过程中，注重打击官吏谋反犯罪。

据《史记·儒林列传》记载：汉武帝年间，淮南王刘安谋反案件发生，董仲舒弟子吕步舒持皇帝节杖治淮南狱，以《春秋》经义"君亲无将，将而诛焉"（《春秋·公羊传·庄公三十二年》)③为据，先后诛杀数万人，得到天子认可。臣如果谋逆，则要受到君主的诛杀。吕步舒治淮南狱一案体现了

① （南朝宋）范晔：《后汉书》卷三二《樊宏阴识列传》第二十二，中华书局1965年版，第1123页。
② （清）王先慎：《韩非子集解》，中华书局1998年版，第420页。
③ （清）阮元校刻：《十三经注疏》（清嘉庆刊本）八《春秋公羊传注疏》卷第九，中华书局2009年版，第4869页。

法家的严刑思想。

（2）打击官吏交结贵戚之不道犯罪。

史料载：彭宣等官吏弹劾朱博道："博执左道，亏损上恩，以结信贵戚，背君乡臣，倾乱政治，奸人之雄，附下罔上，为臣不忠不道；玄知博所言非法，枉义附从，大不敬；晏与博议免喜，失礼不敬。臣请诏谒者召博、玄、晏诣廷尉诏狱。制曰：'将军、中二千石、二千石、诸大夫、博士、议郎议。'右将军蟜望等四十四人以为'如宣等言，可许'。谏大夫龚胜等十四人以为'《春秋》之义，奸以事君，常刑不舍'。"① 朱博和贵戚交结，扰乱朝政，背离君臣之道，构成不道犯罪。赵玄盲目附从，构成大不敬罪。傅晏与朱博讨论罢免大司马傅喜构成不敬犯罪。该案经大臣讨论，四十四人同意彭宣的意见，谏大夫龚胜等十四人认为依《春秋》经义，"奸以事君，常刑不舍"，赵玄与傅晏、朱博都构成不道犯罪。彭宣等官吏认为朱博是主犯，其行为构成不道犯罪。赵玄、傅晏系从犯分别构成大不敬罪、不敬罪，均轻于不道犯罪。龚胜则认为只要是侵犯皇权的犯罪行为无主从之分，均构成不道犯罪，应加重处罚（《汉书·朱博传》）。龚胜的意见被采纳。据此可以看出，对官吏交结贵戚行为在罪名确定上有从严的趋势。从上面的案件可以看出，不道犯罪是较大不敬罪、不敬罪更加严重的犯罪行为。

（3）打击官吏经济犯罪。

史料载："司隶校尉骏、少府忠行廷尉事劾奏：'衡监临盗所主守直十金以上。《春秋》之义，诸侯不得专地，所以壹统尊法制也。衡位三公，辅国政，领计簿，知郡实，正国界，计簿已定而背法制，专地盗土以自益，及赐、明阿承衡意，猥举郡计，乱减县界，附下罔上，擅以地附益大臣，皆不道。'于是上可其奏，勿治，丞相免为庶人，终于家。"② 司隶校尉骏、少府忠行廷尉事，劾奏匡衡依职务贪污十金以上（一金即黄金一斤，汉制，黄金一斤值万钱），他们认为依《春秋》经义，诸侯不得随意买卖土地，以保证法制的统一和尊严。匡衡位在三公，是中央官员，辅助朝廷执行政务，掌握着地方

① （汉）班固：《汉书》卷八三《薛宣朱博传》第五十三，中华书局 1962 年版，第 3408 页。
② （汉）班固：《汉书》卷八一《匡张孔马传》第五十一，中华书局 1962 年版，第 3346 页。

的上计报表，了解地方郡国的情况，划分地方的疆界。地方的上计报表已完成，匡衡违背法律规定，在职权范围内擅自盗卖地方土地以满足自己的私欲。而陆赐等对匡衡阿谀奉承，伪造上计报表，擅自减少地方土地的数量；攀附上级，擅自以土地来附益中央官员，都属于不道犯罪，皇帝同意司隶校尉骏和少府忠对匡衡罪名的认定（《汉书·匡衡传》）。在该案中，司隶校尉骏和少府忠以《春秋》经义：诸侯不得擅自占有土地为依据，劾奏匡衡盗取土地的贪污行为构成不道犯罪。诸侯擅自占有土地，对中央政权构成威胁。同时，破坏了法制的尊严，应从重处罚。

二、道家思想对"春秋决狱"的影响

道家思想在整个两汉一直作为一种暗流，补充着儒家思想之不足，被《春秋》经典吸收，并且对"春秋决狱"产生了影响。

道家言："是无为者，有为之君而成功之主也，政教之元而变化之母也。"① 认为有所作为，就会妨碍自然功效的发挥。要想成就伟大的事业，必须无所作为。《韩诗外传》云："有声之声不过百里，无声之声延及四海。"② 《韩诗外传》认为，只要发出声音，声音再大都传递不到百里以外的地方。无声之声，能够在四海之内传播。道家倡导无为而治，主要指君道无为，而臣道有为。"上必无为而用天下，下必有为为天下用，此不易之道也。"③

两汉司法官员在"春秋决狱"过程中，充分发挥自身主观能动性，贯彻道家"无为而治"的基本原则，在重大事件发生时，充分发挥臣道有为之作用。

1. 危急关头，不禀君命

据《后汉书·王望传》记载："王望字慈卿，客授会稽，自议郎迁青州刺史，甚有威名。是时州郡灾旱，百姓穷荒，望行部，道见饥者，裸行草食，五百余人，悯然哀之，因以便宜出所在布粟，给其（廪）[禀]粮，为作褐衣。事毕上言，帝以望不先表请，章示百官，详议其罪。时公卿皆以为望之

---

① （汉）严遵：《老子指归》，中华书局1994年版，第28页。
② （汉）韩婴撰，许维遹集释：《韩诗外传集释》，中华书局1980年版，第24页。
③ （汉）刘安撰：《淮南子集释》，中华书局1998年版，第636页。

专命，法有常条。钟离意独曰：'昔华元、子反，楚、宋之良臣，不禀君命，擅平二国，《春秋》之义，以为美谈。今望怀义忘罪，当仁不让，若绳之以法，忽其本情，将乖圣朝爱育之旨。'帝嘉意议，赦而不罪。"[1] 王望迁做青州刺史时，非常有威望，当时州、郡发生旱灾，百姓穷困、土地荒芜，王望去巡行，路上看见饥饿的人，因没有衣服穿而裸行食草的有五百余人，于是对他们充满同情。将自己管辖范围内的布匹粮食拿出来赈济百姓，随后向上级汇报。事发后，皇帝让百官议其罪。钟离意以宋华元、子反，不禀君命擅平二国的《春秋》经义为据，使王望最终得以赦免。此案中，王望看见青州自然灾害导致百姓裸行食草，情况危急，于是在没有请示皇帝的情况下，将布匹粮食发放给灾民，最终得到皇帝的认可，"帝嘉意议，赦而不罪"。

2. 其他特殊情况，可不禀君命

在董仲舒审理的案件中，有一个案子讲到："君猎得麑，使大夫持以归。大夫道见其母随而鸣，感而纵之。君愠，议罪未定。君病，恐死，欲托孤幼，乃觉之。曰：'大夫其仁乎，遇麑以恩，况人乎？'乃释之以为子傅。于议如何？董仲舒曰：'君子不麛不卵，大夫不谏，使持归，非也。然而中感母恩，虽废君命，徙之可也。'"[2] 诸侯国君猎获一头麋鹿，让大夫带回来。大夫在路上看见麋鹿的母亲跟随着小鹿哀鸣，非常感动，就把小鹿放了。君主很生气。董仲舒对这件事情的看法是，大夫为麋鹿的母爱感动，虽然没有执行君命，把小鹿放走也是可以理解的。

史载，汉昭帝始元五年："夏阳有男子乘黄犊车诣北阙，自谓卫太子。上使公卿、中二千石杂识视之，聚观者数万人。右将军勒兵阙下，以备非常。丞相已下至者并不敢言。京兆尹隽不疑后至，叱从吏收之。或曰：'是非未可知，且安之。'不疑曰：'昔卫蒯聩违命出奔，辄拒而不纳，《春秋》美之。今卫太子得罪先帝，亡不即死，今自来此，是罪人也。'遂送（诣）［诏］

---

① （南朝宋）范晔：《后汉书》卷三九《刘赵淳于江刘周赵列传》第二十九，中华书局 1965 年版，第 1297 页。

② （清）沈家本：《历代刑法考·汉律摭遗》卷二十二《春秋断狱》，中华书局 1985 年版，第 1771 页。

狱。穷治奸诈，遂讯服。"① 有一个男子冒充卫太子，丞相、御史二千石都不敢吭声。京兆尹隽不疑到达后，令跟从的官吏将其收捕。隽不疑说："昔卫蒯聩违命出奔，辄拒而不纳，《春秋》美之。"于是将其送诏狱。天子与大将军霍光听说此事，表彰隽不疑应用儒家经义处理问题，不禀君命的行为（《汉书·隽不疑传》）。可见，特殊情况下，司法官员可以不禀君命。

第三节　儒、法、道三家思想向"春秋决狱"个案渗透之价值

两汉司法官员，在"春秋决狱"过程中，实现了儒家人有差等、仁者爱人的基本主张，法家严刑思想、法律平等观及道家无为而治的精神。在以儒家经典《春秋》审理案件的过程中，实现了思想领域中的法家、儒家、道家思想之互补与交融，也即霸、王、道杂之。总体上看，"春秋决狱"是以儒家思想为主体，融合法家和道家思想而成的一种司法活动。两汉司法官员在司法实践中主动将儒家、法家与道家的基本主张结合起来，为维护社会秩序、维护皇权做出了积极贡献。

一、有助于实现国家法律与社会生活的有机结合

两汉司法官员在司法审判活动中，因其价值追求与国家法律有着相应的冲突，而国家法律又是司法官员断案的依据和准绳。所以，司法官员不能完全脱离国家法律的规定擅断。如何协调国家法律与自己价值追求间的冲突，便成了一件重要的事情。杨鸿烈认为："中国法典所载律文，就在当时，也并不都是现行法。这更是中国历代法典的一种奇特现象。"② 从两汉"春秋决狱"的实际情况看，司法官员在审理案件的过程中，基本上能从法律规定出发，在不背离法律基本规定的情况下，寻找法律规定的不足之处，以自己的价值追求为依托成就对个案的审判，从而将国家法律与现实生活、民众的价

---

① （汉）荀悦撰，张烈点校：《汉纪·孝昭皇帝纪》卷第十六，中华书局 2002 年版，第 278 页。
② 杨鸿烈：《中国法律发达史》，上海书店 1990 年版，第 5 页。

值理念有机地结合起来，实现对国家法的更改与变通，使其能够适应现实生活的需要，使国家法律在操作过程中具有可变通性与灵活性。比如董仲舒对夫死妇嫁案件的审理，实际上是从汉律"私为人妻"条出发，寻找该女子非私为人妻的证据，理由是该女子在尊长命令下再度嫁人，不具备私为人妻的主观恶性，加上儒家伦理"夫死无男，有更嫁之道"，认定该女子嫁为人妻的行为不构成私为人妻罪，不应予以处罚。再如上述梁王案件的审理，按照汉律"为近者奸"，构成犯罪。司法官员在审理梁王与其姑通奸的案件时，也未公然背离法律的一般规定。而是在此基础上寻找可以减轻处罚或不处罚的依据。从此案审理情况看，依据有二：其一，儒家伦理强调"为亲者讳"，对皇帝一定范围内的亲属应放弃刑罚。其二，审判官员寻找到了梁王有"狂病"的证据，并从狂病减免刑罚的法律规定出发，不再对梁王追究刑事责任。

二、有助于为受刑者开辟轻刑的道路

秦朝刑罚残苛自不待言，西汉初期虽不断修改法律，废除苛刑，但前期刑罚依然残酷。董仲舒认为，如果继续循秦法不改，势必"法出而奸生，令下而诈起，一岁之狱以万千数，如以汤止沸，沸俞甚而无益"①。在董仲舒看来，如果依照秦朝的情况，法律规定过于严苛就会使犯罪行为屡禁不止，每年的刑事案件达到成千上万件。就像是以汤止沸一样，无法制止犯罪行为的发生。为此必须改弦易辙。两汉司法官员在审理案件过程中，以《春秋》经义中的轻刑原则为出发点，在不公然违背法律规定的情况下，寻找轻刑的依据。两汉司法官员大多以犯罪行为人主观恶性大小为出发点，区分故意与过失，主犯与从犯，强调故意犯罪从重处罚，过失犯罪从轻处罚。在处罚主犯与从犯时也应区别对待，诛首恶而已。通过司法官员的努力，对个案的处理出现了轻刑的结果。司法官员宽仁价值追求在司法实践中的运用，避免了大量冤假错案的发生。通过贯彻儒家"恶恶止其身""诛首恶而已""论心定罪"等基本主张，缩小了株连治罪的范围，区别对待的结果又对许多主观恶

---

① （汉）班固：《汉书》卷二二《礼乐志》第二，中华书局 1962 年版，第 1032 页。

性小者，减免处罚，从而达到了轻刑的目的，减轻了刑罚，这具有积极的意义。

三、有助于构建现实生活中的情理场

儒家伦理重血缘亲情，在深受儒家伦理浸染的司法官员那里，实践儒家重视血缘亲情的价值追求，构建现实生活中的情理场就是他们的根本任务。应该说，从两汉"春秋决狱"的总体情况看，司法官员审理案件贯彻《春秋》经义，重人情孝悌似乎是一贯的做法。同时，他们审理案件贯彻儒家"亲亲尊尊"的价值追求，使个案的审理结果打上了人情的深刻烙印。"法律是一般人情的条文化；当僵硬的法条与道德舆论发生矛盾时，应屈法律以顾全人情。"[①] 前述董仲舒对甲拾道边儿乙将其抚养成人，及其犯罪又主动为其隐瞒罪行案件的审理，即贯彻儒家"亲亲相隐"的基本主张，判决甲为乙隐瞒罪行的行为不构成犯罪。前述薛况指使杨明刺伤申咸一案的审理，司法官员就是从薛况刺伤申咸的出发点主要是为父复仇，符合儒家父子至亲基本原则从而减轻对薛况的处罚。董仲舒在审理儿子殴伤父亲一案时也是从父子至亲，儿子无殴伤父亲之故意出发，认定儿子的行为不构成殴父罪，不应承担由此而衍生的刑事责任。儒家伦理在家强调父为子纲的"亲亲"原则，在国强调君为臣纲的"尊尊"原则，维护父权、皇权在家庭与国家中的至高无上的地位；维护家国一体，忠君、亲孝的社会人伦氛围，积极构建社会生活中的情理场；维护家庭稳定，确保国之长治久安。两汉司法官员通过"春秋决狱"的司法审判实践，为儒家伦理深入司法审判，构建积极的、以血缘亲情为基础的人际关系网络，维护家、国稳定做出了积极贡献。

两汉时期的春秋决狱现象表现了这一时期司法活动深受儒家伦理思想及法家、道家思想的影响，同时体现了司法官员的价值追求与司法理念。而司法官员的价值追求与理念最终决定了司法个案审理的结果及当事人的命运。可以这样认为，两汉时期，司法官员的价值追求与理念是连接国家

---

① 范忠信：《中国传统法律的基本精神》，山东人民出版社 2001 年版，第 359 页。

法律与法律实践的桥梁与纽带，其价值追求引导着"春秋决狱"的方向。这一点在过去的法律史学研究过程中常常被忽略。笔者在这里，想通过史料所载两汉时期"春秋决狱"之个案，梳理两汉时期司法官员的价值追求与理念及其对司法审判的终极影响，以便廓清思路，深化对"春秋决狱"现象的研究。

第七章　两汉司法官员的女性悲悯情怀

第一节　董仲舒的女性悲悯情怀

汉代著名儒生，司法官员董仲舒对女性充满同情。董仲舒对女性的悲悯情怀根植于其"阴阳相合"及"天地之性人为贵"的思想。董仲舒认为，百姓是国家的根基，天地之性人为贵。正因为如此，女性也应得到照顾与保护。董仲舒的女性悲悯情怀在司法领域表现在两个方面：一方面，在三正，也即天正、地正和人正所代表的三个月里，对女性罪犯予以宽大处理。另一方面，在"春秋决狱"过程中，对女性予以特殊照顾。

过去，我们在研究董仲舒女性思想时，通常认为董仲舒所倡导的"三纲"，主张夫为妻纲，在夫妻关系中，男尊女卑。著名思想家李泽厚先生在研究董仲舒女性思想时指出：董仲舒强调"卑阴高阳""贵阳而贱阴"[①]。这个观点是正确的，但是董仲舒在强调阳尊阴卑，也即男尊女卑的同时，又在阴阳相合、天地之性人为贵基础上强调对女性的尊重与保护。董仲舒的女性悲悯情怀不仅仅停留于思想领域，且在司法实践中得以落实。了解董仲舒的女性悲悯情怀对于我们重新认识董仲舒的女性保护思想具有十分重要的意义。

一、董仲舒女性悲悯情怀的思想基础

（一）阴阳相合

董仲舒指出："天地之阴阳当（清人董天工注释曰：当为匹配）[②] 男女，

---

① 李泽厚：《中国古代思想史》，生活·读书·新知三联书店 2008 年版，第 155 页。
② （清）董天工笺注，黄江军整理：《春秋繁露笺注》，华东师范大学出版社 2017 年版，第215 页。

人之男女当阴阳，阴阳亦可以谓男女，男女亦可以谓阴阳。"① 在董仲舒看来，天地之间的阴阳相当于人类的男女，人类的男女相当于阴阳。因此，阴阳可以称之为男女，男女也可以称之为阴阳。清人董天工对董仲舒这句话注释曰："此因天道而言人事，阴阳男女，其气则一。"② 在董天工看来，董仲舒之所以将自然界的阴阳比作人间的男女，是因为他们在属性上是相同的。清人苏舆在对董仲舒这句话注释时引《论衡·自然篇》云："儒者说夫妇之道取法于天地。"③

董仲舒指出："凡物必有合（清人苏舆在对董仲舒'凡物必有合'之'合'进行注释时言：'合，即偶也。'）④；合必有上，必有下；必有左，必有右；必有前，必有后；必有表，必有里。有美必有恶，有顺必有逆，有喜必有怒，有寒必有暑，有昼必有夜，此皆其合也。"⑤ 在董仲舒看来，任何事物都是由相互矛盾的两个方面组成。比如上下、左右、前后、表里、美恶、顺逆、喜怒、寒暑、昼夜，都是结伴而生的。而"阴"和"阳"也是构成事物的两个方面，结伴而生。在董仲舒看来，"阴"和"阳"作为事物的两个方面，是相合而成的。清人苏舆在对董仲舒"物莫无合，而合各有阴阳"进行解释时云："物皆有所合，以为阴阳。就一物言之，亦各有其阴阳，身以背面为阴阳，背面又以带上带下为阴阳，山以前后为阴阳，气以清浊为阴阳，质以流凝为阴阳。"⑥ 在苏舆看来，董仲舒此言是说事物都有阴阳两种属性。就一物本身而言，也具备阴阳两种属性。一物身体背面也具备阴阳两种属性。背面的上端和下端也分为阴阳，上端为阳，下端为阴。山以前后为阴阳，前面为阳，后面为阴。气以清浊为阴阳，清为阳，浊为阴。物质以流动和凝滞为阴阳，流动为阳，凝滞为阴。

---

① （汉）董仲舒：《春秋繁露》（诸子百家影印本）《循天之道》第七十七，上海古籍出版社1989年版，第92页。

② （清）董天工笺注，黄江军整理：《春秋繁露笺注》，华东师范大学出版社2017年版，第215页。

③ （清）苏舆撰，钟哲点校：《春秋繁露义证》，中华书局1992年版，第446页。

④ （清）苏舆撰，钟哲点校：《春秋繁露义证》，中华书局1992年版，第350页。

⑤ （汉）董仲舒：《春秋繁露》（诸子百家影印本）《基义》第五十三，上海古籍出版社1989年版，第73页。

⑥ （清）苏舆撰，钟哲点校：《春秋繁露义证》，中华书局1992年版，第350页。

董仲舒进一步指出："阴者阳之合；妻者夫之合……物莫无合，而合各有阴阳。阳兼于阴，阴兼于阳；夫兼于妻，妻兼于夫。"① 就夫妻关系而言，因为妻属于阴，夫属于阳，阴阳相合，所以妻也和丈夫相合。董仲舒认为，由于阳兼于阴，阴兼于阳的缘故，丈夫和妻子也是兼而有之，不可或缺的。清人董天工在对"阴者阳之合，妻者夫之合。子者父之合，臣者君之合也"②进行注释时言："此言物必有合。"同时在对"阳兼于阴，阴兼于阳；夫兼于妻，妻兼于夫"之"兼"进行注释时认为："兼者，情义相通也。"③ 清人董天工认为，董仲舒觉得夫妻如同阴阳兼而有之，不可分割，且情义相通。

清人苏舆在对董仲舒"阳兼于阴，阴兼于阳；夫兼于妻，妻兼于夫"进行解释时引《白虎通·纲纪篇》云："一阴一阳谓之道，阳得阴而成，阴得阳而序。"④ 在苏舆看来，董仲舒此言是说，道由阴和阳两种属性构成。阴因为阳的存在而成就自己，阳因为阴的存在而保持自己的序列。董仲舒指出："阴阳无所独行，其始也不得专起（清人董天工注释曰：专起为单独）⑤，其终也不得分功（清人董天工注释曰：功为功劳）⑥，有所兼之义。"⑦ 在董仲舒看来，阴和阳两种属性不能离开彼此单独行动。在开始的时候，任何一方都不能擅自行动，在终了的时候也不能分割功劳。阴和阳结合在一起才能成就万物，任何一方都不能单独成就事物。董仲舒云："阳为夫而生之，阴为妇而助之……天出阳为暖以生之，地出阴为清以成之。不暖不生，不清不

---

① （汉）董仲舒：《春秋繁露》（诸子百家影印本）《基义》第五十三，上海古籍出版社1989年版，第73页。

② （清）董天工笺注，黄江军整理：《春秋繁露笺注》，华东师范大学出版社2017年版，第175页。

③ （清）董天工笺注，黄江军整理：《春秋繁露笺注》，华东师范大学出版社2017年版，第175页。

④ （清）苏舆撰，钟哲点校：《春秋繁露义证》，中华书局1992年版，第350页。

⑤ （清）董天工笺注，黄江军整理：《春秋繁露笺注》，华东师范大学出版社2017年版，第175页。

⑥ （清）董天工笺注，黄江军整理：《春秋繁露笺注》，华东师范大学出版社2017年版，第175页。

⑦ （汉）董仲舒：《春秋繁露》（诸子百家影印本）《基义》第五十三，上海古籍出版社1989年版，第73页。

成。"① 在董仲舒看来，丈夫作为阳有生成万物的能力，而妻子作为阴具有帮助阳生成万物的能力。就像天生出阳以温暖生成万物，地生出阴以清冷成就万物一样。没有温暖，万物就不能生出；没有清冷，万物就不能成就。

董仲舒一方面认为在家庭生活中，男尊女卑。所谓："丈夫虽贱皆为阳，妇人虽贵皆为阴。"② 就夫妻关系而言，丈夫虽卑微但都具有阳的属性，妻子虽然地位尊贵但都具有阴的属性。另一方面认为，"阴之中亦相为阳，阳之中亦相为阴"③。尽管丈夫属于阳，妻子属于阴，但是阴阳是相合而成，不能分离的。阳中有阴的存在，阴中也有阳的存在。在董仲舒看来，女子虽然具有阴的属性，但是和阳也即男子一样，在家庭中是不可或缺的。董仲舒肯定了女子在家庭中的存在和应有的地位。"诸在上者皆为其下阳，诸在下者皆为其上阴。"④ 清人董天工对这句话的注释是："以上视下，则在下者亦为阳，所谓阳之中相为阳。以下视上，则在上者亦为阴，所谓阴之中相为阴。"⑤ 董天工认为董仲舒这两句话的意思是，在上者本为阳，在下者本为阴。但是从上往下看，在下者也都变成了阳。从下往上看，在上者都变成了阴。因此，清人董天工认为，在董仲舒看来，阴和阳只有方位的区分，没有绝对的界限。阴和阳是融为一体，不可分割的。

在董仲舒看来，阴阳之不可分割也即夫妻之相伴相生，还与阴阳之和与阴阳之中有着密切的关系。阴阳不是相对立的，而是共同存于和谐环境中。阴阳虽然起点与终点不同，但都停留于中。因此，阴阳是不可分离的。董仲舒曰："天地之道，虽有不和者，必归于和，而所为有功；虽有不中者，必

---

① （汉）董仲舒：《春秋繁露》（诸子百家影印本）《基义》第五十三，上海古籍出版社 1989 年版，第 74 页。

② （汉）董仲舒：《春秋繁露》（诸子百家影印本）《阳尊阴卑》第四十三，上海古籍出版社 1989 年版，第 66 页。

③ （汉）董仲舒：《春秋繁露》（诸子百家影印本）《阳尊阴卑》第四十三，上海古籍出版社 1989 年版，第 66 页。

④ （汉）董仲舒：《春秋繁露》（诸子百家影印本）《阳尊阴卑》第四十三，上海古籍出版社 1989 年版，第 66 页。

⑤ （清）董天工笺注，黄江军整理：《春秋繁露笺注》，华东师范大学出版社 2017 年版，第 159 页。

止之于中，而所为不失。"① 在董仲舒看来，天地之道，虽然有不和谐的地方，但最终要归于和谐，这样天地之道才能建立功勋。虽然有不停留于中的地方，最终必然要停止于中。只有这样，天地之道的运行才不会有过错。董仲舒曰："是故阳之行，始于北方之中（清人董天工注释曰：北方之中指冬至）②；而止于南方之中（清人董天工注释曰：南方之中指夏至）③，阴之行，始于南方之中，而止于北方之中。阴阳之道不同，至于盛，而皆止于中；其所始起皆必于中。"④ 所以阳的运行，从北方之中开始，停止于南方之中。阴的运行，从南方之中开始，停止于北方之中。阴阳的运行道路是不同的，但都能够达到极盛，停止于中，也都将中作为自己的起点。董仲舒指出："阳者，天之宽也；阴者，天之急也；中者，天之用也；和者，天之功也。"⑤ 在董仲舒看来，阳标志着上天的宽缓，阴标志着上天的急迫，中标志着天的运转，和标志着天的功效。

（二）天地之性人为贵

赵馥洁先生认为："人比万物贵，人与天地并，是中国哲学价值论最根本的观点。"⑥《说文解字》对人的定义是："天地之性最为贵者。"⑦

董仲舒曰："人受命于天，固超然异于群生，入有父子兄弟之亲，出有君臣上下之谊，会聚相遇，则有耆老长幼之施；粲然有文以相接，欢然有恩以相爱，此人之所以贵也。生五谷以食人，桑麻以衣之，六畜以养之，服牛乘马，圈豹槛虎，是其得天之灵，贵于物也。故孔子曰：'天地之性人为

---

① （汉）董仲舒：《春秋繁露》（诸子百家影印本）《循天之道》第七十七，上海古籍出版社1989年版，第92页。

② （清）董天工笺注，黄江军整理：《春秋繁露笺注》，华东师范大学出版社2017年版，第216页。

③ （清）董天工笺注，黄江军整理：《春秋繁露笺注》，华东师范大学出版社2017年版，第216页。

④ （汉）董仲舒：《春秋繁露》（诸子百家影印本）《循天之道》第七十七，上海古籍出版社1989年版，第92页。

⑤ （汉）董仲舒：《春秋繁露》（诸子百家影印本）《循天之道》第七十七，上海古籍出版社1989年版，第92页。

⑥ 赵馥洁：《中国传统哲学价值论》，陕西人民出版社1991年版，第10页。

⑦ （汉）许慎：《说文解字》八上《人部》，中华书局1963年版，第161页。

贵。'明于天性，知自贵于物。"① 董仲舒认为，人之所以珍贵的原因是，人接受了上天的命令，而世间万物都没有接受上天的命令，所以超然于世间万物之上。人在家庭中形成父子兄弟的亲情关系，在家庭之外形成君臣之间、上下级之间的友谊。在群体生活的过程中，会形成对待有德性的人，老年人及未成年人的各项优待措施。人在待人接物时具有文化修养，人和人之间具有恩爱之情，所以人是万物中最为珍贵的物种。人能够播种五谷来供给自己食物；能够种植桑麻来供给自己衣服；能够饲养六畜还能够驾驭牛马，战胜虎豹这样凶猛的动物。由此可以看出，人是获得了上天赋予的灵气，比物更加珍贵。在董仲舒看来，人因为接受了上天的指令，所以比物更加珍贵。而且人能够战胜自然，能够役使万物，能够发挥自己的聪明才智，满足自己衣食的需要。更重要的是，人具有文化修养，有仁爱之情，能够创建各种各样的人际关系，并且通过创建人际关系组成人间社会；通过创立并遵守规则的方式，维护社会的良性运行。因此，人和万物相比较，人显得更加珍贵。

正因为天地之性人为贵，因此要注重保护人的权益。董仲舒指出："君者，民之心也；民者，君之体也。心之所好，体必安之；君之所好，民必从之。故君民者，贵孝悌而好礼义，重仁廉而轻财利。躬亲职此于上，而万民听，生善于下矣。"② 清人董天工笺注曰："此言君民一体也，上以德感，下以善应。"③ 董仲舒特别强调统治者要坚持君民一体。也即君主是百姓之心，百姓是君主之体。君主的意愿，百姓一定要加以满足。因此，作为百姓统率者的君主，一定要重视孝悌，崇尚礼义；重视仁义廉洁，轻视财货利益。如果君主亲自履行好自己的职责，百姓就会听从君主的劝导，就会各行善事。君主通过自己的努力，最终能够取得"先王见教之可以化民也"④ 的好结果。也就是通过自己的德教感化百姓，让百姓多做善事，从而达到治理社会的目

---

① （汉）班固：《汉书》卷五六《董仲舒传》第二十六，中华书局 1962 年版，第 2516 页。

② （汉）董仲舒：《春秋繁露》（诸子百家影印本）《为人者天》第四十一，上海古籍出版社 1989 年版，第 65 页。

③ （清）董天工笺注，黄江军整理：《春秋繁露笺注》，华东师范大学出版社 2017 年版，第 156 页。

④ （汉）董仲舒：《春秋繁露》（诸子百家影印本）《为人者天》第四十一，上海古籍出版社 1989 年版，第 65 页。

的。在董仲舒看来，君主一定要坚持"君民一体"的原则，与百姓同心同德，唯此才能很好地维护社会治理。董仲舒曰："教以爱，使以忠，（清人苏舆曰：'以博爱教之，以忠诚使之。'）① 敬长老，亲亲而尊尊。"② 用爱心教化百姓，用忠诚役使百姓。让百姓懂得尊敬长老，亲近自己的亲属。

那么，如何将"天地之性人为贵"思想在夫妻关系之间加以落实呢？董仲舒指出："主天法质而王，其道佚阳，亲亲而多质爱……夫妇对坐而食。"③ 他认为，推崇天道、模仿质朴而称王的统治者，他的统治之术充满阳光，强调亲属之间的挚爱，表现之一就是丈夫和妻子相对而坐共同进食。在董仲舒看来，推崇天道的统治者在治理社会时，应当构建亲属相爱的和谐社会，董仲舒勾勒了一幅夫妻对坐而食的和谐图景。通过该图景可以看出董仲舒对夫妻恩爱的美好社会生活的憧憬，可以看出夫妻地位的相对平等，还可以看出董仲舒对女性的尊重。

董仲舒云："主地法文而王，其道进阴，尊尊而多礼文……夫妻同坐而食，丧礼合葬。"④ 董仲舒认为，推崇地道效法文采而称王的统治者，他的统治之术推崇阴柔，尊敬长辈，崇尚礼仪。具体表现就是：举行婚礼时，新婚夫妇对坐而食。举行葬礼时，夫妇合葬在一起。在董仲舒看来，效法地道称王的统治者要求在推行礼仪的过程中，要体现亲属之间的恩爱之情。从新婚夫妇相对而坐共同进食的婚礼要求，以及夫妇合葬的葬礼规定可以看出，董仲舒对家庭生活中男女相对平等地位的推崇。当然，董仲舒对家庭生活中女性的悲悯情怀基于其"亲亲相爱"的伦理思想。

二、董仲舒女性悲悯情怀的司法实现

（一）三正视域下的女性权益保护

董仲舒从天、地、人三才之道出发，主张在以人正、地正、天正所代表

---

① （清）苏舆撰，钟哲点校：《春秋繁露义证》，中华书局1992年版，第102页。

② （汉）董仲舒：《春秋繁露》（诸子百家影印本）《王道》第六，上海古籍出版社1989年版，第25页。

③ （汉）董仲舒：《春秋繁露》（诸子百家影印本）《三代改制质文》第二十三，上海古籍出版社1989年版，第43页。

④ （汉）董仲舒：《春秋繁露》（诸子百家影印本）《三代改制质文》第二十三，上海古籍出版社1989年版，第43页。

的三个月里对怀孕妇女进行保护。

1. 人正与女性权益保护

董仲舒云："三正以黑统初……天统气始通化物，物见萌达，其色黑……法不刑有怀任新产者，是月不杀。听朔废刑发德，具存二王之后也。"① 清人董天工，将"怀任"之"任"写作"姙"，并指出，"原作任，非也"。"是月"，清人董天工注释曰："此指正月。"② 按照董仲舒的观点，三正以黑统开始，在这个时候，上天统领阳气开始化育万物，万物萌发，他们的颜色都是黑色的。在这期间，按照法律的规定，对怀孕的妇女和产妇不施加刑罚。这个月对有犯罪行为的人不处以死刑。在每月初一举行朔礼的时候，停止刑罚，而用德治教化的方式治理社会，让前朝皇室的后裔能够祭祀宗庙。

董仲舒人正与妇女权益保护的思想，对东汉章帝时期的《白虎通》产生了深远影响。《白虎通》引《礼三正记》曰："十三月之时，万物始达，孚由而出，皆黑，人得加功，故夏为人正，色尚黑。"③ 从《白虎通》引《礼三正记》的说法可以看出，十三月也即正月，是一年的开端。这个时候，万物萌动，春天即将来临。一些甲虫类动物开始破土而出，这个时候，所有的物都是黑色的。人们可以开始准备春耕，所以夏朝人将正月称为人正。同时，人们崇尚黑色的物品，以平旦时刻作为正月的开端。黑统是三统的开端，作为人正，它所处的月份是正月，这个月，所有的物品，包括身上穿的衣服，头上戴的帽子，驾驶车辆的颜色都必须是黑色。从这些现象可以看出，董仲舒所言黑统，就是三正中的人正。黑统或人正以十三月也即正月为标志，因为这个时候，万物萌发，春天即将来临，所以对怀孕的妇女和生了孩子的产妇，法律上有特殊的照顾。不管她们犯有何种罪行，都不施加刑罚，也就是说免于追究刑事责任。对一般的人可以追究刑事责任，但不适用死刑。可见，这个月，对于普通人也有法律上的特别照顾和宽刑规定。

---

① （汉）董仲舒：《春秋繁露》（诸子百家影印本）《三代改制质文》第二十三，上海古籍出版社 1989 年版，第 41—42 页。

② （清）董天工笺注，黄江军整理：《春秋繁露笺注》，华东师范大学出版社 2017 年版，第 104 页。

③ （汉）班固撰，（明）程荣校：《白虎通德论》卷之下《三正》，载《汉魏丛书》（影印本），吉林大学出版社 1992 年版，第 169 页。

2. 地正与女性权益保护

如果历法上属于三统中的白统，怎么办呢？董仲舒曰："正白统奈何？曰：正白统者，历正日月朔于虚，斗建丑。天统气始蜕化物，物始芽，其色白……法不刑有身怀任，是月不杀。听朔废刑发德，具存二王之后也。"① 三统中的白统是怎么回事呢？回答说：正白统，正月初一这一天，太阳和月亮在虚宿会合，北斗星的斗柄指向丑的位置。天统帅阳气开始化育万物，万物开始发芽，万物的颜色都是白色。这个时候，按照法律规定，对怀有身孕的妇女不予处罚，不管她们犯有什么样的罪。这个月也即正月，不对罪犯处以死刑。也就是说，在历法上，属于白统的正月里，对犯有任何罪行的人都不处以死刑。

董仲舒地正与妇女权益保护的思想，对《白虎通》产生了深远的影响。《白虎通》引《礼三正记》曰："十二月之时，万物始牙而白，白者，阴气，故殷为地正，色尚白也。"② 从《白虎通》的记载可以看出，十二月的时候，万物开始萌芽且皆为白色。白色，属于阴气，所以殷商将十二月作为地正，崇尚白色，十二月是殷商的正月。清人陈立引《三礼义宗》曰："十二月万物始牙，色白，白者阴气，故殷以地正为岁，色尚白，鸡鸣为朔。"③《三礼义宗》的说法与《礼三正记》的内容相似，认为殷（商）人将十二月作为地正，而且将十二月作为一年的开端。崇尚白色，将鸡鸣时刻作为地正的开端。十二月，停止刑杀，并且对怀孕的妇女进行特殊照顾，不适用刑罚。

3. 天正与女性权益保护

董仲舒云："正赤统奈何？曰：正赤统者（清人赵曦明云：此下文有脱，案当云：历正日月朔于牵牛，斗建子。天统气始施化物，物始动，其色赤，故朝正服，首服藻赤。正路舆质赤，马赤。补四十字据《尚书大传》及《白

---

① （汉）董仲舒：《春秋繁露》（诸子百家影印本）《三代改制质文》第二十三，上海古籍出版社 1989 年版，第 42 页。

② （汉）班固撰，（明）程荣校：《白虎通德论》卷之下《三正》，载《汉魏丛书》（影印本），吉林大学出版社 1992 年版，第 169 页。

③ （清）陈立撰，吴则虞点校：《白虎通疏证》，中华书局 1994 年版，第 363 页。

虎通》之文）。"① 三统中的赤统是什么样的呢？在历法中的正月初一，太阳和月亮在牵牛星会合，北斗星的斗柄指向"子"的位置。天统帅阳气开始化育万物，万物开始萌动，物的颜色是红色。官员的朝服是红色的，戴的帽子是红色的，车辆的颜色是红色的，马也是红色的。（这段话《春秋繁露》原不存，清人赵曦明根据《白虎通》和《尚书大传》补了四十字。）这个月，"法不刑有身，重怀藏以养微，是月不杀。听朔废刑发德，具存二王之后"②。这个月，法律规定对怀有身孕的女子不予处罚，不论她们犯有什么样的罪行。这样做的目的是，重视胎儿利益的保护，以养育微小的生命。这个月，对有罪的人不处以死刑，不论他们犯有什么样的罪行。废除刑罚，实施德教。让前朝二代君主的后裔能够得以保全。

董仲舒天正与妇女权益保护的思想，对东汉章帝时期的《白虎通》产生了深远影响。《白虎通》引《礼三正记》云："周以十一月为正，色尚赤，以夜半为朔。"③ 周人以十一月作为正月，崇尚红色。以夜半这个时刻作为正月的开端。清人陈立引《三礼义宗》曰："故周以天正为岁，色尚赤，夜半为朔。"④《三礼义宗》与《礼三正记》的记载基本相同，周人将天正也即十一月作为一年的开端，崇尚红色，将夜半这个时刻作为正月的开端。

可以看出，三正是指天、地、人。三统中的黑统属于人正，是夏人采用的历法，将十三月作为正月，为一年的开端。崇尚黑色，所有物的颜色都是黑色。三统中的白统属于地正，崇尚白色，殷人以十二月作为正月的开端。三统中的赤统属于天正，周人采用的历法，将十一月作为正月为一年的开端。周人崇尚红色，所有物的颜色都是红色。

董仲舒受三统历史循环论的影响，提出作为天正的十一月，作为地正的十二月，以及作为人正的十三月也即第二年正月，一律停止刑杀，并且对怀

---

① （汉）董仲舒：《春秋繁露》（诸子百家影印本）《三代改制质文》第二十三，上海古籍出版社 1989 年版，第 42 页。

② （汉）董仲舒：《春秋繁露》（诸子百家影印本）《三代改制质文》第二十三，上海古籍出版社 1989 年版，第 42 页。

③ （汉）班固撰，（明）程荣校：《白虎通德论》卷之下《三正》，载《汉魏丛书》（影印本），吉林大学出版社 1992 年版，第 19 页。

④ （清）陈立撰，吴则虞点校：《白虎通疏证》，中华书局 1994 年版，第 363 页。

有身孕的妇女和产妇不予处罚。这三个月，任何怀有身孕的妇女及产妇不论犯有何种罪行，均可以得到国家法律的赦免，犯罪行为人不论犯有何种罪行也都能够得到不处以死刑的宽大处理。

（二）在春秋决狱活动中的实现

董仲舒在审判活动中，也十分重视对妇女权益的保护。

董仲舒在引《春秋》经义决狱过程中，贯彻了对妇女权益进行保护的《春秋》经义精神。现举一例加以说明。

据《太平御览》卷六百四十记载："甲夫乙将船，会海盛风。船没溺，流死亡不得葬。四月，甲母丙即嫁甲，欲皆何论？或曰：'甲夫死未葬，法无许嫁，以私为人妻，当弃市。'议曰：'臣愚以为《春秋》之义，言夫人归于齐，言夫死无男，有更嫁之道也。妇人无专制擅恣之行，听从为顺，嫁之者归也。甲又尊者所嫁，无淫衍之心，非私为人妻也。明于决事，皆无罪名，不当坐。'"① 这是董仲舒用《春秋》经义审理的一个案子。据《太平御览》记载，甲的丈夫乙驾驶船只出海，遇到大风，船只沉没，甲的丈夫因此溺水身亡。四个月后，甲的母亲丙即将甲嫁与他人。因为丈夫死亡，女子应当为丈夫守丧三年，丧期未满，甲即嫁人。应当如何论罪呢？有的官员说：甲的丈夫死亡后没有安葬，按照法律规定，妻子是不能嫁人的。应当以私为人妻的罪名，处以弃市刑（死刑）。董仲舒说：我认为《春秋》的要义，认为女子有婚嫁的权利。认为丈夫死亡女子有改嫁的权利。甲又是遵从他人命令嫁人，没有放荡之心，不构成私为人妻罪。从已经有的决事比（判例）中寻找，没有类似的罪名，不应当构成犯罪，不应当承担刑事责任。

从《太平御览》卷六百四十的记载可以看出，按照当时汉代的法律规定，丈夫死亡没有安葬，妻子不能擅自嫁人，否则构成"私为人妻"罪。在本案中，董仲舒引用《春秋》经义"夫死无男，有更嫁之道"审理此案，认为甲在丈夫死亡后有改嫁的权利。另外，妇人无专制擅恣之行，听从为顺。董仲舒认为，甲作为女子没有擅自行动的权利，只能听从家长的指挥。因此，甲嫁与他人，非自己做出的选择，而是听从家长命令的无奈之举。因此，甲

---

① （宋）李昉等：《太平御览》六（影印本），上海古籍出版社 2008 年版，第 781 页。

嫁与他人的行为，不构成犯罪，不需要承担刑事责任。

综上所述，董仲舒的女性悲悯情怀基于其阴阳相合、天地之性人为贵的思想。并且在司法领域中得以实现。在司法领域中，董仲舒一方面强调从三正即人正、地正和天正出发，强化对女子权益的法律保护。另一方面，在"春秋决狱"活动中强调对女子权益的保护。董仲舒的女性悲悯情怀，对我们深入理解董仲舒的女性保护思想，具有深远的价值和意义。

第二节　一般司法官员的女性悲悯情怀

过去我们在研究中，已经注意到汉代法律对女性权益的保护。对女性在家庭和社会生活、生产中的地位多有论述。也有学者从立法领域出发，对女性犯罪现象进行考察。实际上，汉代女性权益不仅仅体现在立法领域，在司法领域中亦有十分显著的体现。两汉司法领域中，司法官员对女性充满同情，从而加快了两汉社会法律改革的步伐，使汉代法律走上了一条轻刑化的道路。两汉司法官员对女性的悲悯情怀，也推动了法外轻刑。

一、两汉司法官员女性悲悯情怀的思想基础

（一）以人为本思想

著名学者唐君毅指出："中国文化乃是一在本源上即是人文中心的文化。此文化之具体形成，应当在周。"[1] 李宗桂曰："就中国传统文化而言，人文精神主要表现为仁民爱物、修己安人、义以为上、天人合德、以人为本、刚健有为、贵和尚中等基本的价值观念和精神追求。"[2] 李宗桂对中国传统文化之人文精神进行了多方面总结，以人为本是其中之一。楼宇烈先生认为：

---

[1]　唐君毅：《中国人文精神之发展》，广西师范大学出版社2005年版，第6页。

[2]　李宗桂：《中国文化精神和中华民族精神的若干问题》，载《社会科学战线》2006年第1期，第254页。

"中国文化中以人为本的人文精神是中华民族对人类的一项重要贡献。"① 赵馥洁指出："所谓以人为本位，是指中国哲学价值论把肯定人的价值作为其全部理论的基础，全部理论都是为确立人在宇宙中的崇高价值地位而展开的。"②

1. 天地之性人为贵

汉代学者认为，人能驾驭万物，从而使人具有尊贵的价值和地位。

在《汉书·刑法志》看来，人拥有五常品性，靠聪明才智征服自然，役使他物来满足自己的需求。所以在万物中，人是最珍贵的。《汉书·刑法志》云："夫人宵天地之貌，怀五常之性，聪明精粹，有生之最灵者也。爪牙不足以供耆欲，趋走不足以避利害，无毛羽以御寒暑，必将役物以为养，任智而不恃力，此其所以为贵也。"③ 应劭曰："宵，类也。头圆象天，足方象地"；孟康曰："宵，化也。言禀天地气化而生也。"④ 师古曰："五常，仁、义、礼、智、信。"⑤ 可见，人头圆像天，脚方像地。有仁、义、礼、智、信五常之性，聪明精细，拥有所有生物中最聪明的头脑。有爪牙的动物不能满足自己的嗜欲，快速奔走的动物也不会趋利避害。而人没有毛羽却能抵御寒暑，一定要役使动物来保证自己的给养，靠聪明才智而不是力量来征服自然，这是人为万物中最珍贵者的原因。

董仲舒指出："天地之精所以生物者，莫贵于人。人受命乎天也，故超然有以倚（清赵曦明注曰：倚，疑当从下文作'高物'二字）。物疢疾莫能为仁义，唯人独能为仁义；物疢疾莫能偶天地，唯人独能偶天地。"⑥ 可见，天地用自己的精华生出的万物中，最珍贵的是人。人为什么是最珍贵的呢？因为人接受了上天的命令，所以能够超然物外。百物有瑕疵，不能拥有仁和

---

① 楼宇烈：《中国文化中以人为本的人文精神》，载《北京大学学报》（哲学社会科学版）2015年第1期，第8页。

② 赵馥洁：《中国传统哲学价值论》，陕西人民出版社1992年版，第8页。

③ （汉）班固：《汉书》卷二三《刑法志》第三，中华书局1962年版，第1079页。

④ （汉）班固：《汉书》卷二三《刑法志》第三，中华书局1962年版，第1080页。

⑤ （汉）班固：《汉书》卷二三《刑法志》第三，中华书局1962年版，第1080页。

⑥ （汉）董仲舒：《春秋繁露》（诸子百家影印本）《人副天数》第五十六，上海古籍出版社1989年版，第74—75页。

义。只有人，能够有仁有义。他物有瑕疵不能与天地相感应，只有人能够与天地相感应。人与物相比较，是高高在上的。

《太平经》阐述了天地之间人为贵的思想，《太平经》曰："天地人俱正，万物悉正。人者，万物之长也。"① 可见，天、地、人都在正常的轨道上运行，万物才能在正常轨道上运行。而人是万物的首领，具有治理天地万物的功能。《太平经》曰："人居天地之间，开辟已来，人人各一生，不得再生也，自有名字为人。人者，犹中和凡物之长。尊且贵，与天地相似。"② 可见，人处于天地之间，自从天地开辟以来，就有人的存在。但人只有一生，不能死而复生，没有来世。将人命名为人，是因为人是万物的首领，地位崇高而且珍贵，与天地平起平坐。

2. 人与天、地并

汉代学者普遍认为，人与天、地并存于天、地、人的三才结构体系中，"三"在汉代哲学体系中具有十分重要的价值和意义。有学者指出："天地人三才一体也许比'天人合一'更符合中国文化的实际。"③ 天、地、人的三才结构，肯定了人的独立存在和在天、地中的地位。

汉代学者认为，人不仅与天、地存在于一个系统中，且与天、地齐等，也即与天、地地位平等，人在三才结构体系中拥有一席之地。

《说文解字》对大的定义是："天大，地大，人亦大。故大象人形，古文大也，凡大之属皆从大。"④ 从《说文解字》对"大"的定义可以看出，在汉人的世界里。有三样最重要的东西，即天、地、人。清人馥桂曰："故人者，天地之心，而气之帅也。能尽其心，则可以与天地参。与天地参，则可以为天地万物之主宰矣，斯之为大人。馥案：大人者与天地合其德，故曰人亦大。"⑤ 清人馥桂认为，因为人具有主观能动性，能够与天地参，所以人可以与天、地并列，平起平坐。

---

① 佚名：《太平经》（诸子百家影印本），上海古籍出版社 1993 年版，第 126 页。

② 佚名：《太平经》（诸子百家影印本），上海古籍出版社 1993 年版，第 60 页。

③ 韩星：《为天地立心——天地人一体以人为主体的精神》，载《张载关学与东南亚文明研究学术研讨会论文集》，陕西宝鸡，2007 年，第 68 页。

④ （汉）许慎：《说文解字》十下《大部》，中华书局 1963 年版，第 161 页。

⑤ （清）馥桂：《说文解字义证》，中华书局 1987 年版，第 882 页。

《老子道德经河上公章句》在对《老子》"故道大、天大、地大、王亦大"注释云："道大者，包罗天地，无所不容也；地大者，无所不载也；王大者，无所不制也。"① 在《章句》看来，道大，是因为道能够包罗天地，没有它容纳不了的东西。天大，是因为天覆盖万物。地大，是因为没有它不能承载的东西。王大，是因为没有王不能制约的东西。《章句》认为道、天、地、王（人）是并立的。从而确立了王（人）在天地之间的地位。《老子》特别强调域中有四大，而王居其一焉。《章句》注曰："八极之内有四大，王居其一也。"② 认为在八极也即八大领域中存四大，也就是有四种最大的事物，而王是其中之一。该注释肯定了王（人）在八极之中的地位，认为王（人）是四大中之一大，与天、地并立。

汉代学者以为，人在三才结构体系中，不仅与天、地齐等，且具有独立的地位与价值。

《黄帝四经》认为天、地、人的职责各有不同，各有独立的存在价值。

《经法·四度》云："外内之处，天之稽也。高［下］不蔽（蔽）其刑（形），美亚（恶）不匿其请（情），地之稽也。君臣不失其立（位），士不失其处，任能毋过其所长，去私而立公，人之稽也。"③ 在《经法》看来，处理各种事务时，有一定的分寸，这是天的法则。土地的地势有高有低，不遮蔽自己的形态，不隐藏肥沃和贫瘠的真实情况，这是地的法则。君、臣各自坚持自己的尊卑之位而不丧失，在任用有才华人士时不要超过本人的能力和水平。坚持公共利益，抛弃个人私利，是人的法则。《十大经·顺道》认为，在天、地、人三才结构中，天、地、人各有自己的职责。"天制寒暑，地制高下，人制取予。"④ 可见，天决定气候的冷暖，地决定地形的高下，人决定政策的取舍。

《太平经》曰："人本生时乃各神也，乃与天地分权，分体，分形，分

---

① 佚名：《老子道德经河上公章句》，中华书局 1993 年版，第 102 页。
② 佚名：《老子道德经河上公章句》，中华书局 1993 年版，第 102 页。
③ 马王堆汉墓帛书整理小组：《马王堆汉墓帛书——经法》，文物出版社 1976 年版，第 24 页。
④ 马王堆汉墓帛书整理小组：《马王堆汉墓帛书——经法》，文物出版社 1976 年版，第 90—91 页。

神，分精，分气，分事，分业，分居。故为三处。一气为天，一气为地，一气为人，余气散备万物。是故尊天、重地、贵人。"① 可见，人在出生的时候就与天地相分离。人和天地权力相分，形体相分，精神相分，事业相分，天、地、人各有自己的位置，也是相分的。所以气大致上划分为重要的三种，一种是天气，一种是地气，一种是人气，剩余的气飘散凝聚为万物。所以必须要将天、地、人置于同等位置，也即尊天、重地、贵人。

（二）道教《太平经》中的女性保护思想

东汉晚期的《太平经》呼吁对女子权益进行保护，《太平经》曰："今天下失道以来，多贱女子，而反贼杀之。令使女子少于男，故使阴气绝，不与天地法相应。天地法，孤阳无双，致枯。令天不时雨，女者应地，独见贱，天下共贼其真母，共贼害杀地气，令使地气绝也不生。地大怒不悦，灾害益多，使王治不得平，何也？夫男者，乃天之精神也。女者，乃地之精神也……天地之性，万二千物。人命最重，此贼杀女，深乱王者之治，大咎在此也。"② 在《太平经》看来，东汉时期现实的情况是，天下无道。天下无道的表现是，女子因为地位低下而多遭杀戮，结果使女子的数量少于男子，使阴气断绝，难以与阳气相通。《太平经》认为，按照天道运行的规律，阴阳应当并存，如果只有阳没有阴，就会使天不能按时下雨，久旱而致万物枯萎。女子属于阴属于地，今天杀害女子就相当于伤害了地气，会使地气断绝，导致地大怒，使灾害频发，从而使国家的治理受到重大影响。原因在于，男子是天之精神，女子是地之精神，天地精神都是不能缺少的。《太平经》认为，天地所生的万物中，人是最珍贵的。随意杀害女子，严重地扰乱了君主对社会的治理。所以，《太平经》呼吁："天下无复杀女者也。"③《太平经》认为，从阴阳均衡和社会治理的角度出发，都不应当残杀女子，呼吁对女性权益进行保护。

---

① 佚名：《太平经》（诸子百家影印本），上海古籍出版社 1993 年版，第 136 页。

② 佚名：《太平经》（诸子百家影印本）第三十五卷，上海古籍出版社 1993 年版，144—145 页。

③ 佚名：《太平经》（诸子百家影印本）第三十五卷，上海古籍出版社 1993 年版，第 145 页。

二、两汉司法官员女性悲悯情怀的具体表现

两汉司法官员对女性充满同情，主要表现在以下几个方面：

1. 对女子遭遇的同情

据《汉书·刑法志》记载："齐太仓令淳于公有罪当刑，诏狱逮系长安。……其少女缇萦，自伤悲泣，乃随其父至长安，上书说：'妾父为吏，齐中皆称其廉平，今坐法当刑。妾伤夫死者不可复生，刑者不可复属，虽后欲改过自新，其道亡繇也。妾愿没入为官婢，以赎父刑罪，使得自新。'书奏天子，天子怜悲其意。遂下令曰：'制诏御史：盖闻有虞氏之时，画衣冠异章服以为戮，而民弗犯，何治之至也！今法有肉刑三，而奸不止，其咎安在？非乃朕德之薄，而教不明与？吾甚自愧。故夫训道不纯而愚民陷焉。'《诗》曰：'恺弟君子，民之父母。'今人有过，教未施而刑已加焉，或欲改行为善，而道亡繇至，朕甚怜之。夫刑至断支体，刻肌肤，终身不息，何其刑之痛而不德也！岂称为民父母之意哉！其除肉刑，有以易之……具为令。"① 从《汉书·刑法志》的记载可知，齐国的太仓令淳于公犯罪应当承担刑事责任，由于罪行严重，属于皇帝亲自督办的诏狱，而关押在长安城里。淳于公有五个女儿但没有儿子，小女儿缇萦，因为伤心而哭泣，跟随父亲到了长安城里，缇萦上书汉文帝说："我的父亲作为吏，齐中百姓都说他廉洁公正，现在触犯法律应当承担刑事责任。我悲痛的是：'人死了就不能够复生，肉刑施加了就无法恢复原状了。犯罪的人想要改过自新，已经没有机会了。我愿意没入官婢，以减轻父亲的罪责，使他能够悔过自新。'"这封信交到汉文帝手中，汉文帝对缇萦的遭遇非常同情。于是发布诏令说：我听说有虞氏治理国家的时候，在衣服和帽子上画图，让受刑者穿上奇形怪状的衣服，以此来替代刑罚的执行。刑罚宽缓，百姓没有触犯法律的情况。有虞氏的治理如何能够达到这样的水平呢？现在肉刑就有三种，而犯罪行为却屡禁不止，过错在哪里呢？是不是因为我对百姓施德不够，教化不明呢？我非常惭愧。指引的路线不明，百姓将手足无措。按照《诗》的观点，君主是百姓的衣食

---

① （汉）班固：《汉书》卷二三《刑法志》第三，中华书局 1962 年版，第 1097—1098 页。

父母。现在百姓有了过错，教化没有施加就采用刑罚措施，有人想要改过向善，却没有途径，我非常同情这种情况。刑罚残损肢体，使肌肤受损，受刑者终身痛苦。刑罚给百姓带来深刻的痛苦是不符合德教要求的，也不是百姓父母官君主的意志。现在要废除肉刑，用其他刑罚替代，制定此令。

2. 对女子蒙冤受罚情况的同情

据《汉书·于定国传》记载："东海有孝妇，少寡，亡子，养姑甚谨，姑欲嫁之，终不肯。姑谓邻人曰：'孝妇事我勤苦，哀其亡子守寡。我老，久累丁壮，奈何？'其后姑自经死，姑女告吏：'妇杀我母。'吏捕孝妇，孝妇辞不杀姑。吏验治，孝妇自诬服。具狱上府，于公以为此妇养姑十余年，以孝闻，必不杀也。太守不听，于公争之，弗能得，乃抱其具狱，哭于府上，因辞疾去。太守竟论杀孝妇。郡中枯旱三年。后太守至，卜筮其故，于公曰：'孝妇不当死，前太守强断之，咎党在是乎？'于是太守杀牛自祭孝妇冢，因表其墓，天立大雨，岁孰。郡中以此大敬重于公。"①

于定国"其父于公为县狱史，郡决曹，决狱平，罗文法者于公所决皆不恨"②。从《汉书·于定国传》的记载可以看出，于定国的父亲于公是所在县的狱史，后任职于郡决曹，对案件的判决十分公正，凡是于公审理过的案件百姓没有人怨恨。东海地方有一个孝顺女子，年少时死了丈夫，没有孩子，对自己的婆婆非常孝顺。婆婆想让她嫁人，始终不肯。婆婆对邻居说："儿媳对我十分孝顺，只可惜她守寡，没有孩子。我老了，长此以往，拖累儿媳。怎么办呢？"婆婆不愿拖累儿媳，所以自杀身亡。婆婆的女儿向官府提起诉讼说："该女子杀了我母亲。"官府抓捕孝妇，孝妇说自己没有杀死婆婆，官吏即对孝妇刑讯逼供，孝妇承认了自己的犯罪行为。将审判结果报上一级审核。于公认为该女子奉养婆婆十余年，以孝道闻名，一定没有杀死自己的婆婆，太守不肯接受于公的说法，于公和太守争辩，没有成功，于是抱着判决书在太守府大哭。这件事情发生后，于公称病辞官，太守竟处死了孝妇，郡

---

① （汉）班固：《汉书》卷七一《隽疏于薛平彭传》第四十一，中华书局 1962 年版，第 3041—3042 页。

② （汉）班固：《汉书》卷七一《隽疏于薛平彭传》第四十一，中华书局 1962 年版，第 3041 页。

中因此大旱三年。新太守上任，占卜郡中大旱的原因。于公说："孝妇不应当被处死，前任太守执意将其处死，郡中大旱的原因大抵在此。"于是新任太守杀牛祭祀孝妇，重新为其立碑，大雨立至，五谷丰登，郡中百姓都十分敬重于公。

从《汉书·于定国传》的记载可以看出，作为郡决曹的于公对孝妇充满同情，在太守面前据理力争，但由于孝妇对自己的罪行供认不讳，因此，太守最后处死了孝妇。郡中因此大旱三年。新太守到任后，于公仍然没有放弃为孝妇申冤的努力，新太守为孝妇重立墓碑，且加以祭祀。于公的努力虽然没有挽回孝妇的性命，但最终让孝妇的冤情得以伸张。

3. 对女子犯罪行为的同情

两汉司法官员对女子犯罪行为的同情，表现在两个方面：

首先，对女子复仇行为的同情。

清人马国翰《玉函山房辑佚书》所引一例汉代司法官员董仲舒"春秋决狱"的判例，可以看出司法官员对女子复仇行为的同情。《玉函山房辑佚书》曰：妻甲夫乙殴母，甲见乙殴母而杀乙。公羊说："甲为姑讨夫，犹武王为天讨纣。"[1] 清人马国翰认为：此为《礼记·檀弓》孔颖达正义引公羊说。案：其文义亦决事之文[2]。从《玉函山房辑佚书》的记载可知，此案主要内容是：甲是妻子，乙是丈夫。妻子甲看见丈夫殴打自己的母亲，于是就杀了自己的丈夫。董仲舒审理案件时，引用《春秋》经义认为，妻子甲为母亲复仇杀死丈夫的行为，相当于周武王为天讨伐商纣王。此案为不完整的案件，清人马国翰认为，此案属于董仲舒春秋决狱的范畴。此案虽然没有最终的审理结果，但可以看出董仲舒对女子复仇行为的同情，甲杀死乙的行为最终从轻判决是可能的。

据《后汉书·申屠蟠传》记载："同郡缑氏女玉为父报仇，杀夫氏之党，吏执玉以告外黄令梁配，配欲论杀玉。蟠时年十五，为诸生，进谏曰：'玉之节义，足以感无耻之孙，激忍辱之子。不遭明时，尚当表旌庐墓，况在清

---

① （清）阮元校刻：《十三经注疏》（清嘉庆刊本）六《礼记正义》卷第十，中华书局 2009 年版，第 2846 页。

② （清）马国翰辑：《玉函山房辑佚书》，台湾文海出版社 1967 年版，第 1180 页。

听，而不加哀！'配善其言，乃为谳得减死论，乡人称美之。"① 从《后汉书·申屠蟠传》的记载可知，和申屠蟠同一个郡的女子缑玉为自己的父亲报仇，杀了对方的党人，官吏抓捕了缑玉并且将她送到外黄县县令梁配那里。梁配想要处死缑玉，申屠蟠当时十五岁，是诸生，向梁配进谏说："缑玉的气节，足以感动那些无耻之孙，激励那些忍辱负重的人。没有遇到政治清廉的年代，这种行为本来应当是旌表整个家族的，怎么能够熟视无睹，不表示悲痛和同情呢？"梁配认为申屠蟠说得很对，于是通过案件审理免除了缑玉的死刑。

其次，对女子殴伤他人行为的同情。

两汉司法官员审理刑事案件时，对特定情况下女子殴伤他人的行为充满同情。据《太平御览》卷八四六引《风俗通义》曰：南郡谳："女子何侍为许远妻，侍父何阳，素酗酒，从远假求，不悉如意，阳数骂詈。远谓侍：'汝公复骂者，吾必揣之。'侍曰：'共作夫妻，奈何相辱，揣我公者，搏若母矣。'其后阳复骂，远遂揣之。侍因上堂搏姑耳三下。司徒鲍宣决事云：'夫妇所以养姑者也，今聋自辱其父，非姑所使。君子之于凡庸，尚不迁怒，况所尊重乎？当减死论。'"② 从《太平御览》卷八四六引《风俗通义》的内容可知，南郡地方上报了一个疑难案件：女子何侍是许远的妻子。何侍的父亲何阳，酗酒成性。从许远那里要酒喝，不是很如意。何阳数次辱骂许远。许远对何侍说："如果你父亲再次骂我，我一定要踹他。"何侍说："夫妻两人为什么互相侮辱呢？打我父亲就相当于殴打了你的母亲。"随后，何阳继续辱骂许远，许远就打了何阳。何侍上前打了许远母亲三记耳光。这个案子由于是疑难案件，因此交由司徒鲍宣审理。司徒鲍宣判决说："夫妻两人有共同抚养对方父母的义务。今天许远侮辱何侍的父亲，不是长辈指使。君子对一般人都不会迁怒，更何况自己所尊重的人，应当减免何侍的死刑。"这个案件，是丈夫殴打自己岳父，女儿又殴打自己丈夫母亲的事例。司徒鲍宣从"义愤打人"的角度出发，认为应当减除女儿（何侍）的死刑。

---

① （南朝宋）范晔：《后汉书》卷五三《周黄徐姜申屠列传》第四十三，中华书局1962年版，第1751页。

② （宋）李昉等：《太平御览》六（影印本），上海古籍出版社2008年版，第781页。

4. 对女子受伤害行为的同情

据《汉书·王尊传》载："西汉元帝年间，美阳女子告假子不孝，曰：'儿常以我为妻，妒笞我。'尊闻之，遣吏收捕验问，辞服。尊曰：'律无妻母之法，圣人所不忍书，此经所谓造狱者也。'尊于是出坐廷上，取不孝子悬磔著树，使骑吏五人张弓射杀之。"① 从《汉书·王尊传》的记载可知，美阳县一名女子状告养子不孝，起诉养子，说养子常常以她为妻且殴打她，美阳县令王尊受理了该案。派遣官吏将不孝子抓捕审问，不孝子对自己的行为供认不讳。王尊说："法律中没有规定以母为妻应当如何处罚，是圣人不忍书写的缘故，这种情况是经典认为需要创造法律的事例。"王尊对养子的恶行深恶痛绝，随后将不孝子悬挂于树，磔后射杀。

三、两汉司法官员女性悲悯情怀的价值

1. 反映了两汉法官群体的君子人格

潘久维指出："心理学研究的人格，是指个体特有的一种行为倾向，有什么样的人格，就有什么样的行为。"② 中国传统思想倡导君子人格。《周易》中讲到的君子人格有多方面的体现。其中曰："君子以自强不息"③；《周易》又曰："君子终日乾乾，夕惕若，厉无咎"④"君子以果行育德"⑤"君子厚德载物"⑥"君子以赦过宥罪"⑦。

汉代司法官员能够用君子人格严格要求自己，君子人格不仅是汉代官员

---

① （南朝宋）范晔：《汉书》卷七六《赵尹韩张两王传》第四十六，中华书局 1962 年版，第 3227 页。

② 潘久维：《审判心理学》，四川科学技术出版社 1989 年版，第 78 页。

③ （清）阮元校刻：《十三经注疏》（清嘉庆刊本）—《周易正义》卷第一，中华书局 2009 年版，第 24 页。

④ （清）阮元校刻：《十三经注疏》（清嘉庆刊本）—《周易正义》卷第一，中华书局 2009 年版，第 22 页。

⑤ （清）阮元校刻：《十三经注疏》（清嘉庆刊本）—《周易正义》卷第一，中华书局 2009 年版，第 36 页。

⑥ （清）阮元校刻：《十三经注疏》（清嘉庆刊本）—《周易正义》卷第一，中华书局 2009 年版，第 42 页。

⑦ （清）阮元校刻：《十三经注疏》（清嘉庆刊本）—《周易正义》卷第四，中华书局 2009 年版，第 106 页。

的人格追求，也成为约束自身行政行为的尺度和准则。汉代官员的君子人格主要表现在以下几个方面：

第一，爱民如子。

汉代司法官员从传统儒家"仁者爱人"的悲悯情怀出发，热爱百姓，以民心向背为转移，为造福一方百姓付出自己的努力和心血，汉代官员将服务一方百姓作为自己的目的与出发点，努力为百姓利益服务，出现了许多深受百姓爱戴的官员。

据司马彪《后汉书》记载："王涣为洛阳令，履正。病卒，百姓哀痛，老少随车致祠，昼夜号泣。"① 从司马彪《后汉书》的记载可以看出，王涣在做洛阳县县令时，能够躬行正道，深受百姓爱戴，王涣生病去世，百姓非常悲伤，父老乡亲都随车来到祠庙，日夜哭泣。据司马彪《后汉书》记载，著名司法官员刘宠："宠字祖荣，受父业，以经明行修举孝廉，光禄察四行，除东平陵令。是时民俗奢泰，宠到官躬俭，训民以礼，上下有序，都鄙有章。视事数年，以母病弃官。百姓士民攀舆拒轮。充塞道路，车不得前，乃止亭，轻服潜遁，归修共养。"② 从司马彪《后汉书》的记载可以看出，刘宠，先以明经被推荐为孝廉，后来又做了东平陵县县令。当时东平陵县民风奢侈，刘宠到任后，能够身先士卒，勤俭节约。用儒家思想对百姓进行教化。使一县境内百姓长幼有序，乡野之间都有章可循。他做东平县令多年，深受百姓爱戴，后因为母亲生病辞去官职。百姓拦住刘宠的车辆，道路上挤满了人，以至于刘宠的车辆无法前行。刘宠只好停留在亭部，轻装潜行，回去奉养母亲。

第二，廉洁奉公。

据谢承《后汉书》记载："杨秉为豫、荆、徐、兖四州刺史，迁任城相。自为刺史二千石，计日受俸，余禄不入私门。"③ 从谢承《后汉书》的记载可以看出，杨秉曾做过豫州、荆州、徐州、兖州四州刺史，后来迁任城相，杨秉作为二千石官员的刺史，自觉按日计算俸禄，拒不接受多余的钱财。可以看出，杨秉虽身为二千石官员的刺史，却能严格要求自己，廉洁奉公。

---

① 周天游辑注：《八家后汉书辑注》，上海古籍出版社1986年版，第482页。
② 周天游辑注：《八家后汉书辑注》，上海古籍出版社1986年版，第483页。
③ （清）汪文台辑，周天游点校：《七家后汉书》，河北人民出版社1987年版，第48页。

据张潘《后汉书》记载：桥玄"玄字公祖，历位中外，以刚断称，谦恭下士，不以王爵私亲。光和中为太尉，以久病策罢，拜太中大夫，卒。家贫乏产业，枢无所殡，当世以此称为名臣"①。从张潘《后汉书》的记载可以看出，桥玄担任了很多官职，以刚正著称，对下属谦让恭敬，不因为自己是国家官员就以权谋私。光和中迁为九卿之一太尉，后因久病从太尉职位调迁太中大夫，桥玄一生清廉，去世的时候，家境贫寒，没有财产，甚至没有钱去购买墓地，被称为当世之名臣。

2. 有助于实现刑罚宽缓化

在中国法制发展史上，一般认为，缇萦上书汉文帝是中国法律从奴隶制五刑走向封建制五刑的开端。缇萦上书汉文帝引发了汉代著名的汉文帝刑制改革，有学者认为："汉文帝改革肉刑顺应了历史发展的趋势，虽未完全解决刑重问题，但为北朝及隋封建五刑的确立奠定了基础。"② 汉文帝十三年（前167年）刑制改革废除了除宫刑以外的其他肉刑。将在脸上刺字的刑罚，更为脖子上带铁环去修筑长城或舂米的刑罚。应当割掉鼻子的，击打三百下。应当砍掉左脚的，击打五百下。应当砍掉右脚的，处以死刑（弃市刑）。汉文帝刑制改革，虽然还有将斩右趾更为弃市刑，扩大死刑适用的从重情况。然此次刑制改革，废除了绝大部分残损肢体的肉刑。使中国古代刑制从肉刑中心刑时代向徒刑（劳役刑）中心刑时代迈进。肉刑中心刑时代的中国刑罚，以残损肢体的肉刑为核心。奴隶制五刑中的四种肉刑：墨、劓、刖、宫全部是残损肢体的刑罚。而封建制五刑中的笞刑、杖刑都是不残损肢体的肉刑。汉文帝刑制改革，使中国古代刑制从野蛮向文明迈进。

汉文帝刑制改革，体现了文帝的爱民情怀。

3. 实现了法外重刑或法外轻刑

两汉司法官员在审理案件时，因为对女子的同情，抑或因为对女子犯罪行为的痛恨，因此在适用法律过程中会有法律外重刑或者法律外轻刑两种典型倾向。潘久维指出：法官"往往给予同情和怜悯，在审判中，抑强扶弱，

---

① （清）汪文台辑，周天游点校：《七家后汉书》，河北人民出版社1987年版，第407页。
② 朱勇主编：《中国法制史》，高等教育出版社2017年版，第98页。

平反冤错。一方面，由于同情和怜悯，在审判中，抑强扶弱，平反冤错。一方面，由于同情和怜悯，审判中有可能出现某种程度的偏袒"①。两汉司法官员的女性悲悯情怀主要表现在以下两个方面：

第一，法律外重刑。

两汉司法官员的女性悲悯情怀，首先表现为法外重刑，以打击侵害女子合法权益的犯罪行为。前述王尊审理的孝子侵害母亲案即是如此。在这里，王尊对以母为妻的不孝子使用了法外刑：磔后射杀。磔刑是秦、汉时代最为残酷的刑罚。在《二年律令》中，磔刑主要适用于叛国、抢劫等重大犯罪。师古曰："磔谓张其尸也，弃市，杀之于市也。"②（《汉书·景帝纪》颜师古注）可见，磔是将尸体张裂的刑罚，在受刑人死后执行。而弃市刑，则是在市场上执行的死刑，弃市刑和磔刑的区别在于：弃市刑是在受刑人存活时执行的刑罚，而磔尸刑则是在受刑人死亡后张裂其肢体的刑罚。该刑罚在汉景帝中二年被废除，将磔刑改为弃市刑，不再使用磔刑。王尊将不孝子悬挂于树，磔后射杀，显然属法律外用刑，一方面将传统意义上以张裂尸体为表现的磔刑，在生命尚存时执行。另一方面磔后射杀无疑将磔与射杀两种刑罚并用，增加了刑罚的残酷性。可以看出，在司法实践中，司法官员对磔刑的适用具有很大的随意性，以实现其女性悲悯情怀。

第二，法律外轻刑。

我国台湾地区学者蔡墩铭曰："审判官应有之道德，俗称司法道德或司法良心，最重要之司法道德，乃好生之德。"③ 两汉司法官员审理女性案件时，往往对女性的复仇行为充满同情。从前面所记载的事例可以看出，两汉司法官员审理女性案件时，因为对女性犯罪行为的同情，通常会对女性减轻处罚。对女性减轻处罚，主要表现为两个方面：一方面是免予处罚，从上面司法官员对缑玉案件的审理可以看出，最终的审理结果是通过上奏皇帝免除了缑玉的处罚，使缑玉最终免予承担刑事责任；另一方面是，虽然不是免予承担刑事责任，但有减轻处罚的趋势。前如何侍殴打丈夫母亲的行

---

① 潘久维：《审判心理学》，四川科学技术出版社1989年版，第72页。
② （东汉）班固：《汉书》卷五《景帝纪》第五，中华书局1962年版，第146页。
③ 蔡墩铭：《审判心理学》，台湾水牛出版社1981年版，第633页。

为，最终免予死刑处罚。美国学者 E. 博登海默指出："当法官在未规定案件中创制新的规范或废弃过时规范的时候，价值判断在司法过程中会发挥最大限度的作用。"①

两汉司法官员审理女性案件时，能够从自己的价值判断出发，从重或从轻审理涉及女性的犯罪案件。

---

① ［美］E. 博登海默：《法理学、法律哲学与法律方法》，邓正来译，中国政法大学出版 1999 年版，第 503 页。

第八章 两汉司法官员审理民事案件的法律、情感与经验维度

第一节 两汉司法官员审理民事案件的法律维度

一、案件回放

两汉司法官员在审理民事案件时，常常会依照法律的规定行事。依照法律审理民事案件，是两汉司法官员审理民事案件的一个方面。现以汉简所载民事案件说明这一点。

《居延新简》载《建武三年十二月候粟君所责寇恩事》，即是汉代司法官员严格依照法律规定的内容和程序审理民事案件的一个范例。

《居延新简》记载：建武三年十二月癸丑朔乙卯，都乡啬夫宫以廷所移甲渠候书，召恩诣乡。先以"证财物故不以实，藏五百以上，辞已定，满三日而不更言请者，以辞所出入罪反罪"之律，辨告。乃爰书验问。

恩辞曰：颍川昆阳市南里，年六十六岁，姓寇氏。去年十二月中，甲渠令史华商、尉史周育当为候粟君载鱼之觚得卖。商、育不能行。商即出牛一头，黄、特，齿八岁。平贾直六十石，与交谷十五石，为七十五石。育出牛一头，黑、特，齿五岁。平贾直六十石，与交谷卅石，凡为谷百石，皆予粟君，以当载鱼就直。时，粟君借恩为就，载鱼五千头。到觚得贾直，牛一头谷廿七石，约为粟君卖鱼沽出时行钱卅万。时，粟君以所得商牛黄、特，齿八岁，以谷廿七石予恩顾就直。后二、三（日）当发，粟君谓恩曰："黄牛微瘦，所得育牛，黑、特，虽小，肥，贾直（值）俱等耳。择可用者持行。"恩即取黑牛去，留黄牛。非从粟君借犁牛。恩到觚得卖鱼尽，钱少，因卖黑牛，并以钱三十二万付粟君妻业。少八岁（应为万）。恩以大车半枙轴一，

直（值）万钱。羊韦一枚为橐，直（值）三千。大笥一合，直（值）千。一石去卢一，直（值）六百。轺索二枚，直（值）千。皆置业车上，与业俱来还。到第三置，恩糴大麦二石付业，直（值）六千。又到北部为业卖（应为买）肉十斤，直（值）谷一石，石三千。凡并为钱二万四千六百，皆在粟君所。恩以负粟君钱，故不从取器物。又恩子钦以去年十二月廿日为粟君捕鱼，尽今天正月、闰月、二月，积作三月十日，不得贾直（值）。时，市庸平贾大男日二斗为谷廿石，恩居觚得付业钱时，市谷决石四千。以钦作贾谷十三石八斗五升，直（值）觚得钱五万千四。凡为钱八万，用偿所负钱毕。恩当得钦作贾余谷六石一斗五升付。恩从觚得自食为业将车到居延，［积］行道廿余日，不计贾直（值）。时，商、育皆平牛直（值）六十石与粟君，粟君因以其贾予恩，已决。恩不当予粟君牛，不相当谷廿石。皆证，它如爰书。（E·P·F22：1—35）[①]

乙卯爰书主要记录了寇恩的陈述，在今天被称为当事人陈述。寇恩说自己是颍川昆阳市南里人，今年六十六岁，名字叫寇恩。去年十二月中旬，甲渠令史华商、尉史周育应当为候粟君载鱼到觚得卖。华商和周育不能去。于是，华商交给候粟君一头八岁黄色牡牛。估价为六十石粮食加上十五石谷子，总共价值七十五石。周育交给候粟君一头五岁黑色牡牛，估价六十石加上谷物四十石，总共是一百石谷物。这些都交给了候粟君，作为不能到觚得卖鱼的违约金。当时，候粟君雇了寇恩，载鱼五千头，去觚得卖。将一头牛和二十七石谷物，作为卖鱼的雇值。双方约定，卖鱼后将四十万元钱交给候粟君。当时，候粟君将华商的一头黄色八岁牡牛及谷物二十七石交给寇恩做雇其卖鱼的费用。后面两三天要出发的时候，候粟君对寇恩说："黄牛比较瘦，周育的黑牛虽然小，但是比较肥，和黄牛在价值上是对等的，你可以选择其中之一。"寇恩于是留下黄牛，带走了黑牛。黑牛是雇值，寇恩到觚得卖鱼，得钱不足四十万。于是卖掉黑牛，凑了三十二万元钱交给候粟君的妻子业。还少八万。寇恩于是卖掉了大车椯轴一个价值一万元。羊橐一枚价值三千元，

---

　　① 甘肃省文物考古研究所、甘肃省博物馆、文化部古文献研究室、中国社会科学院历史研究所：《居延新简：甲渠候官与第四燧》，文物出版社1990年版，第475—477页。

大笥一盒价值一千元。一石去卢价值六百元，轭索二枚价值一千元，这些卖的东西都放在业的车上，和业一起行动的。寇恩还到北部为业买肉十斤，值一石谷价。一石三千元，这些价值二万四千六百元都在粟君那里。寇恩因为欠粟君的钱，所以没有拿走自己运鱼的器物。另外，寇恩儿子寇钦从去年十二月二十日开始为粟君捕鱼，一直到今年三月总共劳作三个月又十日，没有获得报酬。当时雇佣一个成年男子的市场价是每日二斗，当时市场价一石谷子四千元，寇钦劳作的时间折合谷物十三石八斗五升，折合为五万四千元钱。加上前面的二万四千六百元，为七万八千六百元，剩下的钱，寇钦还归还了六石一斗五升的谷子。所有这些合计八万元。寇恩自己解决吃住问题为业驾驶车辆到居延，行程三十余日，没有计算报酬。华商和周育将相当于六十石谷物的牛交给粟君，他们之间的交易已经结束。现在我不欠粟君的牛，也不需归还二十石谷价。其他证据，如同爰书。

该爰书在当事人陈述部分，内容详尽。寇恩陈述了自己的观点，认为已将所欠粟君八万元钱全部还清。随后在癸丑朔戊辰（十六日），再度开庭制作了戊辰爰书。又在癸丑朔辛未（十九日）三度开庭制作了辛未爰书。在辛未爰书中，都乡啬夫将已查明的事实写清：建武三年十二月癸丑朔辛未（十九日），都乡啬夫宫敢言之。廷移甲渠曰："去年十二月中，取客民寇恩为就，载鱼五千头到觻得，就贾用牛一头，谷廿七石。恩愿沽出时行钱卅万。以得卅二万。又借牛一头以为轑，因卖，不肯归以所得就直（值）牛，偿不相当二十石。"书到，验问，治决言。前言解廷。邮书曰："恩辞不与候相应，疑非实。今候奏记府，愿诣乡爰书是正。"府录：令明处更详验问，治决言。谨验问，恩辞：不当与粟君牛，不相当谷二十石。又以在粟君所器物直（值）钱万五千六百；又为粟君买肉，糴谷三石，又子男钦为粟君作贾直（值）廿石。皆尽偿，所负粟君钱毕，粟君用恩器物币败。今欲归恩不肯受。写移爰书。叩头死罪死罪，敢言之①。

辛未爰书，讲到候粟君的诉讼请求，粟君认为，自己雇寇恩去卖鱼，将

---

① 甘肃省文物考古研究所、甘肃省博物馆、文化部古文献研究室、中国社会科学院历史研究所：《居延新简：甲渠候官与第四燧》，文物出版社1990年版，第477—478页。

牛一头，廿七石谷物作为雇值。寇恩答应将卖鱼所得四十万元交给自己，但是只还了三十二万。还将一头牛借走，卖出后未归还价款。所欠八万元钱也未还清。从这里可以看出，候粟君有两项诉讼请求：第一，请求将借走的牛变卖后的钱还给自己。第二，请求还清八万元欠款。由于候粟君的诉讼请求与寇恩的陈述有差异。都尉府要求寇恩所在乡啬夫进一步查明事实。都乡啬夫回复说：经调查得知，寇恩不应当归还牛给粟君，不应当归还二十万谷价（当时，市场价一石谷值四千元，二十石共计八万元）。寇恩交给候粟君的器物价值一万五千六百元，又为粟君买肉，为粟君卖谷三石，儿子寇钦又为粟君劳作估值廿石（应为十三石，廿石应为估算）。都乡啬夫查明事实认为，寇恩既不欠粟君的牛，也不欠廿石谷（八万元钱）。调查得知，由于放在粟君那里卖鱼的器物已经破损，因此，寇恩不愿拿走自己放在粟君那里的器物。

到了十二月己卯（廿七日），都乡啬夫写出判决：须以政不直者法亟报①。如律令。都乡啬夫认为，候粟君作为国家官员，随意诬陷他人，应当以"政不直"的罪名治罪。

二、两汉司法官员审理民事案件的法律维度

（一）严格依法律程序提起诉讼

从《居延新简》所载《建武三年十二月候粟君所责寇恩事》乙卯爰书可以看出，这是一起官告民的债务纠纷，原告候粟君将被告寇恩告到居延都尉府。原告候粟君状告寇恩欠自己八万元。该案由县庭移至寇恩所在的乡，由都乡啬夫查明事实，进行初审。从我国今天的审级制度看，有审判权的最低级审判机构为县级人民法院。两汉时期，乡一级地方司法审判机构即拥有初审权。史料载："啬夫职听讼。"② 从《汉书·百官公卿表》的记载可以看出，乡啬夫有听讼的职责。古代中国，刑事诉讼与民事诉讼存在着严格的区分。

---

① 甘肃省文物考古研究所、甘肃省博物馆、文化部古文献研究室、中国社会科学院历史研究所：《居延新简：甲渠候官与第四燧》，文物出版社1990年版，第478页。

② （汉）班固：《汉书》卷一九上《百官公卿表》第七上，中华书局1962年版，第742页。

所谓："争罪曰狱，争财曰讼。"① 从史料记载可以看出，在中国古代，乡一级地方政府中的啬夫有审理民事案件的职权。因为原告就被告的需要，县庭将案件移送至寇恩所在的乡，由乡啬夫对此案件做初步审理。

乡啬夫接到县庭移来的案卷后，即传唤寇恩到乡府。该案按照法律规定是正式开庭审理的。从我国目前案件开庭审理的情况看，庭审前，要向当事人宣布一些注意事项。古代也是如此。寇恩案开庭审理后，都乡啬夫向寇恩宣布了一条法律规定。《居延新简》曰："□辞以定，满三日。"（E·P·T5：111）②《居延新简》曰："□三日而不更言请（情），书律辨告。乃验问……"（E·P·T51：228）③《居延新简》曰："□故不以实，臧（赃）二百五十以上令辨告。"（E·P·T51：290）④《居延新简》曰："□案，不更言，以辞所出内罪人。"（E·P·W13：）⑤ 高恒先生认为，"这条法律当为汉《囚律》条文"⑥。甚是。汉代的法律规定。也就是说，当事人陈述案件事实时，隐瞒实情，赃值达到五百元以上，陈述已经生效。当事人在三天内不改变自己所述案件事实的，要以其虚假陈述的金钱数额反治其罪。可见，汉代，为保证当事人如实陈述案情，法律有严格规定。从《居延新简》中关于这一法律规定的记载可以看出，汉代民事案件的审理，有明确的程序要求。

（二）严格遵循法律规定

在汉代社会，凡是拖欠他人债务的，需及时清偿。不能及时清偿的，要承担相应责任。据《史记》记载，"四年，侯信坐不偿人责过六月，夺侯，国除"⑦。从《史记》的记载可以看出，汉文帝四年，河阳侯陈信，因为不偿

① （清）阮元校刻：《十三经注疏》（清嘉庆刊本）四《周礼注疏》卷第十，中华书局2009年版，第1525页。

② 甘肃省文物考古研究所、甘肃省博物馆、文化部古文献研究室、中国社会科学院历史研究所：《居延新简：甲渠候官与第四燧》，文物出版社1990年版，第25页。

③ 甘肃省文物考古研究所、甘肃省博物馆、文化部古文献研究室、中国社会科学院历史研究所：《居延新简：甲渠候官与第四燧》，文物出版社1990年版，第192页。

④ 甘肃省文物考古研究所、甘肃省博物馆、文化部古文献研究室、中国社会科学院历史研究所：《居延新简：甲渠候官与第四燧》，文物出版社1990年版，第197页。

⑤ 甘肃省文物考古研究所、甘肃省博物馆、文化部古文献研究室、中国社会科学院历史研究所：《居延新简：甲渠候官与第四燧》，文物出版社1990年版，第538页。

⑥ 高恒：《秦汉简牍中法制文书辑考》，社会科学文献出版社2005年版，第287页。

⑦ （汉）班固：《史记》卷一八《高祖功臣侯者年表》第六，中华书局1982年版，第913页。

还自己所欠债务，超过六个月。被剥夺侯爵的爵位，诸侯封国被取消。据《潜夫论》记载，"诸侯负责，辄有削绌之罚。此其后皆不敢负民，而世自节俭，辞讼自消矣"①。从《潜夫论》的记载可以看出，汉明帝永平年间，规定诸侯负债不偿，就会受到削夺爵位和封地的处罚。从此以后，为避免受到处罚，诸侯都不敢负债于民。大家都养成了勤俭节约，不借债的风气。以后因为借贷而产生的民间诉讼也就消失了。汉代，如果"贫人负官重责，贫无以偿，则身为官作，责乃毕竟"②。从《论衡》的记载可以看出，汉代如果贫困百姓欠了官府的钱，特别是负债数额较大时，常常因为贫困无法还债。只能到官府劳作，才能够清偿债务。在汉代，借债必还的规定也有很强的法律效力和约束力，一般官员如果借债不还，可能面临着夺爵、国除的危险，而普通百姓如果不能还债则有倾家荡产的可能。所谓："于是有卖田宅鬻子孙以偿责者矣。"③ 从《汉书》的记载可以看出，普通百姓，在贫困无法偿债的情况下，只能通过变卖田宅，卖儿卖女的方式来清偿自己所欠的债务。

张家山汉简《二年律令》规定："有罚、赎、责（债），当入金，欲以平贾（价）入钱，及当受购，偿而毋金，及当出金、钱县官而欲以除其罚、赎、责（债），及为人除者，皆许之。各以其二千石官治所县十月金平贾（价）予钱，为除。"④ 按照张家山汉简《二年律令》的规定，有处以罚金刑或者有债务在身，应当交纳"金"者，可以换算成同等价值的"钱"。或者收购他人物品，偿还债务的，或者应当出金或者钱给官府来抵消自己的罚金刑、赎刑或者债务的，或者愿意替人们清偿债务的，都应当允许。各自以二千石官所在之县十月份的账目允许以"金"换算成"钱"，来抵偿罚金刑或者赎刑或者债务。从《二年律令》的这一条规定可以看出，抵偿债务时，可以用"金"，也可以将"金"换算成等值的钱。这种债务清偿应当在各县十月份集中受理。该条规定变相地规定债务应当及时清偿。

---

① （汉）王符撰，（清）汪继培笺：《潜夫论笺校正》卷五《断讼》第十九，中华书局1985年版，第229页。

② （汉）黄晖撰：《论衡校释》卷第一二《量知篇》，中华书局1990年版，第548页。

③ （汉）班固：《汉书》卷二四上《食货志》第四上，中华书局1962年版，第1132页。

④ 张家山汉墓竹简整理小组：《张家山汉墓竹简》（二四七号墓），文物出版社2001年版，第190页。

从上述《候粟君责寇恩》一案可以看出，在汉代，债权债务纠纷是一种较为严重的民事纠纷。因此，不能口头审结，必须依照法律规定，开庭审理。都乡啬夫先后几次开庭审理此案，查明案情：寇恩不欠候粟君的牛，也不欠候粟君八万元钱。最终都乡啬夫做出初审判决，认为候粟君应当承担为政不直的刑事责任。

第二节 两汉司法官员审理民事案件的情感维度

潘久维曰："审判者进行审判活动，接触与诉讼有关的人（个体）和事物，产生喜、怒、哀、乐、爱、憎等感情，是由审判者（个体）本身的生物机制制约的，是不可避免的。"①

一、通过罪己的方式对百姓进行感化教育

据《后汉书·循吏列传》记载："许荆字少张，是会稽阳羡人。和帝时，稍迁桂阳太守……尝行春到耒阳县，人有蒋均者，兄弟争财，互相言讼。荆对之叹曰：'吾荷国重任，而教化不行，咎在太守。'乃顾使吏上书陈状，乞诣廷尉，均兄弟感悔，各求受罪。"② 从《后汉书·循吏列传》的记载可以看出，许荆是会稽阳羡人，汉和帝时期，升迁为桂阳太守。曾经在春天到来的时候，巡行来到耒阳县。县里有一个叫蒋均的人，兄弟两人争夺财产，相互起诉到官府。许荆在兄弟两人面前感叹道："我担负着治理国家的重任，而所治理的地方，教化不能推行，责任在太守啊。"于是找人代写诉状，将自己告到廷尉那里。蒋均兄弟二人终于悔悟，放弃争夺财产，都愿意承担相应的罪责。

在这里，许荆通过自陈其罪的方式，对郡内百姓进行感化教育，争夺财产的兄弟二人由此受到教育，终被感化，放弃了财产争夺。

---

① 潘久维：《审判心理学》，四川科学技术出版社 1989 年版，第 157—158 页。
② （南朝宋）范晔：《后汉书》卷七六《循吏列传》第六十六，中华书局 1965 年版，第 2472 页。

据《汉书·韩延寿传》记载，"韩延寿字长公，燕人也，徙杜陵"①。"韩延寿后来升迁为谏大夫，出守左冯翊。在春天到来的时候，行县至高陵，民有昆弟相与讼田自言，延寿大伤之，曰：'幸得备位，为郡表率，不能宣明教化，至令民有骨肉争讼，既伤风化，重使贤长吏、啬夫、三老、孝弟受其耻，咎在冯翊，当先退。'是日移病不听事，因入卧传舍，闭门阖思过。一县莫知所为，令丞、啬夫、三老亦皆自系待罪。于是讼者宗族传相责让，此两昆弟深自悔，皆自髡肉袒谢，愿以田相移，终死不敢复争"②。

从《汉书·韩延寿传》的记载可以看出，韩延寿是杜陵人，因为父亲死亡，韩延寿出任谏大夫，驻守在左冯翊。春天到来的时候，韩延寿巡行到达高陵县，县中有百姓昆弟之间争夺财产，提起诉讼。韩延寿非常伤感，说："我有幸获得此官位，应当是一郡的表率，却不能推行教化，致使一郡之内有骨肉亲属争夺田产的事情发生，既有伤风化，使贤长吏、啬夫、三老等地方官员蒙羞，责任在我啊，应当先行离开官府。"这一天，韩延寿以生病为由，不办理公事，在所居传舍中，闭门思过。一县的官员都不知道如何是好，县令、县丞、啬夫和三老这些地方官员也都等待被治罪。于是争夺田产的两昆弟所在的宗族将兄弟两人叫来，进行说服教育，兄弟两人都对自己的行为后悔不已。两个人都露出臂膀谢罪，愿意让出田产，终生不再争夺田产。

从《汉书·韩延寿传》的记载可以看出，韩延寿对昆弟两人争夺田产这样的民事纠纷，没采用开庭审理的方式解决，而是通过闭门思过的方式，使昆弟两人感悟，从而顺利地化解了纠纷。不仅解决了眼下的田产纠纷，且具有一劳永逸的功效。潘久维曰："法官自省是法官必须具备的气质。法官在审判他人之前，必须先对自己加以审判。对自己进行审判，就是一种自我反省。这种自省功夫需要在审判实践中磨炼培育。"③

据《后汉书·鲁恭传》记载："亭长从人借牛而不肯还之，牛主讼于恭。恭召亭长，敕令归牛者再三，犹不从。恭叹曰：'是教化不行也。'欲解印绶

① （汉）班固：《汉书》卷七六《赵尹韩张两王传》第四十六，中华书局1962年版，第3210页。
② （汉）班固：《汉书》卷七六《赵尹韩张两王传》第四十六，中华书局1962年版，第3213页。
③ 潘久维：《审判心理学》，四川科学技术出版社1989年版，第132页。

去。掾史泣涕共留之，亭长乃惭悔，还牛，诣狱受罪，恭贳不问。"① 从《后汉书·鲁恭传》的记载可知，鲁恭做中牟县县令时，有一个亭长借了别人的牛不肯归还，牛的主人将亭长告到了鲁恭那里。鲁恭召来亭长，再三让他还牛，依然没有归还。鲁恭叹息说："是教化不行的缘故啊。"想要交出印章，解去绶带辞官。掾史们都伤心哭泣挽留。亭长非常惭愧，将借来的牛归还给主人，来到司法机关，准备接受处罚。鲁恭宽大处理，没有对他治罪。

从以上案例可以看出，两汉地方司法官员在解决民事纠纷时，不是采用单一的处罚方式，而是通过罪己的方式，使当事人悔悟，从而使民事纠纷得以圆满解决。

二、通过感化教育的方法解决民事纠纷

我国台湾地区学者蔡墩铭曰："而感化犯人须以仁爱对待犯人，以启发其良知与良心，方能收预期之效果。"② 两汉司法官员在民事司法实践中，十分重视通过感化教育的方式化解民事纠纷。

据《后汉书·鲁恭传》记载：鲁恭"拜中牟令，恭专以德化为理，不任刑罚。讼人许伯等争田，累守令不能决，恭为平理曲直，皆退而自责，辍耕相让"③。从《后汉书·鲁恭传》的记载可知，鲁恭做中牟县县令时，处理民事案件，主要采用以德教感化的方式，不专任刑罚。当时，县中有许伯等人起诉他人，争夺田产。多个前任县令都无法解决，鲁恭将两人叫到一起评论是非曲直，然后让他们回去反省此事，两个人互相让出土地，不再耕种。

据《后汉书·吴祐传》记载："祐以光禄四行迁胶东侯相……民有争讼者，辄闭阁自责，然后断其讼，以道譬之。或身到闾里，重相和解。自是之后，争隙省息，吏人怀而不欺。"④ 从《后汉书·吴祐传》的记载可知，吴祐

---

① （南朝宋）范晔：《后汉书》卷二五《卓鲁魏刘列传》第十五，中华书局 1965 年版，第 874 页。

② 蔡墩铭：《审判心理学》，台湾水牛出版社 1981 年版，第 612 页。

③ （南朝宋）范晔：《后汉书》卷二五《卓鲁魏刘列传》第十五，中华书局 1965 年版，第 874 页。

④ （南朝宋）范晔：《后汉书》卷六四《吴延史卢赵列传》第五十四，中华书局 1965 年版，第 2101 页。

在做胶东侯相时，只要百姓中有民事纠纷发生，他都会关门自责，自我反省，然后审理民事案件，动之以情，晓之以理，或者亲自到百姓家中调解，使争讼者重新和解。

《太平御览》引谢承《后汉书》记载："仇览，为县阳遂亭长，有陈元者，凶恶不孝。其母诣览告之，览呼元。诮责元以子道，与《孝经》一卷，使诵读之。元深改悔，至母前谢罪曰：'少孤，为母所骄。谚曰：孤犊触乳，骄子詈母。乞今自改。'遂成佳士"①。仇览为县阳遂亭长时，好行教化。辖区内有一个叫陈元的人，非常凶恶，不行孝道。他的母亲到仇览处告发自己的儿子，仇览将陈元招来，责备他应有子道，并将一卷《孝经》交给他读。陈元反省自己的行为，非常懊悔，终成佳士。在这里，仇览未将不孝子陈元付诸刑罚，而是贯彻儒家"先教后杀"的精神，以教育、感化为先。最终使陈元浪子回头，收到了非常好的社会治理效果。

两汉司法官员通过感化教育的方式解决民事纠纷，体现了传统儒家"和为贵"②的基本主张，有助于实现传统儒家无讼的基本主张③，以加快民事纠纷解决速度，维护和谐、稳定的社会生活。

第三节　两汉司法官员审理民事案件的经验维度

一、依常识做出判决

据《太平御览》引《风俗通义》记载："陈留有富室翁，年九十无子，取田家女为妾，一交接，即气绝；后生得男，其女诬其淫佚有儿，曰：'我父死时年尊，何一夕便有子。'争财数年不能决。丞相邴吉出殿上决狱，云：'吾闻老翁子不耐寒，又无影，可共试之。'时八月，取同岁小儿，俱解衣裸

---

① （宋）李昉等：《太平御览》六（影印本），上海古籍出版社 2008 年版，第 593 页。
② （清）阮元校刻：《十三经注疏》（清嘉庆刊本）四《周礼注疏》卷第二，中华书局 2009 年版，第 1389 页。
③ 孔子曰："听讼，吾犹人也，必也使无讼乎。"参见（清）阮元校刻：《十三经注疏》（清嘉庆刊本）十《论语注疏》卷第十二，中华书局 2009 年版，第 5439 页。

之，此儿独言寒；复令并行日中，独无影。大小叹息，因以财与儿。"① 从《风俗通义》的记载可以看出，陈留有一个富裕的人，到九十岁还没有儿子。娶田家女子为妾，后来田家女子生了一个儿子，富翁的女儿认为田家女子因为作风放荡才生了儿子。她说："我的父亲那么大年龄了，怎么会一下子就生出一个儿子呢？"于是和富翁的儿子争夺财产，数年得不到解决。因为是重大疑难的民事案件，因此丞相邴吉亲自审理了这起疑难案件。邴吉说："我听说老翁的儿子不耐风寒，又没有人影，可以和大家一起试验一下。"当时正好是八月份，找了一个和老翁的儿子同年龄的小孩，将他们的衣服解开，只有老翁的儿子说冷，让两个人在太阳底下一起行走，老翁的儿子没有人影。老翁家中老少对邴吉的审理结果都表示叹服，于是将财产给了老翁的儿子。

这是《太平御览》转引《风俗通义》记载的一起丞相审理民事案件的经过，从案情记录的情况看，该案发生在陈留地区，是多年缠讼，不能很好解决的疑难案件。由于古代中国案件鉴定技术落后，无法对老翁和小儿的亲子关系进行判断。但是案件又必须得到解决，于是邴吉依人们认可的所谓经验进行审理，其中之一是老翁的儿子不耐风寒，即便是八月份的天气也是如此。另外一个人们认可的所谓经验是老翁的儿子在太阳底下行走，没有人影，最终使案件得到圆满解决，老翁的儿子也得到了属于自己的一份遗产。潘久维说："人们在日常社会生活中，对一般正常情况下的言行规范、人际关系、风俗习惯、道德风尚以及对自然界的感受等多方面共通的问题，形成许多普遍公认的合乎情理的逻辑规律。人们有意无意地遵循着这些生活逻辑规律，并用它来衡量人的言行和其他事情是否合情合理。"② 我国台湾地区学者蔡墩铭曰："审判官之知识经验不应限于法学方面，更应扩及于各种自然科学与社会科学方面。"③

二、心理探测法的运用

《太平御览》卷六三九引《风俗通义》记载了另外一起疑难民事案件的

---

① （宋）李昉等：《太平御览》八（影印本），上海古籍出版社 2008 年版，第 449 页。

② 潘久维：《审判心理学》，四川科学技术出版社 1989 年版，第 215 页。

③ 蔡墩铭：《审判心理学》，台湾水牛出版社 1981 年版，第 632 页。

审理过程。《风俗通义》曰："沛县有富家翁，资三千余万，小妇子年才数岁，顷失其母。父无亲近，其大妇女甚不贤；翁病困，思念恐争其财，儿必不全，因呼族人为遗书令悉以财属女，但遗一剑与儿，年十五，以还付之。其后儿大，姊不肯与剑，男乃诣郡自言求剑。谨案：时太守大司空何武也，得其辞，因录女及婿，省其手书，顾谓掾史曰：'女性强梁，婿复贪鄙，其父畏贼害其儿，又计小儿正得此财不能全获，故且与女，内实寄之耳，不当以剑与之乎？夫剑者，亦所以决断也；限年十五者，度其子智力足以自活，此女恐必不复还其剑，当闻县官，县官或能证案，得以见伸展也。凡庸何能思虑独远如是哉！'悉夺取财以与子。曰：'弊女恶婿温饱十五岁，亦以幸矣。'于是论者乃服，谓武原情度事得其理。"①

　　从《太平御览》卷六三九引《风俗通义》记载的事例可以看出，沛郡有一个富裕的男子，资产三千余万，妾的儿子只有几岁，突然失去自己的母亲，没有其他近亲，妻的女儿非常不贤惠。富翁病重，怕自己的女儿争夺财产，使儿子的财产不完整。于是召唤族人写下遗嘱，遗嘱中将所有的财产都给了女儿。只留一把剑给儿子，剑由姐姐代管，儿子十五岁时，归还。后来弟弟长大，姐姐不肯将剑归还。弟弟就亲自到郡起诉，请求姐姐返还宝剑。当时的太守，也就是后来的大司空何武审理了案件，从女儿、女婿那里录取了证词。何武对掾史说："男孩的父亲害怕姐姐伤害弟弟，又考虑即便将财产全部给予儿子，儿子年幼不能看护。所以将财产全部给予女儿，此并非老翁的真实意愿，老翁的真实意愿只是将财产暂时寄存在女儿那里而已。给儿子一把剑，是考虑剑有决断的意思。让姐姐在弟弟十五岁时归还宝剑，主要是考虑到儿子在十五岁时有了完全的民事行为能力，只要姐姐不归还剑，弟弟就可以将姐姐告发到官府，县官就可以根据弟弟的诉讼请求，调查案件，伸张正义。普通人一般都不会有此翁这样的深谋远虑。"太守何武做出判决：将姐姐所有的财产都判给弟弟所有。何武说："女儿、女婿依靠这些财产生活了十五年，已经非常幸运了。"

　　在此案的审理中，太守何武并未按沛郡富翁所立遗嘱行事。沛郡富翁在

---

　　①　（宋）李昉等：《太平御览》六（影印本），上海古籍出版社 2008 年版，第 773—774 页。

遗嘱中将所有的财产都给了自己的女儿，只将一把宝剑留给自己的儿子。太守何武在审理此案时，并未按照遗嘱的内容进行判决。而是揣测老翁的真实意愿，并且根据实际情况，依照社会普遍认可的人情的需要做出判决，将富翁留给女儿的财产悉数判给儿子，圆满地解决了弟弟和姐姐之间的财产纠纷。

据《太平御览》卷四三九引《风俗通义》曰："临淮有一人，持疋缣到市卖之，道遇雨被载，后人求共庇荫，雨霁，当别，因共争斗，各云：'我缣。'诣府自言，太守丞相薛宣劾实，两人莫肯首服。宣曰：'缣直数百钱耳，何足纷纷，自致县。'呼骑吏断缣，各与半；使追听之。后人曰：'受恩。'前缣主称冤。宣曰：'然，固知当尔也。'因诘责之，具服，俾悉还本主。"[1] 从《太平御览》卷四三九转引《风俗通义》的记载可知，临淮有一个人，拿了一匹布（缣）到市场卖，走在路上遇到下雨，就将缣披在身上。后面的人请求在缣下避雨。于是缣的主人就将缣的一角给了后面的人。雨过天晴，两人应当分别，却发生了争斗。都说："是我的缣"。双方告到官府，太守也就是后来的丞相薛宣审理了这一案件，薛宣核查案件实情，两个人都不肯改变自己的诉讼请求。薛宣说："缣价值不过几百元，有什么必要发生争抢，各自回到县中去吧。"于是让骑吏从中间将缣截断，给每个人一半。让骑吏追上去听他们说些什么，后面的人拿着缣高兴地说："感谢不尽。"缣的主人大喊冤枉。薛宣说："知道事情的真实情况了。"于是重新审理案件，都表示服从判决。于是薛宣判决将缣全部归还原主。从《风俗通义》所载这起案件可以看出，两个人就缣的所有权发生争执，而一人是缣的所有权人，一人不是。如何正确判断缣的所有权人呢？在这里，薛宣采用了心理探测法。先把缣分成两半，一人一半。看看两人的表现，真正的所有权人大呼冤枉，而非所有权人则欣喜若狂。薛宣由此判断，前者是缣真正的所有权人，而后者则非。双方都表示服从薛宣的判决，而缣也因此归还了真正的所有权人。

从该案的审理可以看出，两汉司法官员审理案件时，如果对事情的真相难以做出判断，常常会使用心理探测法。通过揣测当事人的真实心理，使案件得以正确审理。

---

① （宋）李昉等：《太平御览》六（影印本），上海古籍出版社 2008 年版，第 774 页。

据《太平御览》卷六三九引《风俗通义》记载："颍川有富室，兄弟同屋，两妇俱怀孕。大妇数月胎伤，因闭匿不（后疑缺一字出）；产期至，到乳舍，弟妇生男，夜因盗取。争讼三年，州县不能决。丞相黄霸出殿前，使卒抱儿，去两妇各十余步。叱自往取之。长妇抱持甚急，儿大叫啼；弟妇恐伤害之，因乃放与，而心甚自悽怆。霸曰：'此弟妇子也。'责问大妇，乃伏。"①

从《风俗通义》的记载可知，颍川地区有一个富裕人家，兄弟两人共同生活。两个人的妻子都怀有身孕，过了几个月，长妇流产，就悄悄地藏了起来。预产期到了，两个人都到产房。弟弟的妻子生了一个男孩。哥哥的妻子夜间盗走了男孩。两家因此争讼三年，地方司法审判机关州、县组织都无法审结此案。因为是疑难案件，所以丞相黄霸审理了此案。丞相黄霸命令属下抱着男孩离两个女子各十步远。黄霸说："你们去抢自己的儿子吧。"哥哥的妻子先跑到孩子身边，因为用力猛，抱得急，所以孩子放声大哭。弟弟的妻子后到，看到孩子大哭，害怕伤到孩子，于是放开了手。但是心里非常悲伤，哥哥的妻子欣喜若狂。黄霸说："这个孩子是弟弟的。"讯问哥哥的妻子，哥哥的妻子对盗取婴儿的事实供认不讳。

从丞相黄霸对此案的审理可以看出，颍川的这个富裕人家，发生了哥哥妻子盗取弟弟妻子所生孩子的事件。因为缺乏证据，加上亲子关系难以判断。因此，此案成为疑难案件，地方司法审判机关也无法审结。丞相黄霸在审理此案时，采用了心理探测法，从而使案件得到正确审理。

心理探测法是中国一种古老的案件审判方式，是通过察言观色的方法得出审判结论的一种审判方法，又称为五听审判法。"五听：辞听、色听、气听、耳听、目听也。郑玄以为，辞听，观其出言，不直则烦。色听，观其颜色，不直则赧然。气听，观其气息，不直则喘。耳听，观其听聆，不直则惑。目听，观其眸子，视不直则眊然，是察其貌有所考合也。"② 从《尚书正义》的记载可以看出，夏、商时期，司法官员已经开始用五听审判法审理案件。

---

① （宋）李昉等：《太平御览》六（影印本），上海古籍出版社2008年版，第774页。
② （清）阮元校刻：《十三经注疏》（清嘉庆刊本）二《尚书正义》卷第十九，中华书局2009年版，第532页。

五听包括辞听、色听、耳听、气听、目听。简单而言，就是用察言观色的方式审理案件，以便得出正确的结论。按照郑玄的说法，所谓辞听，主要是考察行为人的语言表达。如果没有陈述事实，语言就显得烦乱，缺乏逻辑。所谓色听，主要是考察行为人的面部表情，如果没有陈述事实，就会面红耳赤。所谓气听，主要是考察行为人的呼吸状况。如果没有陈述事实，就会所答非所问。目听，主要是考察行为人的眼神。如果没有陈述事实，行为人的眼神就会飘忽不定。五听，这种古老的审判方式，在古代中国侦查技术落后，物证鉴定技术落后的情况下，对于侦破案件，发现案件实情，正确审判案件，防止冤假错案的发生发挥了重要作用。在今天，尽管案件侦破技术已大大进步，但是还有很多案件，因为没有证据的支持而难以侦破。我们在今天，类似于中国古代五听审判方式的测谎技术已广泛地运用于刑事司法实践。"据不完全统计，自 1991 年以来，辽宁、山东、浙江、湖北等地公检法机关配置了数百台测谎仪，办理重特大案件逾千件，排除无辜，认定犯罪嫌疑人，准确率高达 90% 以上"[①]。

古代中国，特别是两汉时期，在没有测谎仪问世的情况下，司法官员依然能够依据中国传统的案件审判方式——心理探测法来准确审结案件，这是难能可贵的。

---

① 李刚、胡夏冰：《测谎仪的发展与运用》，载《中国人民公安大学学报》（自然科学版）2003 年第 5 期，第 7 页。

参考文献

一、古籍类

1. （汉）司马迁：《史记》，中华书局，1982 年。

2. （汉）班固：《汉书》，中华书局，1962 年。

3. （清）王先谦：《汉书补注》，中华书局，1983 年。

4. （南朝宋）范晔：《后汉书》，中华书局，1965 年。

5. （清）王先谦：《后汉书集解》，中华书局，1984 年。

6. （清）段玉裁：《说文解字注》，上海古籍出版社，1981 年。

7. （清）阮元校刻：《十三经注疏》（清嘉庆刊本），中华书局，2009 年。

8. （宋）李昉等：《太平御览》（影印本），上海古籍出版社，2008 年。

9. （唐）欧阳询撰，汪绍楹校：《艺文类聚》，上海古籍出版社，1982 年。

10. （唐）虞世南：《北堂书钞》，学苑出版社，1998 年。

11. （唐）徐坚：《初学记》，中华书局，1962 年。

12. （清）严可均校辑：《全上古三代秦汉三国六朝文》，中华书局，1958 年。

13. 周天游辑注：《八家后汉书辑注》，上海古籍出版社，1986 年。

14. （汉）荀悦撰，张烈点校：《汉记》，中华书局，2002 年。

15. （东晋）袁宏撰，张烈点校：《后汉记》，中华书局，2002 年。

16. （汉）许慎：《说文解字》，中华书局，1963 年。

17. （汉）应劭撰，王利器点校：《风俗通义校释》，中华书局，2010 年。

18. （清）馥桂：《说文解字义证》，中华书局，1987 年。

19. （汉）刘熙：《释名》（影印本），中华书局，2016 年。

20. （汉）刘熙撰，（清）毕沅疏证，王先谦补：《释名疏证补》，中华书局，2008 年。

21. 汪荣宝撰，陈仲夫点校：《法言义疏》，中华书局，1987 年。

22.（唐）陆德明撰，吴承仕疏证：《经典释文序录疏证》，中华书局，2008 年。

23.（宋）王应麟：《汉制考汉艺文志考证》，中华书局，2011 年。

24.（汉）董仲舒：《春秋繁露》（诸子百家影印本），上海古籍出版社，1989 年。

25.（清）董天工笺注，黄江军整理：《春秋繁露笺注》，华东师范大学出版社，2017 年。

26.（清）苏舆撰，钟哲点校：《春秋繁露义证》，中华书局，1992 年。

27.（梁）顾野王：《大广益会玉篇》（影印本），中华书局，1987 年。

28.（唐）杜佑撰，王文锦等点校：《通典》，中华书局，1988 年。

29.（清）孙星衍等辑，周天游点校：《汉官六种》，中华书局，1990 年。

30. 刘俊文点校：《唐律疏议》，法律出版社，1999 年。

31.（清）沈家本：《历代刑法考》，中华书局，1985 年。

32.（宋）徐天麟：《东汉会要》，中华书局，1955 年。

33.（宋）徐天麟：《西汉会要》，中华书局，1955 年。

34. 陈直：《汉书新证》，中华书局，2008 年。

35.（北齐）魏收：《魏书》，中华书局，1974 年。

36.（清）马国翰辑：《玉函山房辑佚书》，台湾文海出版社，1967 年。

37.（唐）房玄龄等：《晋书》，中华书局，1974 年。

38. 佚名：《老子道德经河上公章句》，中华书局，1993 年。

39. 王利器校注：《盐铁论校注》，中华书局，1992 年。

40.（清）王聘珍：《大戴礼记解诂》，中华书局，1983 年。

41. 黎翔凤撰，梁运华整理：《管子校注》，中华书局，2004 年。

42.（清）皮锡瑞著，周予同注释：《经学历史》，中华书局，2012 年。

43.（宋）王尧臣等编次，（清）钱东垣等辑释：《崇文总目》，台湾商务印书馆，1968 年。

44.（宋）王应麟：《困学纪闻》，辽宁教育出版社，1988 年。

45. 马宗霍：《论衡校读笺识》，中华书局，2010 年。

46.（汉）王符撰，（清）汪继培笺：《潜夫论笺校正》，中华书局，

1985 年。

47.（宋）洪迈撰，孔凡礼点校：《容斋随笔》，中华书局，2005 年。

48.《景印文渊阁四库全书》第 231 册，台湾商务印书馆，1983 年。

49.（清）汪文台辑，周天游校：《七家后家书》，河北人民出版社，1987 年。

50. 黄晖：《论衡校释》，中华书局，1990 年。

51.（晋）陈寿：《三国志》，中华书局，1982 年。

52.（清）王先慎：《韩非子集解》，中华书局，1981 年。

53.（清）王先谦：《荀子集释》，中华书局，1988 年。

54. 谭其骧：《中国历史地图集》第二册（秦西汉东汉时期），中华地图学社出版社，1975 年。

55.（清）王念孙：《广雅疏证》，中华书局，1983 年。

56.（宋）王钦若等：《册府元龟》，凤凰出版社，2006 年。

57.（清）张鹏一：《两汉律学考》，载何勤华主编：《律学考》，商务印书馆，2004 年。

58.（梁）萧子显：《南齐书》，中华书局，1972 年。

59. 蒋礼鸿：《商君书锥指》，中华书局，1986 年。

60.（清）孙楷撰，徐复订补：《秦会要订补》，中华书局，1959 年。

61.（汉）严遵：《老子指归》，中华书局，1994 年。

62.（清）严可均：《铁桥漫稿》（光绪年间心矩斋校本），台湾世界书局，1984 年。

63.（汉）班固撰，（明）程荣校：《白虎通德论》，载《汉魏丛书》（影印本），吉林大学出版社，1992 年。

64.（清）陈立撰，吴则虞点校：《白虎通疏证》，中华书局，1994 年。

65. 佚名：《太平经》（诸子百家影印本），上海古籍出版社，1989 年。

二、出土文献类

1. 睡虎地秦墓竹简整理小组：《睡虎地秦墓竹简》，文物出版社，1978 年。

2. 甘肃省文物考古研究所编，薛英群、何双全、李永良注：《居延新简释粹》，兰州大学出版社，1988 年。

3. 张家山二四七号汉墓竹简整理小组：《张家山汉墓竹简》（二四七号墓），文物出版社，2001 年。

4. 谢桂华、李均明、朱国炤：《居延汉简释文合校》，文物出版社，1987 年。

5. 甘肃省文物考古研究所、甘肃省博物馆、文化部古文献研究室、中国社会科学院历史研究所：《居延新简：甲渠候官与第四燧》，文物出版社，1990 年。

6. 胡平生、张德芳：《敦煌悬泉汉简释粹》，上海古籍出版社，2001 年。

7. 连云港市博物馆等编：《尹湾汉墓简牍》，中华书局，1997 年。

8. 张家山二四七号汉墓竹简整理小组：《张家山汉墓竹简》（二四七号墓）（释文修订本），文物出版社，2006 年。

9. 长沙市文物考古研究所编：《长沙五一广场东汉简牍选释》，中西书局，2015 年。

10. （宋）洪适撰：《隶释隶续》，中华书局，1986 年。

11. 高文：《汉碑集释》，河南大学出版社，1999 年。

12. 朱汉民、陈松长主编：《岳麓书院藏秦简（贰）》，上海辞书出版社，2011 年。

13. 张显成、周群丽：《尹湾汉墓竹简校理》，天津古籍出版社，2011 年。

14. 马王堆汉墓帛书整理小组：《马王堆汉墓帛书——经法》，文物出版社，1976 年。

三、现代专著类

1. 程树德：《九朝律考》，中华书局，2003 年。

2. 朱勇主编：《中国法制史》，高等教育出版社，2017 年。

3. 高恒：《秦汉简牍中法制文书辑考》，社会科学文献出版社，2008 年。

4. ［美］本杰明·卡多佐著，苏力译：《司法过程的性质》，商务印书馆，1998 年。

5. 周旺生：《立法学》，法律出版社，2004 年。

6. ［英］韦里德利希·冯·哈耶克著，邓正来译：《法律、立法与自由》，中国大百科全书出版社，2000 年。

7. 中国大百科全书编辑部编：《中国大百科全书·法学卷》，中国大百科全书出版社，1984 年。

8. ［日］中田薰：《论支那律令法系的发展》，载何勤华：《律学考》，商务印书馆，2004 年。

9. 瞿同祖：《瞿同祖法学论著集》，中国政法大学出版社，1998 年。

10. 徐道邻：《中国法制史论略》，台湾正中书局，1980 年。

11. 张金鉴：《中国法制史概要》，台湾正中书局，1973 年。

12. 陈寅恪：《隋唐制度渊源略论稿　唐代政治史论稿》，生活·读书·新知三联书店，2004 年。

13. 邢义田：《秦汉的律令学兼论曹魏律博士的出现》，载黄清连主编：《制度与国家》，中国大百科全书出版社，2005 年。

14. 钱剑夫：《中国封建社会有律家律学律治而无法家法学法治说》，载何勤华主编：《律学考》，商务印书馆，2004 年。

15. ［日］大庭脩著，林剑鸣等译：《秦汉法制史研究》，上海人民出版社，1991 年。

16. 徐世虹主编：《中国法制通史》（战国秦汉卷），法律出版社，1999 年。

17. ［古罗马］盖尤斯著，黄风译：《法学阶梯》，中国政法大学出版社，1996 年。

18. 林咏荣：《中国法制史》，台湾大中国图书公司，1976 年。

19. 安作璋、熊铁基：《秦汉官制史稿》，齐鲁书社，1985 年。

20. 辞海编辑委员会编辑：《辞海》（缩印本），上海辞书出版社，1979 年。

21. 武树臣等：《中国传统法律文化》，北京大学出版社，1994 年。

22. 陈兴良主编：《刑事司法研究》，中国方正出版社，2000 年。

23. 柴发邦主编：《诉讼法学大词典》，四川人民出版社，1989 年。

24. 杨天宇：《礼记译著》，上海古籍出版社，2004 年。

25. 范忠信：《中国法律传统的基本精神》，山东人民出版社，2001 年。

26. 金良年：《论语译著》，上海古籍出版社，2004 年。

27. 金良年：《孟子译著》，上海古籍出版社，2004 年。

28. ［法］孟德斯鸠：《论法的精神》，商务印书馆，1997 年。

29. 杨鸿烈：《中国法律发达史》，上海书局，1990 年。

30. 韩波：《法院体制改革研究》，人民法院出版社，2003 年。

31. 何勤华：《秦汉律学考》，载何勤华主编：《律学考》，商务印书馆，2004 年。

32. 张晋藩主编：《中国法制史研究综述》，中国人民公安大学出版社，1999 年。

33. 王维堤、唐书文：《春秋公羊传译注》，上海古籍出版社，2004 年。

34. 于豪亮：《于豪亮学术文存》，中华书局，1985 年。

35. 张建国：《中华法系的形成与发达》，北京大学出版社，1999 年。

36. 刘学智：《中国哲学的历程》，广西师范大学出版社，2011 年。

37. 杨鸿烈：《中国法律思想史》，中国政法大学出版社，2004 年。

38. ［德］茨威格特、克茨著，潘汉典等译：《比较法总论》，法律出版社，2003 年。

39. 陈光中：《中国古代司法制度》，群众出版社，1984 年。

40. 蔡则民：《法官职业化建设的探索与实践》，人民法院出版社，2004 年。

41. 苏则林：《法官职业化建设指导与研究》，人民法院出版社，2003 年。

42. ［英］梅因著，沈景一译：《古代法》，商务印书馆，1996 年。

43. 程政举：《汉代诉讼制度研究》，法律出版社，2010 年。

44. ［日］籾山明著，李力译：《中国古代诉讼制度研究》，上海古籍出版社，2009 年。

45. ［美］约翰·亨利·梅利曼：《大陆法系》，法律出版社，2004 年。

46. 李伟民主编：《法学辞源》，黑龙江人民出版社，2002 年。

47. 管仁林、程虎：《发达国家立法制度》，时事出版社，2001 年。

48. 邹瑜主编：《法学大词典》，中国政法大学出版社，1991 年。

49. 梁治平：《法意与人情》，中国法制出版社，2004 年。

50. 武建敏：《传统司法行为及其合理性》，中国传媒大学出版社，2006 年。

51. 陈顾远：《中国法制史》，中国书店，1988 年。

52. 康中乾：《中国古代哲学史稿》，中国社会科学出版社，2011 年。

53. 蔡墩铭：《审判心理学》，台湾水牛出版社，1981 年。

54. ［美］E. 博登海默著，邓正来译：《法理学、法律哲学与法律方法》，中国政法大学出版社，1999 年。

55. 李泽厚：《中国古代思想史》，生活·读书·新知三联书店，2008 年。

56. 赵馥洁：《中国传统哲学价值论》，陕西人民出版社，1991 年。

57. 唐君毅：《中国人文精神之发展》，广西师范大学出版社，2005 年。

58. 陕西省地方志编纂委员会编：《陕西省志·审判志》，陕西人民出版社，1998 年。

59. 潘久维：《审判心理学》，四川科学技术出版社，1989 年。

四、现代期刊类

1. 何家弘：《法官造法》，载《法学家》，2003 年第 5 期。

2. 侯淑雯：《中国古代法官自由裁量权制度的发展脉络》，载《法商研究》，1999 年第 1 期。

3. 李刚、胡夏冰：《测谎仪的发展与运用》，载《中国人民公安大学学报》（自然科学版），2003 年第 5 期。

4. 朱宏才：《春秋决狱研究述评》，载《青海社会科学》，2000 年第 6 期。

5. 武树臣：《中国古代的法学、律学、吏学和谳学》，载《中央政法管理干部学院学报》，1996 年第 5 期。

6. 俞荣根、龙大轩：《东汉"律三家"考析》，载《法学研究》，2007 年第 2 期。

7. 陈金花：《略论汉代循吏和酷吏的治政策略》，载《中州学刊》，2009 年第 2 期。

8. 龙大轩：《汉代律章句学考论》（博士论文），载中国知网中国博士论文全文数据库，2007 年。

9. 李宗桂：《中国文化精神和中华民族精神的若干问题》，载《社会科学战线》，2006 年第 1 期。

10. 楼宇烈：《中国文化中以人为本的人文精神》，载《北京大学学报》（哲学社会科学版），2015 年第 1 期。

11. 韩星：《为天地立心——天地人一体以人为主体的精神》，载《张载关学与东南亚文明研究学术研讨会论文集》，陕西宝鸡，2007 年。

12. 郎佩娟：《司法改革中的法官队伍与法官文化建设》，载《中国行政管理》，2009 年第 6 期。

13. 郎松庆：《浅谈法官文化》，载《人民法治》，2017 年第 11 期。